Rudolf Bühler, Hubert Klausmann, Mirjam Nast (Hg.)
**Schule-Medien-Öffentlichkeit**
Sprachalltag und dialektale Praktiken aus
linguistischer und kulturwissenschaftlicher Perspektive

D1697956

**LUDWIG-UHLAND-INSTITUT** FÜR EMPIRISCHE KULTURWISSENSCHAFT

Untersuchungen | Band 124

Rudolf Bühler, Hubert Klausmann, Mirjam Nast (Hg.)

# Schule–Medien–Öffentlichkeit

Sprachalltag und dialektale Praktiken aus linguistischer und kulturwissenschaftlicher Perspektive

Reinhard Johler zum 60. Geburtstag gewidmet.

Tübinger Vereinigung für Volkskunde e. V.

IMPRESSUM

Dieser Band wurde mit Mitteln des Ministerium für Wissenschaft, Forschung und Kunst Baden-Württemberg, dem Förderverein Schwäbischer Dialekt e.V. und der Eberhard Karls Universität Tübingen unterstützt.

**Bibliografische Information der Deutschen Nationalbibliothek**
Die Deutsche Nationalbibliothek verzeichnet diese Publikation in der Deutschen Nationalbibliografie; detaillierte bibliografische Daten sind im Internet über http://dnb.d-nb.de abrufbar.

Rudolf Bühler, Hubert Klausmann, Mirjam Nast (Hg.):
Schule–Medien–Öffentlichkeit
Sprachalltag und dialektale Praktiken aus
linguistischer und kulturwissenschaftlicher Perspektive
Tübingen: Tübinger Vereinigung für Volkskunde e. V., 2020.

ISBN: 978-3-947227-03-7

Gestaltungskonzept: Christiane Hemmerich Konzeption und Gestaltung, Tübingen
Layout und Satz: Sophie Fischer, Antonia Schnell
Druck: Gulde-Druck, Tübingen

# Vorwort

Rudolf Bühler/Hubert Klausmann/Mirjam Nast

Alltägliches Sprechen und Sprachalltag, so zeigte das am 10./11. Oktober 2018 im Fürstensaal des Schlosses Hohentübingen stattfindende Symposium, das diese Themen zum Gegenstand hatte, können in isolierten Fachkontexten nicht hinreichend betrachtet werden, sie verlangen vielmehr geradezu nach fächerübergreifenden Perspektiven. Während linguistische Detailanalysen dazu beitragen können, den Stellenwert von Sprache und Sprechen im Alltag zu verdeutlichen, können kulturwissenschaftliche Untersuchungen diese als Teil alltäglicher Praktiken in den Blick nehmen, ihre kulturellen Kontexte erschließen und damit ihrerseits auf wichtige Untersuchungsfelder für die sprachwissenschaftliche Analyse hinweisen. Das Symposium versammelte Beiträge aus beiden Fächern, die die Vielseitigkeit des Sprachalltags sichtbar machten und in einen fruchtbaren Dialog traten.

Die „Tübinger Arbeitsstelle Sprache in Südwestdeutschland/Arno-Ruoff-Archiv", die das Symposium ausrichtete, stellt den Ausgangspunkt für diese doppelte Fragerichtung dar. Seit 2009 wird hier in den Projekten „Sprachalltag I + II" an einem Sprachatlas für Nord Baden-Württemberg, an einem Sprechenden Sprachatlas für Baden-Württemberg und an der Digitalisierung des 800 Stunden Tonbandmaterial umfassenden Arno-Ruoff-Archivs gearbeitet. Obwohl das Hauptaugenmerk damit eindeutig auf der linguistischen Untersuchung der Spracherhebungen und Interviews liegt, wurden bei den Projekten durch Dissertationen und Teilprojekte stets auch kulturwissenschaftliche Aspekte mitberücksichtigt. Eine erste Bestandsaufnahme dieser ertragreichen Zusammenarbeit bietet der Sammelband „Sprachkultur – Regionalkultur. Neue Felder kulturwissenschaftlicher Dialektforschung", den Rudolf Bühler, Rebekka Bürkle und Nina Kim Leonhardt im Anschluss an die gleichnamige Tagung 2014 herausgegeben haben.[1] Nach der großen Tagung zur alemannischen Dialektologie mit dem Thema „Sprache und Öffentlichkeit" im Jahr 2014 und einem Workshop zum Thema „Digitalisierung" im Herbst 2016 widmete sich das Projekt zum Abschluss mit dem Symposium, aus dem der vorliegende Tagungsband hervorging, gezielt seiner – aufgrund des Gegenstands

---

1    Rudolf Bühler/Rebekka Bürkle/Nina Kim Leonhardt (Hg.): Sprachkultur – Regionalkultur. Neue Felder kulturwissenschaftlicher Dialektforschung (Studien und Materialien des Ludwig-Uhland-Instituts der Universität Tübingen; 49). Tübingen 2014.

der alltäglichen Sprachaufnahmen gegebenen – Positionierung zwischen Sprach- und Kulturwissenschaft. Damit wurden verschiedene Aspekte aufgenommen, die die Projektarbeit im Laufe der Jahre begleiteten und Möglichkeiten für die zukünftige wissenschaftliche Arbeit aufgezeigt.

Einen Schwerpunkt der in diesem Band versammelten Beiträge bildet der alltägliche Dialektgebrauch hinsichtlich seines Stellenwerts in der Öffentlichkeit, wobei der Akzent auf dem Thema „Dialekt in der Schule" liegt. Ein weiteres Schwerpunktthema sind Alltagserzählungen, die in der doppelten Bedeutung des Begriffs, des Erzählens im Alltag und des Erzählens über alltägliche Phänomene, analysiert werden. Auch in diesem Kontext werden Aspekte des Dialekts berücksichtigt. Die Zusammenschau der Beiträge aus Kultur- und Sprachwissenschaft zeigt, dass eine breite, fächerübergreifende Perspektive auf das Phänomen Sprachalltag äußerst gewinnbringend ist und dass sich zwischen den unterschiedlichen Forschungsrichtungen vielfältige Anschlussmöglichkeiten ergeben.

Im ersten Block dieses Tagungsbandes geht es um die Verortung der Schule im Spannungsfeld zwischen Dialekt und Standard. **Monika Foldenauer** (Erlangen) stellt in ihrem Beitrag „Die Sprache waschechter Nordlichter und raues Bairisch" zunächst die verschiedenen sprachlichen Ideologien im Zusammenhang mit regionaler Varietät vor, um dann vergleichend zu untersuchen, inwiefern man solche Ideologien in den Sprachbüchern für Deutsch an Gymnasien in Niedersachsen und Bayern findet. Besonders interessant an diesem Vergleich ist, dass wir es mit unterschiedlichen Gegensätzen zu tun haben: Im Norden stehen sich Niederdeutsch und Standarddeutsch klar gegenüber, während in Bayern ein Dialekt-Standard-Kontinuum vorliegt. Der Beitrag zeigt, dass in beiden Bundesländern in den Lehrplänen die jeweilige regionale Varietät positiv gesehen wird, in den Schulbüchern aber diese Varietäten dann doch sehr unterschiedlich behandelt werden. Auch wenn Schulbücher nichts Genaues über den tatsächlichen Unterricht aussagen, so erlaubt die Analyse dennoch Rückschlüsse auf sprachliche Normvorstellungen, denn Sprachbücher müssen in beiden Ländern von offizieller Seite genehmigt werden und die genehmigenden Gremien repräsentieren letztendlich weite Teile der Gesellschaft.

**Rupert Hochholzer** (Regensburg) erweitert die in dem Beitrag von Monika Foldenauer besprochene innere Mehrsprachigkeit um den Aspekt der äußeren Mehrsprachigkeit. Er fasst die offiziellen Angaben zu Sprachkenntnissen von Personen mit Migrationshintergrund zusammen und macht deutlich, dass hierbei die Mehrsprachigkeit der betroffenen Personen überhaupt nicht berücksichtigt wird. Damit wird nicht nur ein falsches Bild des Sprachalltags etwa von Kindern mit Migrationshintergrund verbreitet, sondern es wird auch die Mehrsprachigkeit überhaupt nicht für den Unterricht berücksichtigt. Um stichprobenartig einmal genauere Daten über die Mehrsprachigkeit an einer weiterführenden Schule zu erhalten, hat Hochholzer 2015 mit Schüler_innen einer Realschule der Regensburger Altstadt eine auf 44 Fragen aufbauende Untersuchung durchgeführt. In seinem Beitrag stellt er die wichtigsten Ergebnisse dieser Fragebogenaktion zusammen. Sie zeigen letztendlich, dass die innere und äußere Mehrsprachigkeit für die befragten Schüler_innen dieser Schule zum Alltag gehören, was Konsequenzen für den Schulunterricht haben müsste.

**Frank Janles** (Erlangen/Stuttgart) und **Hubert Klausmanns** (Tübingen) Beitrag „Der ‚Dialekt' im Spannungsverhältnis zwischen Sprachdidaktik, Sprachklischee und sprachlicher Wirklichkeit" schließt wiederum direkt an den Beitrag von Monika Foldenauer an. Auch sie haben die offizielle Haltung eines Bundeslandes – in ihrem Fall anhand des Lehrplans des Landes Baden-Württemberg – gegenüber regionaler Varietät untersucht und danach gefragt, inwiefern die Sprachbücher diese Vorgaben umsetzen. Da man – wie oben erwähnt – von der Haltung der Sprachbücher nicht direkt auf die konkrete Unterrichtssituation schließen kann, haben die beiden Autoren ihre Sprachbuchuntersuchung durch eine Befragung von Studienreferendar_innen des Regierungsbezirks Stuttgart ergänzt. Hierbei ging es einerseits um die konkrete Behandlung des Themas in Studium und Unterricht sowie um Sprachklischees (sprachliche Ideologien), andererseits aber auch um die konkrete Bewertung von regionalen Varianten in der schriftlichen Standardsprache. Da diese Untersuchung gezeigt hat, dass sich sprachliche Ideologien direkt auf den Sprachgebrauch auswirken, schließen die beiden Autoren ihren Beitrag ganz im Sinne der modernen Sprachkritik mit einer Empfehlung an den schulischen Unterricht ab.

Wie erfolgreiche Öffentlichkeitsarbeit eines wissenschaftlichen Instituts aussehen kann, zeigt der Beitrag von **Monika Fritz-Scheuplein** (Würzburg). Sie berichtet von der Arbeit des „Unterfränkischen Dialektinstituts" (UDI) in Würzburg, das in sehr vielseitiger Weise das Sprach- und Kulturbewusstsein Unterfrankens begleitet. Hierzu gehören der bereits seit 2004 jährlich stattfindende Schülertag, das Schulprojekt „Fränki", die Beteiligung an der Kinderuni, Schulbesuche, Lehrerhandreichungen oder auch ein Dialekträtsel auf der Homepage des Instituts. Die über 15-jährige Zusammenarbeit mit den Schulen führt zu einer vertieften Auseinandersetzung mit dem Dialekt, so dass es dort letztendlich zu einer Wertschätzung des eigenen Dialekts kommen kann.

Das Arno-Ruoff-Archiv, das im Grunde genommen den Ausgangspunkt des Symposiums darstellt, besteht aus über 1.600 Interviews aus den Jahren 1955–2000. Diese wurden bislang in mehreren Aufsätzen und Dissertationen sprachwissenschaftlich ausgewertet, wobei das Spannungsfeld zwischen Dialekt und Standard nie thematisiert wurde. Dass die Interviews sich aber auch für eine solche Untersuchung etwa für die lautliche Ebene anbieten, macht **Hubert Klausmann** (Tübingen) in seinem Beitrag „Das Arno-Ruoff-Archiv als Quelle für Untersuchungen zum Registerwechsel" zunächst am Beispiel eines Kindes deutlich, das die Handlung eines Theaterstückes wiedergibt und hier mühelos zwischen Standard (beim Zitieren der Dialoge) und Mundart (bei der eigentlichen Erzählung) wechselt. Auch die weiteren Beispiele zeigen, wie süddeutsche Sprecher_innen je nach Gesprächsthema, Situation und Gesprächspartner_in zwischen Ortsdialekt und regionalem Standard hin und her wechseln können. Dabei kommt in den Interviews deutlich heraus, welche lautlichen Besonderheiten bei diesem Wechsel wegfallen und welche erhalten bleiben.

Um den Wechsel zwischen verschiedenen Registern geht es auch im Beitrag „Gestylter Dialekt oder wie ein Medienschaffender den Erwartungen seines Publikums gerecht wird" von **Helen Christen** (Freiburg i. Üe.). Sie untersucht den Sprachgebrauch eines Sprechers aus der deutschsprachigen Schweiz in zwei unterschiedlichen Situationen und stellt sich hierbei folgende Frage: Wie spricht ein Mitarbeiter des Schweizer Rundfunks (SRF) bei einem Kurzbeitrag im Radio und wie spricht er in einer nicht öffentlichen Diskussionsrunde mit Teilnehmern, die aus verschiedenen Gegenden der Schweiz kommen? Durch eine quantitative Analyse verschiedener Merkmale wird erkennbar, dass der SRF-Mitarbeiter diese tatsächlich in den beiden Situationen unterschiedlich einsetzt, was automatisch zur Frage führt, wie diese Variantenwahl zu bewerten ist. Handelt es sich im Fall der nicht öffentlichen Diskussionsrunde um eine Art „Mehrheitsschweizerdeutsch" und im anderen Fall um das „authentische" Sprechen, wie man es von einem Schweizer auch im Rundfunk erwartet?

Als eine Überleitung zwischen dem ersten und dem zweiten Block des Symposiums fungiert der Beitrag von **Mirjam Nast** und **Rudolf Bühler** (beide Tübingen). Die Grundlage für ihren Beitrag „Warum der Dialekt (jetzt) doch nicht verschwindet" bilden neun Interviews, die sie 2018 mit Ortsvorstehern im ländlichen Raum in der Umgebung von Tübingen durchgeführt haben. In diesen zwischen 30 und 80 Minuten dauernden Interviews wurde ausgehend von der Frage nach den individuellen Sprachkenntnissen vor allem nach der Einstellung zum Dialekt und dessen Verwendung im Alltag gefragt. Interessant hierbei ist, wie die neun Ortsvorsteher auf Erwartungen ihrer Zuhörerschaft eingehen und je nach Öffentlichkeitsgrad zwischen standardnaher Sprechweise und Ortsdialekt wechseln. Obwohl alle Interviewpartner dem weit verbreiteten Topos entsprechend der Ansicht sind, dass der Dialekt verschwindet, zeigt ihr konkreter Sprachalltag, dass dies durchaus nicht der Fall ist, wobei man beachten muss, dass der Terminus „Dialekt" in seiner alltäglichen Verwendung sehr weit gespannt ist.

Die letzten Beiträge widmen sich ganz dem Thema „Erzählungen". **Frank Janle** (Erlangen/Stuttgart) geht in seinem Beitrag „Mündliches Erzählen im Deutschunterricht" zunächst ganz allgemein der Frage nach, was eigentlich das mündliche Erzählen ausmacht, um festzustellen, dass zum mündlichen Erzählen ein Strukturschema gehört, wobei dieses Schema einerseits um ein interaktives Erzählkonzept, andererseits um die Berücksichtigung von Topoi und kulturellen Kontexten ergänzt werden müsste. Im Deutschunterricht – so zeigt seine knappe Untersuchung entsprechender Sprachbücher – werde dieses für den Alltag so wichtige Erzählen unterschätzt und daher kaum berücksichtigt. Dies führt den Autor am Ende seines Beitrags dazu, eine neue Didaktik des mündlichen Erzählens zu fordern, die eine kommunikative sein solle, wobei eine Didaktik des Zuhörens hinzukommen müsse, durch die diese auch noch eine ethische Dimension erhalte.

**Ingo Schneider** (Innsbruck) gibt mit seinem Beitrag „Erzählen im Alltag – Alltägliches Erzählen" einerseits einen kurzen Einblick in das Phänomen des Erzählens aus der Perspektive der Erzählforschung, andererseits ein Beispiel für das alltägliche Erzählen im Zusammenhang mit Flucht und Migration. Die Untersuchung alltäglichen Erzählens ist nach Schneider für die Empirische Kulturwissenschaft deshalb so interessant, weil man hierbei tiefe Einblicke in gesellschaftliche Probleme, Werte, Normen, Vorurteile oder auch Ängste erhält. Dass manche Erzählungen auf eine lange Tradition zurückgeführt werden können, sieht man zum Beispiel an den Erzählungen über fremde Menschen und Welten. Sie sind von der Antike bis heute nachweisbar und gerade der „lange Sommer der Migration 2015" hat – wie Schneider an mehreren Beispielen, die durch die Presse gingen, deutlich machen kann – wieder viele Erzählungen dieser Art hervorgebracht. Für Schneider gehört es zu den Aufgaben der Empirischen Kulturwissenschaft, Erzählungen, auch wenn sie erfunden sind, in ihrer Bedeutung offenzulegen und ihre Erkenntnisse in die Öffentlichkeit zu tragen, denn alltägliche Erzählungen sind letztendlich Symptome für gesellschaftliche Stimmungen. Damit ist die Beschäftigung mit alltäglichen Erzählungen für ihn eine gesellschaftspolitische Aufgabe.

Es gibt Erzählungen, bei denen man die erzählende Person nicht mehr befragen kann, sei es, weil die Erzählung nur in schriftlicher Form vorliegt, sei es, weil man die Erzählerin oder den Erzähler nicht befragt hat. Dass solche Erzählungen dennoch sehr gewinnbringend erforscht werden können, illustriert **Simone Stiefbold** (Zürich) in ihrem Beitrag „Tote Kühe und Rettung aus dem Schnee. Perspektiven und Zugänge zum alltäglichen Erzählen" an zwei Beispielen. So wird anhand einer Erzählung über ein Unwetter, bei dem mehrere Kühe getötet wurden, deutlich, wie die Verschriftlichung einer Erzählung die Analyse erleichtern kann. Diese kann Brüche in der Erzählung oder Zunahme an Dialektalität deutlich machen, was für die Interpretation solcher Erzählungen sehr hilfreich ist. In der zweiten Erzählung des Beitrags geht es um die Konfrontation des Erzählers mit einem Schneesturm auf der Schwäbischen Alb. Im Gegensatz zur ersten Erzählung wird dieses Geschehen aus der Gegenwart erinnert und erzählt. Daher muss hier auch unterschieden werden, welche Aussagen zum gegenwärtigen Wissen und welche Aussagen zum Wissen der vergangenen Erzählsituation gehören. Mit ihren Beispielen macht Simone Stiefbold deutlich, dass für sie die Erzählforschung stets eine Forschung zum Menschen hin sein muss.

Reinhard Johler, der nach dem Weggang von Bernhard Tschofen nach Zürich zusammen mit Hubert Klausmann das Projekt „Sprachalltag II" ins Leben gerufen hat und es bis heute betreut, eröffnete die Tagung mit einer Vorstellung des Ludwig-Uhland-Instituts, wo das Projekt „Sprachalltag" von Anfang an beheimatet ist. Ihm sei an dieser Stelle einmal für all das, was er für unser Projekt getan hat, herzlich gedankt. Ohne sein Engagement, ohne seine Ausdauer beim Formulieren und Umformulieren von Anträgen, ohne seine Offenheit gegenüber der sprachwissenschaftlichen Seite des Projekts und ohne sein Wissen und seine Ideen wäre das Projekt „Sprachalltag II" nicht zustande gekommen. Daher sei ihm anlässlich seines 60. Geburtstages dieser Tagungsband gewidmet.

Tübingen, im April 2020

Die Herausgeber_innen

# Die Sprache *waschechter Nordlichter* und *raues Bairisch*

## Ein Vergleich sprachlicher Ideologien in bayerischen und niedersächsischen Schulbüchern

Monika Foldenauer

## 1. Fragestellung

Zwei vorangegangene Untersuchungen von Maitz bzw. Maitz/Foldenauer haben gezeigt, dass bayerische Schulbücher des Faches Deutsch von sprachlichem Standardismus geprägt sind und nonstandardsprachliche Varietäten teilweise stigmatisiert werden, was neben Jugendsprache auch auf regional markierte Varietäten zutrifft.[1] Nun ist Bayern als sprachliches Gebiet des Dialekt-Standard-Kontinuums zu charakterisieren, in dem zwischen Dialekt und süddeutschem Standard mannigfaltige sprachliche Abstufungen existieren,[2] während in Norddeutschland das Niederdeutsche durch die hochdeutsche Standardsprache als Alltagssprache ersetzt wurde.[3] Durch den damit einhergehenden Bedeutungsverlust des Niederdeutschen[4] in der Alltagskommunikation gilt dieses heute als

---

1    Vgl. Péter Maitz: Sprachvariation, sprachliche Ideologien und Schule. In: Zeitschrift für Dialektologie und Linguistik 82/2 (2015), S. 206–227 und Péter Maitz/Monika Foldenauer: Sprachliche Ideologien im Schulbuch. In: Christine Ott/Jana Kiesendahl (Hg.): Linguistik und Schulbuchforschung. Gegenstände – Methoden – Perspektiven. Göttingen 2015, S. 217–234.

2    Vgl. Ulrich Ammon: Dialektschwund, Dialekt-Standard-Kontinuum, Diglossie. Drei Typen des Verhältnisses Dialekt-Standardvarietät im deutschen Sprachgebiet. In: Jannis K. Androutsopoulos/Evelyn Ziegler (Hg.): Standardfragen. Soziolinguistische Perspektiven auf Sprachgeschichte, Sprachkontakt und Sprachvariation. Frankfurt/Oxford 2003, S. 163–171, hier S. 166–168.

3    Vgl. Werner König: dtv-Atlas Deutsche Sprache. München, 18. Auflage 2015, S. 103.

4    Ob es sich beim Niederdeutschen um einen Dialekt oder eine Sprache handelt, ist im Laien- und im wissenschaftlichen Diskurs umstritten. Vgl. Astrid Adler u. a.: Status und Gebrauch des Niederdeutschen 2016. Erste Ergebnisse einer repräsentativen Erhebung. Mannheim 2016, S. 28f.; Hubertus Menke: Niederdeutsch: Eigenständige Sprache oder Varietät einer Sprache? In: Eva Schmitsdorf/Nina Hartl/Barbara Meurer (Hg.): Lingua Germanica. Studien zur deutschen Philologie. Jochen Splett zum 60. Geburtstag. Münster u. a. 1998, S. 171–184. Im vorliegenden Beitrag wird Niederdeutsch als Varietät des Deutschen betrachtet.

existenziell bedroht.[5] Zugleich soll es aber, auch durch die Aufnahme in die Europäische Charta der Regional- oder Minderheitensprachen, geschützt und erhalten werden.[6] Niederdeutsch besitzt dadurch also einen ganz anderen Status als die bayerischen Dialektgruppen Bairisch, Fränkisch und Schwäbisch. Insofern ist von Interesse, ob sich im Umgang mit dem Niederdeutschen andere sprachliche Ideologien als im Umgang mit den bayerischen Dialekten manifestieren. Zugleich stellt sich die Frage, ob und inwiefern sprachpolitische Entscheidungen in der Auswahl von Schulbuchtexten und in der Aufgabenstellung berücksichtigt werden.

Um dies zu untersuchen, werden im vorliegenden Beitrag Schulbücher des Faches Deutsch für das Gymnasium in Bayern bzw. in Niedersachsen vergleichend auf die in ihnen auftretenden sprachlichen Ideologien hin analysiert. Dabei wird auf Bücher der Schulform des Gymnasiums zurückgegriffen, da aufgrund des Abschlussziels der Allgemeinen Hochschulreife zu erwarten ist, dass hier ein höheres Maß an metasprachlicher Reflexion auftritt als in anderen Schulformen. Niedersachsen wurde als Bundesland mit niederdeutschen Sprecherinnen und Sprechern gewählt, weil es dort ein Zulassungsverfahren für Schulbücher gibt – im Gegensatz beispielsweise zu Schleswig-Holstein, wo die Auswahl der Schulbücher der jeweiligen Schulleitung obliegt. Dieser Umstand macht Rückschlüsse auf die verwendeten Werke unmöglich.[7] Darüber hinaus handelt es sich um ein sehr bevölkerungsreiches Bundesland, weshalb Niedersachsen in der Auswahl den norddeutschen Stadtstaaten sowie Mecklenburg-Vorpommern vorgezogen wurde. Ein weiteres Auswahlkriterium war, dass Niederdeutsch in Niedersachsen flächendeckend vertreten ist (im Gegensatz zu etwa Nordrhein-Westfalen).[8] Zudem gilt die Gegend um Hannover, die Landeshauptstadt Niedersachsens, im Laiendiskurs als die Region Deutschlands, in der das „beste" Hochdeutsch gesprochen werde.[9] Dies kann insbesondere im Hinblick darauf aufschlussreich sein, in welchem Ausmaß sich die Standardideologie in den niedersächsischen Schulbüchern im Vergleich zu den bayerischen zeigt.

Der Beitrag ist folgendermaßen gegliedert: Zunächst wird der Begriff „sprachliche Ideologie" definiert. Anschließend wird auf die Situation des Niederdeutschen und der drei großen bayerischen Dialektgruppen eingegangen und die

5  Vgl. Astrid Adler u. a.: Status und Gebrauch des Niederdeutschen 2016. Erste Ergebnisse einer repräsentativen Erhebung. Mannheim 2016, S. 38.

6  Vgl. Nils Langer: Low German. In: Ana Deumert/Wim Vandenbussche (Hg.): Germanic Standardizations. Past to Present (Impact: Studies in Language and Society; 18). Amsterdam/Philadelphia 2003, S. 281–301, hier S. 282.

7  Vgl. DIPF|Leibniz-Institut für Bildungsforschung und Bildungsinformation: Zugelassene Lernmittel und Schulbücher, 2017. URL: http://www.bildungsserver.de/Zugelassene-Lernmittel-und-Schulbuecher-522-de.html (07.03.2019).

8  Vgl. Adler u. a. 2016, S. 6.

9  Vgl. Karl-Heinz Göttert: Alles außer Hochdeutsch. Ein Streifzug durch unsere Dialekte. Berlin 2001, S. 95.

offizielle sprachpolitische Haltung der Bundesländer Bayern und Niedersachsen zu diesen Varietäten dargestellt. Daraufhin werden die Analysemethoden erklärt und untersucht, inwiefern Beispiele aus aktuellen niedersächsischen und bayerischen Schulbüchern sich in Bezug auf die auftretenden Ideologien unterscheiden und welche Schlussfolgerungen dadurch auf das Verhältnis von Schule und Politik in den beiden Bundesländern gezogen werden können. Abschließend werden die Ergebnisse zusammengefasst.

## 2. Sprachliche Ideologien

Unter sprachlichen Ideologien sind im Folgenden kulturell geprägte Norm- und Wertvorstellungen gegenüber Sprache zu verstehen, die dazu dienen, sprachliche Praktiken zu erklären oder zu rechtfertigen.[10] Darüber hinaus können sie dazu beitragen, die Macht bestimmter sozialer Gruppen über andere herzustellen, zu legitimieren oder zu verfestigen.[11] Dies kann dazu führen, dass Sprecherinnen und Sprecher bestimmter Varietäten, wie zum Beispiel des Kiezdeutschen oder von Dialekten, diskriminiert werden.[12]

Sprachliche Ideologien können explizit oder implizit vertreten werden. In erstem Falle werden sie konkret ausformuliert, indem etwa sprachreflexive Behauptungen direkt ausgesprochen werden. Implizite Sprachideologien hingegen werden nicht offen geäußert, sondern vielmehr zwischen den Zeilen versteckt und sind oftmals den Sprecherinnen und Sprechern selbst gar nicht bewusst.[13]

Als dominante sprachliche Ideologie in Europa sieht Gal den Standardismus, also die Vorstellung, dass die Standardsprache eine besondere Bedeutung habe, die sie gegenüber anderen Varietäten auszeichne und diesen daher vorzuziehen sei.[14] Daraus folgt zwangsläufig eine Abwertung der Nonstandardvarietäten. Auch im Schulunterricht in Deutschland ist der Standardismus eine zentrale Ideologie und beeinflusst die Einstellung der Schülerinnen und Schüler gegenüber

---

10   Vgl. Susan Gal: Migration, Minorities and Multilingualism: Language Ideologies in Europe. In: Clare Mar-Molinero/Patrick Stevenson (Hg.): Language Ideologies, Policies and Practices. Language and the Future of Europe. Basingstoke/New York 2006, S. 13–27, hier S. 13.

11   Vgl. Jan Blommaert (Hg.): Language Ideological Debates. Berlin/New York 1999; Bambi B. Schieffelin/Kathryn A. Woolard/Paul V. Kroskrity (Hg.): Language Ideologies. Practice and Theory. New York und Oxford 1998; Péter Maitz: Kann – soll – darf die Linguistik der Öffentlichkeit geben, was die Öffentlichkeit will? In: Thomas Nier (Hg.): Sprachwissenschaft und Sprachkritik. Perspektiven ihrer Vermittlung. Bremen 2014, S. 9–26.

12   Vgl. Péter Maitz/Stephan Elspaß: ‚Dialektfreies Sprechen – leicht gemacht!' Sprachliche Diskriminierung von deutschen Muttersprachlern in Deutschland. In: Der Deutschunterricht 6 (2011), S. 7–17.

13   Vgl. Gal 2006, hier S. 15.

14   Vgl. ebd., hier S. 14.

den Varietäten des Deutschen.[15] Der Standardismus ist insofern eine problematische Ideologie, als er verfassungsrechtlich verankerten Prinzipien zuwiderläuft, sobald Sprecherinnen und Sprecher aufgrund der Wahl von Nonstandardvarietäten abgewertet werden, schließlich darf nach dem Grundgesetz der Bundesrepublik Deutschland (Art. 3) niemand aufgrund seiner Sprache diskriminiert werden. Zudem widerspricht der Standardismus auch europäischen Rechtsbestimmungen: Die Europäische Charta der Regional- oder Minderheitensprachen, die vom Europarat verabschiedet wurde, trat 1999 in Deutschland in Kraft und vertritt eine pluralistische Sichtweise auf Sprache. Darunter ist zu verstehen, dass Vielfalt eine zentrale Eigenschaft von Sprachen darstellt und Sprecher_innengruppen das Recht haben, ihre Varietäten beizubehalten und diese zu fördern.[16] Diese Ideologie steht dem Standardismus naturgemäß diametral entgegen. In engem Zusammenhang mit dem Standardismus steht eine Vorstellung, die man als Defektivismus bezeichnen kann, nämlich die Überzeugung, dass es in der Sprache Formen gibt, die von vornherein schlecht oder sogar schädlich sind[17] – im Zweifelsfalle sind dies eben Nonstandardformen. Als eine weitere verwandte Ideologie ist der Dekadentismus zu nennen, also die Vorstellung, dass Sprachwandel automatisch zu Sprachverfall führe.[18] Auch diese Ideologien können zur Abwertung bestimmter Sprachgebrauchsweisen führen.

## 3. Situation des Niederdeutschen im Vergleich zur Situation der Dialekte Bayerns

Betrachtet man die sprachliche Ausgangslage in Bayern bzw. in Niedersachsen, so ist festzustellen, dass sich die Situation der Dialekte in Bayern und die der niederdeutschen Varietäten in Norddeutschland stark unterscheiden.

Im norddeutschen Raum setzt sich in Drucken bereits ab dem 15. Jahrhundert das Hochdeutsche gegenüber dem Niederdeutschen durch.[19] Er ist heute als eine Region des Dialektschwundes anzusehen, in der die Standardsprache das

---

15  Vgl. Péter Maitz/Stephan Elspaß: Pluralismus oder Assimilation? Zum Umgang mit Norm und arealer Sprachvariation in Deutschland und anderswo. In: Susanne Günthner u. a. (Hg.): Kommunikation und Öffentlichkeit. Sprachwissenschaftliche Potentiale zwischen Empirie und Norm. Berlin/Boston 2012, S. 43–60.

16  Vgl. Juan Cobarrubias: Ethical Issues in Status Planning. In: Ders./Joshua A. Fishman (Hg.): Progress in Language Planning. International Perspectives. Berlin/New York 1983, S. 41–85, hier S. 65f.

17  Vgl. Maitz/Foldenauer 2015, hier S. 220. Die Benennung der einzelnen sprachlichen Ideologien in diesem Beitrag orientiert sich an Lanstyák, István: A nyelvi ideológiák néhány általános kérdéséről [Über einige allgemeine Fragen von sprachlichen Ideologien]. In: Katalin Misad und Zoltán Csehy (Hg.): Nova Posoniensia. Bratislava 2011, S. 13–57.

18  Vgl. Maitz/Foldenauer 2015, hier S. 220.

19  Vgl. König 2015, S. 103.

Niederdeutsche auch aus nähesprachlichen Domänen privater Kommunikation verdrängt hat.[20] Aufgrund der nicht durchgeführten Zweiten Lautverschiebung besitzt das Niederdeutsche eine größere sprachliche ‚Entfernung' vom Standarddeutschen als die bayerischen Dialekte (vgl. Abbildung 1).

In welchem Ausmaß Niederdeutsch heute von norddeutschen Sprecherinnen und Sprechern verstanden wird, wie viele Menschen über eine aktive Kompetenz des Niederdeutschen verfügen und welche Einstellungen diesem entgegengebracht werden, sind Fragen, die das Projekt „Sprachlagengefüge in Norddeutschland" des Instituts für Deutsche Sprache (IDS, Mannheim) und des Instituts für niederdeutsche Sprache (INS, Bremen) beantworten möchte.[21] In einer ersten Erhebung des Projekts gaben etwa 48 % der Befragten an, Niederdeutsch gut bis sehr gut zu verstehen.[22] Ein ähnlicher Wert ergibt sich ebenfalls für das Land Niedersachsen.[23] Mit ungefähr 16 % (etwa 17 % für Niedersachsen) ist der Anteil derjenigen, die Niederdeutsch gut bis sehr gut sprechen können, jedoch sehr viel geringer und hat – verglichen mit einer Studie aus dem Jahr 1984 (35 %) – deutlich abgenommen.[24] Zudem zeigt diese Erhebung auf, dass eine hohe aktive Plattdeutschkompetenz auch stark altersabhängig ist: In der Gruppe der bis 20-Jährigen schreiben sich nur etwa 0,8 % gute bis sehr gute aktive Niederdeutschkenntnisse zu, in der Gruppe der ab 80-Jährigen tut dies ungefähr die Hälfte der Befragten.[25] Gleichzeitig wünschen sich etwa zwei Drittel der Teilnehmer der Befragung, dass Niederdeutsch besser gefördert werden und dies vorrangig in Schulen und Kindergärten geschehen solle.[26] Die Befragten verbinden Niederdeutsch zudem vor allem mit den Schlagworten „Familie/Privates" bzw. „Heimat/Tradition/Kultur".[27] Darüber hinaus kann der Gebrauch von Niederdeutsch auch der Gruppenkonstituierung bzw. -stabilisierung dienen.[28] Auf Betreiben von Anhängern der niederdeutschen Kulturszene wurde Niederdeutsch als Regionalsprache nach parlamentarischem Beschluss in die Europäische Charta der Regional- oder Minderheitensprachen aufgenommen[29], welche

---

20 Vgl. Ammon 2003, hier S. 164–166.
21 Vgl. Adler u. a. 2016. Befragt wurden 1.632 Personen aus 8 Bundesländern, in denen Niederdeutsch vertreten ist.
22 Vgl. Adler u. a. 2016, S. 11.
23 Vgl. ebd.
24 Vgl. ebd., S. 15.
25 Vgl. ebd., S. 16.
26 Vgl. ebd., S. 32–35.
27 Vgl. ebd., S. 23.
28 Vgl. Ingrid Schröder/Carolin Jürgens: Einstellungen gegenüber regionalen Sprachformen in der Großstadt: Niederdeutsch in Hamburg (NiH). Eine Projektskizze. In: Dies. (Hg.): Sprachliche Variation in autobiographischen Interviews. Theoretische und methodische Zugänge (Sprache in der Gesellschaft. Beiträge zur Sprach- und Medienwissenschaft; 35). Frankfurt a. M. 2017, S. 11–46, hier S. 34.
29 Vgl. Heinz H. Menge: Rehabilitierung des Niederdeutschen. Erwartungen an die europäische Sprachenpolitik. In: Zeitschrift für Germanistische Linguistik 23/1 (1995), S. 33–52, hier S. 38.

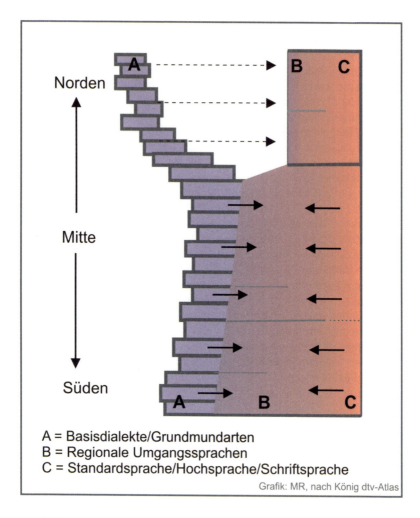

A = Basisdialekte/Grundmundarten
B = Regionale Umgangssprachen
C = Standardsprache/Hochsprache/Schriftsprache

Grafik: MR, nach König dtv-Atlas

Abbildung 1: Dialekte, Umgangssprachen und Hochsprache (aus: Werner König/ Manfred Renn: Kleiner Sprachatlas von Bayerisch-Schwaben (Materialien zur Geschichte des Bayerischen Schwaben; 30). Augsburg 2007: S. 31.).

die unterzeichnenden Länder zum Schutz der eigenen Regional- oder Minderheitensprachen verpflichtet bzw. zum Ergreifen von Maßnahmen, um deren Stellung zu verbessern.[30]

Im Gegensatz zu Norddeutschland ist Bayern eine Region des Dialekt-Standard-Kontinuums, in der fließende Übergänge zwischen dem Basisdialekt und der Standardsprache möglich sind.[31] Zwar gilt auch für den süddeutschen Sprachraum, dass „[d]ie Situationen, in denen der Dialekt das angemessene Verständigungsmittel ist, [...] immer weniger [werden]"[32], allerdings kann hier nicht von einem Schwund der Dialekte gesprochen werden. Die Situation in Süddeutschland ist eher derart zu beschreiben, dass sich die Dialekte wandeln, indem großregionalere Formen Eingang in die Umgangssprache finden und nur kleinregionale Varianten abgebaut werden.[33] Dennoch besteht auch in Bayern die Sorge, dass die Dialekte verloren gehen könnten, was sich darin zeigt, dass das Ministerium für Bildung und Kultus die Handreichung „Dialekte in Bayern" herausgibt, um die Dialekte zu fördern.[34]

## 4. Ministeriale Vorgaben in Bayern und Niedersachsen

Welche ministerialen Vorgaben gibt es nun für den Umgang mit Dialekten in der Schule? Das niedersächsische Kultusministerium fördert das Niederdeutsche und das Saterfriesische in der Schule in mehrfacher Weise. Mit dem Erlass „Die Region und ihre Sprachen im Unterricht" von 2011 sollen die Vorgaben der Europäischen Charta für Regional- oder Minderheitensprachen umgesetzt werden. Darin heißt es unter anderem, dass „[b]ei der Thematisierung regionaler Inhalte [...] immer auch der Bezug zur Sprache der Region (Niederdeutsch/Saterfriesisch) hergestellt werden [sollte]."[35] Um die niederdeutsche Sprache zu erhalten, müssten

„in Schulen zum einen bereits vorhandene Sprachkenntnisse, die im Elternhaus, in Kindertagesstätten usw. erworben wurden, gefördert, erweitert und vertieft werden, zum anderen [müsse] auch der Spracherwerb für

30 Vgl. Europarat: Europäische Charta der Regional- oder Minderheitensprachen, 2018. URL: https://www.coe.int/de/web/conventions/full-list/-/conventions/treaty/148 (14.03.2019).
31 Vgl. Ammon 2003, hier S. 166–168.
32 Manfred Renn/Werner König: Kleiner Bayerischer Sprachatlas. München, 3. Auflage 2009, S. 21.
33 Vgl. ebd.
34 Vgl. Bayerisches Staatsministerium für Bildung und Kultus, Wissenschaft und Kunst (Hg.): Dialekte in Bayern. Handreichung für den Unterricht. München, 2. Auflage 2015, S. 5.
35 Niedersächsisches Kultusministerium: Erlass. Die Region und ihre Sprachen im Unterricht, 2011. URL: https://www.mk.niedersachsen.de/download/114325/Die_Region_und_ihre_Sprachen_im_Unterricht.pdf (13.03.2019).

diejenigen Schülerinnen und Schüler ermöglicht [werden], die noch über keine Sprachkenntnisse verfügen."[36]

Der Erlass erklärt zudem, dass in den Grundschulen der Unterricht in allen Fächern (außer Deutsch, Mathematik und Fremdsprachen) auf Niederdeutsch erteilt werden könne.[37]

Darüber hinaus gibt es eine Auszeichnung für Schulen, die sich um den Erwerb und die Förderung von Niederdeutsch verdient machen.[38] Außerdem berät die Niedersächsische Landesschulbehörde Schulen aller Schulformen bei der Stärkung des Niederdeutschen im Unterricht.[39] Daneben werden auf der Webseite der Landesschulbehörde Materialien und Links zur Verfügung gestellt, die bei der Integration von Niederdeutsch in den Schulunterricht helfen sollen.[40] Diese Maßnahmen lassen eine ausgesprochen pluralistische Haltung der ministerialen Behörden in Niedersachsen gegenüber dem Niederdeutschen erkennen. Dieser Pluralismus wird auch im Lehrplan des Faches Deutsch für die Sekundarstufe I an Gymnasien deutlich. Dort heißt es unter anderem: „Die verschiedenen Herkunftssprachen in den Lerngruppen (einschließlich Niederdeutsch und Saterfriesisch) werden besonders berücksichtigt und als Anlass zu Sprachbetrachtungen und Sprachvergleichen aufgegriffen und genutzt."[41]

Ähnlich pluralistisch, wenn auch sehr knapp, wird im Lehrplan[42] für das bayerische Gymnasium argumentiert. Die Schülerinnen und Schüler sollen in der 8. Jahrgangsstufe „den Eigenwert von Mundart [erkennen]".[43] Überdies hat das Bayerische Staatsministerium für Bildung und Kultus, Wissenschaft und Kunst

36   Ebd.

37   Ebd.

38   Vgl. Niedersächsische Landesschulbehörde: Auszeichnung als ‚Plattdüütsche School' bzw. als ‚Seelterfraiske Skoule', 2018. URL: https://www.landesschulbehoerde-niedersachsen.de/bu/schulen/unterricht-faecher/schulformuebergreifende-beratung/region-im-unterricht/auszeichnung, (13.03.2019).

39   Vgl. Niedersächsische Landesschulbehörde: Die Region und ihre Sprachen im Unterricht. Niederdeutsch und Saterfriesisch – Beratungsanfrage und Informationen, 2017. URL: https://www.landesschulbehoerde-niedersachsen.de/bu/schulen/unterricht-faecher/schulformuebergreifende-beratung/region-im-unterricht (13.03.2019).

40   Vgl. Niedersächsische Landesschulbehörde: Materialien & Links für Plattdeutsch und Saterfriesisch in der Schule, 2017. URL: https://www.landesschulbehoerde-niedersachsen.de/bu/schulen/unterricht-faecher/schulformuebergreifende-beratung/region-im-unterricht/material (13.03.2019).

41   Niedersächsisches Kultusministerium: Kerncurriculum für das Gymnasium. Schuljahrgänge 5–10. Deutsch, 2015. URL: http://db2.nibis.de/1db/cuvo/datei/de_gym_si_kc_druck.pdf (13.03.2019).

42   Hier wird der auslaufende Lehrplan des achtjährigen Gymnasiums betrachtet, nicht der neue LehrplanPLUS. Dieser ist zum Zeitpunkt der vorliegenden Untersuchung erst in den Jahrgangsstufen 5 und 6 gültig.

43   Staatsinstitut für Schulqualität und Bildungsforschung München (ISB): Gymnasium. Gültiger Lehrplan für Jgst. 7–12. Jahrgangsstufe 8 Deutsch. URL: http://www.gym8-lehrplan.bayern.de/contentserv/3.1.neu/g8.de/index.php?StoryID=26272 (13.03.2019).

die Handreichung „Dialekte in Bayern" herausgegeben, um „den Mundarten in Bayern den ihnen gebührenden Stellenwert einzuräumen und die Verbundenheit der Schülerinnen und Schüler mit ihrer bayerischen Heimat zu stärken."[44] Gerade das vom damaligen Minister Ludwig Spaenle verfasste Geleitwort zu dieser Handreichung zeigt verschiedene sprachliche Ideologien, die sich in der Beurteilung von Dialekt offenbaren. So wird betont: „Wer Mundart spricht, verweist auf seine Herkunft, gewinnt Identität und verfügt über eine unschätzbare sprachliche Ressource."[45] An dieser Stelle ist wiederum eine klare pluralistische Einstellung zu erkennen. Mit dem Hinweis, dass Dialekt und Herkunft miteinander in Zusammenhang stehen, ist sprachlicher Patriotismus verbunden, also die Auffassung, dass man sich durch die Wahl der Varietät zu seiner Heimat bekenne. Darüber hinaus wird darauf hingewiesen, dass Mundart nicht „den Erfolg in Schule und Beruf behindere"[46], da die Bundesländer Bayern, Baden-Württemberg und Sachsen, die bei Schulleistungsvergleichen die vorderen Plätze belegten, „von einer lebendigen mundartlichen Kommunikation geprägt"[47] seien. Hier wird eine Relation zwischen schulischer Leistung und Dialektkompetenz hergestellt, die im weiteren Verlauf des Geleitworts noch vertieft wird, indem der Wert innerer Mehrsprachigkeit für die kognitive Entwicklung von Kindern dargestellt wird.[48]

Zusammenfassend kann also festgestellt werden, dass sowohl in Niedersachsen als auch in Bayern von offizieller, ministerialer Seite her eine pluralistisch geprägte Sprachenpolitik vertreten wird. Im folgenden Abschnitt wird untersucht, ob und inwieweit sich die Ideologie des Pluralismus auch in den Schulbüchern wiederfindet.

# 5. Untersuchung

Für die Untersuchung sprachlicher Ideologien in Schulbüchern der Bundesländer Niedersachsen und Bayern wurden jeweils fünf Schulbuchreihen ausgewählt: Für Bayern „Deutschbuch" (Ausgabe Bayern) (Cornelsen, 2006 bzw. 2007), „Kombi-Buch Deutsch" (C.C. Buchner, 2006 bzw. 2007), „Kombi-Buch Deutsch Neue Ausgabe Bayern" (C.C. Buchner, 2011 bzw. 2012), „Kompetenzen – Themen – Training" (Schroedel, 2016 bzw. 2017) sowie der Band „Wort & Co 9" (C.C. Buch-

---

44  Staatsinstitut für Schulqualität und Bildungsforschung München (ISB): Dialekte in Bayern, 2015. URL: http://www.isb.bayern.de/schulartspezifisches/materialien/dialekte-in-bayern (14.03.2019).
45  Bayerisches Staatsministerium für Bildung und Kultus, Wissenschaft und Kunst (Hg.): Dialekte in Bayern. Handreichung für den Unterricht. München, 2. Auflage 2015, S. 5.
46  Ebd.
47  Ebd.
48  Vgl. ebd.

ner, 2007)[49], für Niedersachsen „deutsch.kompetent" (Klett, 2014 bzw. 2015), „deutschideen" (Schroedel, 2012 bzw. 2013), „Deutschbuch" (Ausgabe Niedersachsen) (Cornelsen, 2014 bzw. 2015), „Kombi-Buch Deutsch Ausgabe N" (C.C. Buchner, 2009 bzw. 2010) und „Praxis: Sprache und Literatur" (westermann, 2007 bzw. 2008).[50] Bis auf die Reihe „Wort & Co" wurden jeweils die Bände der achten und neunten Jahrgangsstufe durchgesehen, da dort die Beschäftigung mit dem Themenkomplex „Dialekte" stattfindet.[51]

Die Schulbuchkapitel zu diesem Themenkomplex werden einer qualitativen Analyse unterzogen, die den Prinzipien der kritischen Diskursanalyse folgt.[52] Diese scheint für die Untersuchung besonders geeignet zu sein, da sie das Aufdecken des Zusammenhangs von Sprache mit sozialen Strukturen und des Einflusses von Sprachgebrauch auf Machtbeziehungen zum Ziel hat.[53] In der folgenden Analyse der Schulbuchtexte sollen zugrunde liegende sprachliche Ideologien identifiziert und ihre möglichen sozialen Folgen thematisiert werden. Es geht dabei nicht darum, die auftretenden sprachlichen Ideologien aus didaktischer Sicht zu bewerten, schließlich unterliegt man als Untersuchender notgedrungen den eigenen sprachlichen Ideologien und kann zudem die Zwänge didaktischer Natur, zum Beispiel die Notwendigkeit didaktischer Reduktion, denen sich Schulbuchautoren zu stellen haben, nicht beurteilen. Erfolgt im Rahmen dieses Aufsatzes eine Bewertung der sprachlichen Ideologien, dann allein vor dem Hintergrund der Frage, ob und inwieweit diese den durch übergeordnete Instanzen wie EU, Bund und Länder vorgegebenen sprachenpolitischen Richtlinien, die in Abschnitt 4 dargestellt wurden, entsprechen.

Selbstverständlich ist auch zu betonen, dass von den Ergebnissen der Untersuchung keine Rückschlüsse auf die Unterrichtswirklichkeit gezogen werden können. In welchem Umfang Schulbücher im Unterricht überhaupt eingesetzt werden, ob Texte darin unkritisch verwendet oder hinterfragt werden, entscheidet letztlich die Lehrperson. Diese kann man mit Ammon als Normautorität auf-

---

49  Diese Schulbuchreihen waren, abgesehen von „Kompetenzen – Themen – Training" (Schroedel), bereits auch Teil der Untersuchungen sprachlicher Ideologien in bayerischen Schulbüchern von Maitz 2015 bzw. Maitz/Foldenauer 2015. „Wort & Co 8" wurde nicht in die Untersuchung aufgenommen, da dieser Band nicht zugelassen ist, vgl. Bayerisches Staatsministerium für Unterricht und Kultus: Diese Lernmittel sind zugelassen, 2019. URL: https:// www.km.bayern.de/lehrer/unterricht-und-schulleben/lernmittel.html (13.03.2019).

50  Vgl. Literaturverzeichnis „Schulbücher".

51  Vgl. Niedersächsisches Kultusministerium 2015 bzw. Staatsinstitut für Schulqualität und Bildungsforschung 2019.

52  Vgl. beispielsweise Alexander Pollak: Kritische Diskursanalyse – ein Forschungsansatz an der Schnittstelle von Linguistik und Ideologiekritik. In: Zeitschrift für Angewandte Linguistik 36 (2002), S. 33–48.

53  Vgl. Stefan Titscher u. a.: Methoden der Textanalyse. Leitfaden und Überblick. Opladen u. a. 1998, S. 182.

fassen[54], die durch ihre eigenen sprachlichen Norm- und Wertvorstellungen und ihre individuelle Unterrichtsgestaltung einen immensen Einfluss darauf hat, welchen sprachlichen Ideologien die Schülerinnen und Schüler in welchem Ausmaß ausgesetzt werden. Welche Sprachnormen genau von Lehrerinnen und Lehrern vertreten werden und welche sprachlichen Varianten sie bei ihren Schülerinnen und Schülern jeweils akzeptieren, ist dabei je nach Lehrperson sehr unterschiedlich[55], sodass es schwierig ist, über die Vermittlung sprachlicher Ideologien im Unterrichtsgeschehen allgemeingültige Aussagen zu treffen. Da Schulbücher in den untersuchten Bundesländern einem staatlichen Zulassungsprozess unterliegen, erlaubt ihre Analyse allerdings dennoch den Rückschluss auf sprachliche Wert- und Normvorstellungen, die von Ministerien und letztendlich einer gesellschaftlichen Mehrheit vertreten werden.

Aus Gründen des Umfangs können hier nur einige Beispiele im Detail dargestellt werden, diese sind jedoch in ihrer Erscheinungsform als repräsentativ für die Schulbücher des jeweiligen Bundeslandes einzustufen. Die Untersuchung fokussiert sich dabei auf den Einfluss der sprachlichen Ideologien Standardismus sowie Homogenismus, die Verbindung von Sprache mit Identität und die vorherrschenden Aufgabentypen in den bayerischen und niedersächsischen Schulbüchern.

## 5.1 Einfluss von Standardismus und Homogenismus

Maitz hat aufgezeigt, dass in bayerischen Schulbüchern implizit die Ideologie des Homogenismus vertreten wird, also die Überzeugung, die deutsche Standardsprache sei überregional einheitlich.[56] Gleichzeitig werden tendenziell die norddeutschen Standardformen gegenüber den süddeutschen als richtig herausgestellt, worin sich eine hannoveristische Auffassung zeigt, das heißt die Vorstellung, dass das in Norddeutschland – insbesondere im Raum Hannover – gesprochene Hochdeutsch „besser" sei als das in anderen Gegenden von Deutschland gesprochene.[57] Insgesamt zeigen sich die bayerischen Schulbücher nach Maitz/Foldenauer als vom Standardismus geprägt, da der (norddeutsche) Standard als Maßstab der Sprachrichtigkeit angelegt wird.[58] In den niedersächsi-

---

54   Vgl. Ulrich Ammon: Die deutsche Sprache in Deutschland, Österreich und der Schweiz. Das Problem der nationalen Varietäten. Berlin/New York 1995, S. 74–78.
55   Vgl. Winifred V. Davies: Linguistic Norms at School. A Survey of Secondary-School Teachers in a Central German Dialect Area. In: Zeitschrift für Dialektologie und Linguistik 67/2 (2000), S. 129–147 und Nils Langer: Sprachkritik und Sprachnormen – regionale, mediale und soziale Differenzierungen. In: Mitteilungen des Deutschen Germanistenverbandes 60/4 (2013), S. 321–335, hier S. 328f.
56   Vgl. Maitz 2015, hier S. 217f.
57   Vgl. ebd.
58   Vgl. Maitz/Foldenauer 2015, hier S. 232f.

schen Schulbüchern kommt der Standardsprache eine ähnlich herausgehobene Stellung zu: Auch hier werden Dialekte als „Unterarten der Standardsprache"[59] charakterisiert, die „eine zum Teil von der Standardsprache abweichende Grammatik"[60] besitzen, nicht aber als „eigenständige Varietäten des Deutschen, die gewisse kommunikative Funktionen haben und pragmatischen und sprachlichen Regeln unterliegen"[61]. Die Standardsprache wird als „die allgemein verbindliche Form unserer Sprache"[62] oder die „über den Mundarten, Umgangssprachen und Soziolekten [...] stehende [...] Sprachform"[63] bezeichnet. Zudem „wird die Standardsprache tendenziell eher von Angehörigen der oberen sozialen Schichten [gesprochen]"[64]. Die Fokussierung auf die Standardsprache und ihr besonderer Status zeigen sich sehr plastisch auch in folgender Aufgabenstellung aus „Praxis: Sprache & Literatur 9", die den Standard ins Zentrum eines Varietätengefüges rückt: „Stelle ein Schaubild her, in dem die Überschneidungen von Standardsprache, Jugendsprache, Umgangssprache, Dialekt, Soziolekt und Idiolekt deutlich werden. In der Mitte des Schaubilds sollte **STANDARDSPRACHE** stehen."[65]

Allerdings wird im Gegensatz zu den bayerischen Schulbüchern, in denen es häufig darum geht, zu beurteilen, wann es „nicht angebracht ist, sich in Dialekt oder Umgangssprache zu äußern"[66], oder berichtet werden soll, wann „du jemanden missverstanden oder gar nicht verstanden hast, weil er Dialekt sprach"[67], in den niedersächsischen Schulbüchern Niederdeutsch weniger problematisch, sondern ausgesprochen positiv dargestellt. So findet sich in einem Text in „deutschideen 9" ein entsprechendes Zitat von Ina Müller, die ihre eigene Einstellung gegenüber Niederdeutsch verdeutlicht. Sie berichtet aus ihrer Jugendzeit: „Nich genoog, dat en vun Buuernhoff keem, nu müss dat ok noch jeedeen höörn!"[68] Im Laufe des Textes werden dann jedoch die Vorteile des Plattdeutschsprechens herausgestellt: „Over luut op Platt schnacken, so dat di nüms versteiht, dor mookt dat Aflästern so richtich Spooß."[69] Niederdeutsch bekommt hier das Etikett einer Geheimsprache, deren Attraktivität gerade darin liegt, dass nicht jeder sie versteht. Diese Ideologie könnte als sprachlicher Exklusivismus

59 Wolfgang Menzel (Hg.): Praxis: Sprache & Literatur 8. Braunschweig 2007, S. 227.
60 Ebd., Hervorhebung original.
61 Langer 2013, hier S. 333.
62 Bernd Schurf/Andrea Wagener (Hg.): Deutschbuch 9. Sprach- und Lesebuch. Gymnasium Niedersachsen. Berlin 2015, S. 353.
63 Wolfgang Menzel (Hg.): Praxis: Sprache & Literatur 9. Braunschweig 2008, S. 260.
64 Ebd.
65 Ebd., S. 261, Hervorhebung original.
66 Heinrich Jakob/Markus Knebel/Jutta Schwarz: Wort & Co 9. Sprachbuch für Gymnasien. Bamberg 2007, S. 71.
67 Karla Müller/Gottlieb Gaiser (Hg.): Kombi-Buch Deutsch 8. Lese- und Sprachbuch für Gymnasien. Bamberg 2006, S. 17.
68 Ulla Ewald-Spiller u. a.: deutschideen 9. Sprach- und Lesebuch. Braunschweig 2013, S. 254.
69 Ebd.

bezeichnet werden,[70] also die Überzeugung, dass sprachliche Formen, die einem bestimmten Personenkreis vorbehalten sind, besser sind als andere Varietäten. Der Text endet recht euphorisch mit der Feststellung, Müllers Freunde würden, wenn sie erfahren, dass diese Plattdeutsch spricht, diese Tatsache mit „Ey – is das Plattdeutsch – das ist ja cool!"[71] kommentieren. Den Schülerinnen und Schülern wird mit diesem Text die Geschichte einer positiven sprachlichen Sozialisation aufgezeigt: Das anfängliche Hadern von Ina Müller mit ihrer Erstvarietät löst sich auf, sie erkennt den Wert dieser und auch nahestehende Personen zollen ihr Anerkennung für ihr Niederdeutsch. Auch die Möglichkeit, mit seiner Erstvarietät nicht verstanden zu werden, wird hier, wie oben gezeigt, positiv umgedeutet. Hier ist ein klarer Unterschied zu den bayerischen Schulbüchern zu erkennen, in denen die Verwendung von Dialekt zu Verständnisproblemen führen kann.

In anderen niedersächsischen Schulbüchern finden sich ebenfalls positive Bewertungen von Niederdeutsch. So heißt es in „deutsch.kompetent 8": „Die Songs der Band ‚De fofftig Penns‘ zeigen, dass Dialekt auch jugendlich sein kann."[72] In diesem Fall wird versucht, die Vorstellung, Niederdeutsch könnte mit hohem Alter der Sprecherinnen und Sprecher verbunden sein, zu entkräften. Darüber hinaus finden sich Texte, die beinahe Werbung für Dialekte machen, beispielsweise in einem Text im Buch „Praxis: Sprache & Literatur 8": „So gibt's in jeder Mundart und in jedem Dialekt die vielfältigsten Schattierungen von cool bis brutal. Musste nur kennen, wenn de Erfolg haben willst."[73]

Hinter solchen Textbeispielen, die die Vorzüge der regionalen Varietät betonen, steckt sprachlicher Pluralismus. Ihm zufolge muss die Vielfalt von Sprache gefördert und erhalten werden. Allerdings wird Niederdeutsch in den niedersächsischen Schulbüchern nicht als vielschichtige Varietät gezeigt, sondern stark vereinheitlicht. In den meisten der untersuchten Schulbücher findet nicht einmal eine grobe Unterteilung in West- und Ostniederdeutsch statt. Diese ungefähre Differenzierung findet sich lediglich in zwei Schulbüchern. In „deutschideen 9" ist eine Karte abgedruckt, die Dialekträume abbildet.[74] Etwas detaillierter geht das „Deutschbuch 9" vor, in dem Redensarten unter anderem einigen niederdeutschen Dialekten zugeordnet werden sollen.[75] Insgesamt offenbart die Darstellung des Niederdeutschen sprachlichen Homogenismus, da dem Niederdeutschen eine Einheitlichkeit unterstellt wird, die dieses nicht besitzt: Der Nord-

70 Die Benennung folgt hierbei der üblichen Benennungstradition mit Ableitung durch das Suffix *-ismus* (vgl. Standardismus, Purismus etc.).

71 Ewald-Spiller u. a. 2013, S. 254.

72 Maximilian Nutz (Hg.): deutsch.kompetent 8. Stuttgart 2014, S. 183.

73 Wolfgang Menzel (Hg.): Praxis: Sprache & Literatur 8. Braunschweig 2007, S. 227.

74 Vgl. Ewald-Spiller 2013, S. 247. Diese Karte ist allerdings sehr ungenau. So liegt Nürnberg dort mitten im bairischen Sprachraum (statt im ostfränkischen), welcher laut der Karte bis an den Bodensee reicht (statt bis an den Lech).

75 Vgl. Matthiessen, Wilhelm / Bernd Schurf / Wieland Zirbs (Hg.): Deutschbuch 9. Sprach- und Lesebuch. Gymnasium Bayern. Berlin 2007, S. 229.

deutsche Sprachatlas (NOSA) beispielweise nimmt eine Binnendifferenzierung in 18 Dialektregionen vor.[76]

## 5.2 Der Zusammenhang von Sprache und Identität

Als sprachlicher Patriotismus soll im Folgenden die Überzeugung bezeichnet werden, durch die Wahl bestimmter sprachlicher Varianten bzw. einer bestimmten Varietät einen patriotischen Akt zu vollziehen.[77]

In den untersuchten niedersächsischen Schulbüchern kann diese Ideologie vereinzelt in recht plakativer Weise festgestellt werden. So heißt es im Buch „deutschideen 9":

> „Wat den eenen sin Uhl, is den annern sin Nachtigal! Wat?? Ihr habt kein Wort verstanden? Dann solltet ihr aber langsam mit dem Üben anfangen! Denn sind wir doch mal ehrlich: Ein waschechtes Nordlicht sollte doch wenigstens ein Mindestmaß an heimischer Sprache beherrschen."[78]

Hier wird ein expliziter Zusammenhang zwischen Herkunft und Sprache hergestellt: Nur wer die *heimische Sprache* (zumindest *ein Mindestmaß*) beherrscht, ist *ein waschechtes Nordlicht*. Hier erkennt man vorrangig Patriotismus, da man durch das Beherrschen von Niederdeutsch seine Identität als ‚echte(r)' Norddeutsche(r) patriotisch zum Ausdruck bringen kann. Wenn man Niederdeutsch spricht, bekennt man sich dadurch zu seiner Heimatregion. Zudem kann in diesem Beispiel Vernakularismus festgestellt werden, da die die regionale Identität tragende Varietät als förderungswürdig dargestellt wird[79]: Die Schülerinnen und Schüler sollen *mit dem Üben anfangen*. Wenn es also darum geht, warum man Niederdeutsch sprechen sollte, wird dies immer mit dem Verweis auf die norddeutsche Kultur und Identität begründet. Ein weiteres Beispiel, wie die Sprache mit der Herkunft verknüpft wird, zeigt sich in „deutschideen 8". In einem Text über das Niederdeutsche, der ins Hochdeutsche übertragen werden soll, heißt es:

> „Dat Nedderdüütsche hett in'n Noorden vun Düütschland noch so wat vun ‚dat geev dat all jümmers', dat weer jümmers daar däglichen Dag, dat

---

76  Vgl. Michael Elmentaler/Peter Rosenberg (Hg.): Norddeutscher Sprachatlas (NOSA). Band 1: Regiolektale Sprachlagen. Hildesheim 2015, S. 89–91.

77  Benennung und Definition dieser Ideologie stammen ursprünglich von Péter Maitz (Bern), der diese im Kontext des Seminars „Sprachliche Ideologien" an der Universität Augsburg (Wintersemester 2012/13) in der angegebenen Weise formuliert hat.

78  Ewald-Spiller u.a. 2013, S. 251.

79  Vgl. Juan Cobarrubias: Ethical Issues in Status Planning. In: Ders./Joshua A. Fishman (Hg.): Progress in Language Planning. International Perspectives. Berlin/New York 1983, S. 41–85, hier S. 66.

höört to Land un Lüüd. Platt weer so wat as een Teken för levig Kultuur för all de Daag."[80]

Hier wird Niederdeutsch als zu Land und Leuten gehörend dargestellt. Gleichzeitig wird Niederdeutsch ein eher musealer Status eingeräumt, wenn erklärt wird, dass Plattdeutsch ein Zeichen für lebendige Kultur *war*. Dies wird im weiteren Verlauf des Textes noch verstärkt:

> „Wat dat mit Platt hüüt up sik hett in disse Sellschupp, woans dat dunntomalen weer in fröher Tieden, wat dat weer mit de Geschicht un de Kultuur un wat Platt för de Lüüd weer in vergahn Tieden, daar weet meist keeneen veel vun af und dat interesseert bit hüüt ok nich ganz so veel Lüüd."[81]

Niederdeutsch wird hier verbunden mit *früheren* oder *vergangenen Zeiten*, es wird zudem betont, dass sich nicht viele Menschen dafür interessieren. Diese Haltung gegenüber dem Niederdeutschen beschreibt Arendt in einer vergleichenden Untersuchung von Spracheinstellungen in der Politik und bei Laien mit „Richtiges Plattdeutsch können nur die ‚Alten' von ‚früher' ‚auf dem Lande' sprechen."[82] Dies zeigt einen interessanten Zwiespalt in den niedersächsischen Schulbüchern auf, da einerseits für den Gebrauch des Niederdeutschen geworben wird, auf der anderen Seite das Niederdeutsche dann aber wieder als Aspekt einer sprachlichen Vergangenheit dargestellt wird, der für Kommunikationszwecke der Gegenwart letztlich keine Bedeutung mehr besitzt: „Wer hätte das gedacht? Auch im Zeitalter der Globalisierung ist die deutsche Mundart heute noch lebendig."[83]

Auch in den bayerischen Schulbüchern werden die Dialekte mit der eigenen Identität verbunden. So heißt es in einem Merkkasten zum Dialekt im „Deutschbuch 8", „Dialekte sprechen vor allem heimatgebundene Personen".[84] Eine explizite Empfehlung, Dialekt zu verwenden, um sich als echte Bayerin oder echter Bayer zu beweisen, wird allerdings nicht ausgesprochen. Lediglich in einem Gedicht, dessen zentrale Aussagen von den Schülerinnen und Schülern untersucht werden sollen, werden diese indirekt zum Gebrauch des Dialekts aufgerufen: „Vom Herzn kimmt dö Hoamatsprach und zoagt von Art und Wes'n. Drum soid ma a sei Muadasprach im Leb'n gar nia vogessn."[85]

---

80  Ulla Ewald-Spiller u. a.: deutschideen 8. Sprach- und Lesebuch. Braunschweig 2012, S. 294.
81  Ebd.
82  Birte Arendt: Wie Metasprachdiskurse Wirklichkeiten konstruieren. Eine Untersuchung von Spracheinstellungen zum Niederdeutschen. In: Ryszard Lipczuk u. a. (Hg.): Diskurslinguistik – Systemlinguistik. Theorien, Texte, Fallstudien. Hamburg 2010, S. 273–287, hier S. 278.
83  Ewald-Spiller 2013, S. 246.
84  Matthiessen/Schurf/Zirbs 2006, S. 151.
85  Ebd., S. 152.

Als sprachliche Ideologie kann in diesem Beispiel ebenfalls sprachlicher Patriotismus festgestellt werden, da die an die eigene Identität gebundene Sprache, die Muttersprache, gegenüber anderen Varietäten hervorgehoben wird. Die Muttersprache ist zudem unverfälscht, denn sie *kimmt von Herzen* und *zoagt von Art und Wes'n.*

Die Verbindung von sprachlichen Merkmalen mit Begriffen wie *waschechtes Nordlicht* oder *heimatgebunden*, die für die eigene kulturelle Identität stehen, stellt eine Ikonisierung[86] dar. Die Wahl der Varietät bildet also einen außersprachlichen Sachverhalt ab, sie zeigt, wie patriotisch eine Sprecherin oder ein Sprecher ist.

Darüber hinaus werden sowohl in den niedersächsischen als auch in den bayerischen Schulbüchern Dialekte häufig mit Emotionen verknüpft. So wird dem Dialekt zugestanden, „[a]uf manchen Gebieten [...] mehr Ausdrucksmöglichkeiten als die Standardsprache, besonders dort, wo es um Gefühle geht"[87] zu haben. In den bayerischen Büchern wird außerdem Dialekt häufig mit wertenden Adjektiven verbunden. So zum Beispiel im „Kombi-Buch 8 (Neue Ausgabe)":

> „Für sehr viele Dialektsprecher gilt, dass sie den eigenen Dialekt als ‚warm' und ‚schön', andere Dialekte als ‚unschön' oder ‚komisch' und Standardsprache als ‚kalt' empfinden. Diskutiert: Woran könnte das liegen? Geht euch das auch so?"[88]

Auch im „Deutschbuch 8" ist ein wertender Text aus dem 18. Jahrhundert von Andreas Dominikus Zaupser abgedruckt,[89] in dem über das Bairische Beurteilungen wie „die härteste[90] [Mundart] nach der schweizerischen"[91] oder „[e]ine raue Mundart"[92] getätigt werden. In der darauffolgenden Aufgabenstellung sollen die Schülerinnen und Schüler notieren, „welche Kennzeichen der bayerischen[93]

---

86  Vgl. Judith T. Irvine/Susan Gal: Language Ideology and Linguistic Differentiation. In: Paul V. Kroskrity (Hg.): Regimes of Language. Ideologies, polities, and identities. Santa Fe 2000, S. 35–84, hier S. 37–38.

87  Karla Müller/Gottlieb Gaiser (Hg.): Kombi-Buch Deutsch 8. Lese- und Sprachbuch für Gymnasien. Ausgabe N. Bamberg 2009, S. 14, fast wortgleich auch in den bayerischen Büchern Müller/Gaiser 2006, S. 17 und Karla Müller/Gottlieb Gaiser (Hg.): Kombi-Buch Deutsch 8. Lese- und Sprachbuch für Gymnasien. Neue Ausgabe Bayern. Bamberg 2011, S. 16.

88  Müller/Gaiser 2011, S. 18.

89  Das Schulbuch zitiert hier Andreas Dominikus Zaupser: Versuch eines baierischen und oberpfälzischen Idiotikons. Ein Wörterbuch mit Sprichwörtern und Volksliedern. Grafenau 1986 [1789], S. VII–XI. Der Text wurde im Schulbuch gekürzt und orthographisch angepasst.

90  Im Original steht hier *rauheste* (statt *härteste*), vgl. ebd., S. VII.

91  Bernd Schurf/Andrea Wagener (Hg.): Deutschbuch 8. Sprach- und Lesebuch. Gymnasium Niedersachsen. Berlin 2014, S. 151.

92  Ebd.

93  Hier steht wohl irrtümlich bayerisch statt bairisch als Bezeichnung für den im Textauszug besprochenen Dialekt.

Mundart [...] zugeschrieben werden"[94]. Die Bewertung des Dialekts wird also nicht etwa reflektiert, sondern einfach übernommen. Auch im zweiten Teil der Aufgabenstellung soll die Aussage des Verfassers, „dass eine raue Mundart zwar kein Lob verdiene, aber auch keine Verachtung"[95], zwar diskutiert werden, aber die Verbindung von Bairisch mit den Adjektiven *hart* bzw. *rau* wird nicht hinterfragt.

## 5.3 Aufgabenstellungen in bayerischen und niedersächsischen Schulbüchern

Betrachtet man, welche Aufgabentypen sich vorrangig in bayerischen bzw. niedersächsischen Schulbüchern finden, zeigen sich deutliche Unterschiede zwischen den beiden Bundesländern. In letzteren tauchen häufig Aufgabenstellungen auf, in denen es darum geht, Niederdeutsch mit Hochdeutsch, Englisch oder Niederländisch zu vergleichen.[96] Hierbei sollen die Schülerinnen und Schüler die lautlichen Gemeinsamkeiten von Niederdeutsch und Englisch (bzw. Niederländisch) erkennen: In „deutsch.kompetent 8" sollen sie eine Tabelle mit hochdeutschen, niederdeutschen bzw. englischen Formen ergänzen, während eine Spalte mit niederländischen vorgegeben ist. Anschließend sollen die niederdeutschen Formen mit den niederländischen und englischen verglichen werden.[97] Durch Aufgaben dieser Art können die Schülerinnen und Schüler sprachliche Gemeinsamkeiten zwischen Niederdeutsch, Englisch und Niederländisch erkennen und im Vergleich mit Hochdeutsch lautliche Unterschiede, die auf die im Niederdeutschen nicht durchgeführte Zweite Lautverschiebung zurückzuführen sind, nachvollziehen. Aufgaben solcher Art, die auf die Analyse lautlicher Gegebenheiten in der Varietät hinauslaufen, finden sich in bayerischen Schulbüchern nur sehr vereinzelt: Nur sechs von insgesamt 82 Aufgaben (ca. 7 %) zum Themenkomplex Dialekte in den bayerischen Schulbüchern sind dem Aufgabentyp „Sprachliche Analyse" zuzuordnen, im Gegensatz zu elf von 90 Aufgaben (ca. 12 %) in den niedersächsischen Schulbüchern. So gibt es beispielsweise im „Deutschbuch 8" folgende Aufgabenstellung: „Überlegt in Partnerarbeit, welche lautlichen Unterschiede (Vokale, Konsonanten) ihr zwischen der Mundart und dem Hochdeutschen feststellen könnt."[98] Ansonsten geht es in bayerischen Schulbüchern weniger um eine Untersuchung der bayerischen Dialekte auf innersprachlicher

94  Schurf/Wagener 2014, S. 151.
95  Ebd.
96  Allerdings nicht in den beiden Reihen „Kombi-Buch Deutsch. Lese- und Sprachbuch für Gymnasien. Ausgabe N." und „Praxis: Sprache und Literatur".
97  Vgl. Maximilian Nutz (Hg.): deutsch.kompetent 8. Stuttgart 2014, S. 185.
98  Matthiessen/Schurf/Zirbs 2006, S. 152.

Ebene als vielmehr darum, zu entscheiden, wann man Dialekt verwenden sollte und wann nicht. Sehr auffällig ist, dass in den niedersächsischen Schulbüchern nur in einer einzigen Aufgabe (von insgesamt 90 Aufgaben) im „Kombi-Buch Deutsch 8" die Schülerinnen und Schüler zu einem aktiven Einsatz von Dialekt angeregt werden und dies auch nur fakultativ: „Schreibe ein Lied auf deine eigene Stadt – auch in Mundart, wenn du eine beherrschst."[99] In der bayerischen Ausgabe des Schulbuchs für die achte Jahrgangsstufe der Reihe „Kombi-Buch Deutsch" lautet die gleiche Aufgabe „Schreibe ein Lied auf deine eigene Stadt – auch in Mundart."[100] Insgesamt gibt es in den bayerischen Schulbüchern neun (von 82) Aufgaben, in denen die Schülerinnen und Schüler einen Text (zumeist Liedtexte oder Gedichte) im Dialekt verfassen sollen. Es ist also festzustellen, dass es in den niedersächsischen Schulbüchern vorrangig darum geht, Wissen über das Niederdeutsche anhand von Aufgaben, die sich mit der sprachlichen Entwicklung beschäftigen, zu vermitteln und nicht darum, die Schülerinnen und Schüler aktiv Gebrauch davon machen zu lassen. In der Formulierung „wenn du eine beherrschst"[101] zeigt sich, dass angezweifelt wird, dass die Schülerinnen und Schüler Niederdeutsch aktiv sprechen können. Dies ist zwar durchaus nachvollziehbar, da derzeit in den Bundesländern, in denen Niederdeutsch vertreten ist, in der Altersgruppe der bis 20-Jährigen nur etwa 7–8 % der Sprecherinnen und Sprecher über (sehr) gute bis mäßige aktive Sprachkenntnisse verfügen.[102] Dennoch ist auffällig, dass sich bei diesem Aufgabentyp ein derart ausgeprägtes Gefälle zwischen niedersächsischen und bayerischen Schulbüchern zeigt.

## 6. Fazit

In der vorliegenden Untersuchung wurde gezeigt, dass die analysierten niedersächsischen Schulbücher entgegen der offiziellen ministerialen Haltung, die von Pluralismus geprägt ist, zwar teilweise ebenfalls standardistische Tendenzen zeigen, aber (im Gegensatz zu den bayerischen Büchern) Dialekte nicht als Quelle für Missverständnisse präsentiert, sondern vielmehr positiv gezeichnet werden, auch wenn das Niederdeutsche zumeist als eine homogene Varietät präsentiert wird.

Gerade die in den Schulbüchern auftretenden sprachlichen Ideologien des Standardismus und des Homogenismus können zu einer Stigmatisierung und Benachteiligung bestimmter Sprecher_innengruppen führen[103], insbesondere

99 Müller/Gaiser 2009, S. 12.
100 Müller/Gaiser 2006, S. 14.
101 Müller/Gaiser 2009, S. 12.
102 Vgl. Adler 2016, S. 16.
103 Vgl. Maitz/Elspaß 2011.

dann, wenn bestimmte Varietäten als nicht-funktional dargestellt werden. Daher sollte im Schulunterricht Sprachvariation innerhalb des Deutschen und auch innerhalb des Standards thematisiert werden.[104]

Sowohl in Bayern als auch in Niedersachsen wird Dialekt stark mit der eigenen Identität als Bayer(in) bzw. Norddeutsche(r) verknüpft (sprachlicher Patriotismus). Dies spiegelt die Ergebnisse einer aktuellen Umfrage wider, in der norddeutsche Sprecherinnen und Sprecher angeben, mit Plattdeutsch vor allem die Begriffe „Familie/Privates" bzw. „Heimat/Tradition/Kultur" zu verbinden.[105] Gleichzeitig ist jedoch festzuhalten, dass dem Niederdeutschen trotz aller Schutzwürdigkeit ein eher musealer Status eingeräumt wird. Dieser zeigt sich auch darin, dass die Aufgaben in den niedersächsischen Schulbüchern zumeist zwar Wissen über das Niederdeutsche vermitteln, insbesondere, indem die Schülerinnen und Schüler zum Vergleich mit dem Englischen, Niederländischen und Hochdeutschen aufgefordert werden. Ansonsten wird in den Schulbüchern jedoch lediglich auf Vorlesewettbewerbe und Plattdeutsch-Apps verwiesen, um die aktiven Niederdeutschkenntnisse der Schülerinnen und Schüler zu vertiefen.[106] Diese werden aber innerhalb der Aufgabenstellungen der Bücher nicht dazu angeregt, selbst Texte auf Niederdeutsch zu verfassen, sodass Birte Arendt zugestimmt werden muss, wenn sie konstatiert: „Die betreffende Sprache [Niederdeutsch] wird im Bewusstsein der SchülerInnen vielmehr zu einem Gut aus der Vergangenheit, zu einer Sprache der anderen, zu einer Sprache, über die man spricht, nicht *die* man spricht."[107]

Ein weiteres Ergebnis der Untersuchung ist, dass es in den bayerischen Schulbüchern vorrangig darum geht, den Schülerinnen und Schülern zu vermitteln, wann Dialekt und wann die Standardsprache eingesetzt werden könne. Dies ist darauf zurückzuführen, dass im süddeutschen Sprachraum kein klares Gefälle zwischen Standard und Dialekt existiert, sondern die Sprecherinnen und Sprecher sich in einem Kontinuum zwischen diesen beiden Polen bewegen und situativ daraus wählen können.[108] In den niedersächsischen Schulbüchern liegt der Fokus hingegen auf der sprachlichen Analyse des Niederdeutschen und insbesondere auf dessen Abgrenzung zum Hochdeutschen.

---

104  Vgl. ebd., hier S. 13.
105  Vgl. ebd., S. 22.
106  Vgl. Ewald-Spiller u. a. 2013, S. 251.
107  Birte Arendt: Krankgepflegt? Was Sprachpolitik bewirken kann. In: Aptum. Zeitschrift für Sprachkritik und Sprachkultur 5/01 (2009), S. 38–60, hier S. 57, Hervorhebung original.
108  Ein solches Kontinuum wird allerdings lediglich in den Büchern „Kombi-Buch 8" und „Kombi-Buch 8 Neue Auflage" erwähnt, vgl. Müller/Gottlieb 2006, S. 17f. und Müller/Gottlieb 2011, S. 16f.

# Literatur

## Schulbücher:

### a) Bayern

Epple, Thomas u. a.: Deutsch Gymnasium Bayern 8. Kompetenzen – Themen – Training. Braunschweig 2016.

Epple, Thomas u. a.: Deutsch Gymnasium Bayern 9. Kompetenzen – Themen – Training. Braunschweig 2017.

Jakob, Heinrich/Knebel, Markus/Schwarz, Jutta: Wort & Co 9. Sprachbuch für Gymnasien. Bamberg 2007.

Matthiessen, Wilhelm/Schurf, Bernd/Zirbs, Wieland (Hg.): Deutschbuch 8. Sprach- und Lesebuch. Gymnasium Bayern. Berlin 2006.

Matthiessen, Wilhelm/Schurf, Bernd/Zirbs, Wieland (Hg.): Deutschbuch 9. Sprach- und Lesebuch. Gymnasium Bayern. Berlin 2007.

Müller, Karla/Gaiser, Gottlieb (Hg.): Kombi-Buch Deutsch 8. Lese- und Sprachbuch für Gymnasien. Bamberg 2006.

Müller, Karla/Gaiser, Gottlieb (Hg.): Kombi-Buch Deutsch 9. Lese- und Sprachbuch für Gymnasien. Bamberg 2007.

Müller, Karla/Gaiser, Gottlieb (Hg.): Kombi-Buch Deutsch 8. Lese- und Sprachbuch für Gymnasien. Neue Ausgabe Bayern. Bamberg 2011.

Müller, Karla/Gaiser, Gottlieb (Hg.): Kombi-Buch Deutsch 9. Lese- und Sprachbuch für Gymnasien. Neue Ausgabe Bayern. Bamberg 2012.

### b) Niedersachsen

Ewald-Spiller, Ulla u. a.: deutschideen 8. Sprach- und Lesebuch. Braunschweig 2012.

Ewald-Spiller, Ulla u. a.: deutschideen 9. Sprach- und Lesebuch. Braunschweig 2013.

Henninger, Heike/Nutz, Maximilian (Hg.): deutsch.kompetent 9. Stuttgart 2015.

Menzel, Wolfgang (Hg.): Praxis: Sprache & Literatur 8. Braunschweig 2007.

Menzel, Wolfgang (Hg.): Praxis: Sprache & Literatur 9. Braunschweig 2008.

Müller, Karla/Gaiser, Gottlieb (Hg.): Kombi-Buch Deutsch 8. Lese- und Sprachbuch für Gymnasien. Ausgabe N. Bamberg 2009.

Müller, Karla/Gaiser, Gottlieb (Hg.): Kombi-Buch Deutsch 9. Lese- und Sprachbuch für Gymnasien. Ausgabe N. Bamberg 2010.

Nutz, Maximilian (Hg.): deutsch.kompetent 8. Stuttgart 2014.

Schurf, Bernd/Wagener, Andrea (Hg.): Deutschbuch 8. Sprach- und Lesebuch. Gymnasium Niedersachsen. Berlin 2014.

Schurf, Bernd/Wagener, Andrea (Hg.): Deutschbuch 9. Sprach- und Lesebuch. Gymnasium Niedersachsen. Berlin 2015.

## Sekundärliteratur:

Ammon, Ulrich: Die deutsche Sprache in Deutschland, Österreich und der Schweiz. Das Problem der nationalen Varietäten. Berlin/New York 1995.

Ammon, Ulrich: Dialektschwund, Dialekt-Standard-Kontinuum, Diglossie. Drei Typen des Verhältnisses Dialekt-Standardvarietät im deutschen Sprachgebiet. In: Jannis K. Androutsopoulos/Ziegler, Evelyn (Hg.): Standardfragen. Soziolinguistische Perspektiven auf Sprachgeschichte, Sprachkontakt und Sprachvariation. Frankfurt/Oxford 2003, S. 163–171.

Adler, Astrid u. a.: Status und Gebrauch des Niederdeutschen 2016. Erste Ergebnisse einer repräsentativen Erhebung. Mannheim 2016.

Arendt, Birte: Krankgepflegt? Was Sprachpolitik bewirken kann. In: Aptum. Zeitschrift für Sprachkritik und Sprachkultur 5/01 (2009), S. 38–60.

Arendt, Birte: Wie Metasprachdiskurse Wirklichkeiten konstruieren. Eine Untersuchung von Spracheinstellungen zum Niederdeutschen. In: Ryszard Lipczuk u. a. (Hg.): Diskurslinguistik – Systemlinguistik. Theorien, Texte, Fallstudien. Hamburg 2010, S. 273–287.

Bayerisches Staatsministerium für Bildung und Kultus, Wissenschaft und Kunst (Hg.): Dialekte in Bayern. Handreichung für den Unterricht. München, 2. Auflage 2015.

Bayerisches Staatsministerium für Unterricht und Kultus: Diese Lernmittel sind zugelassen, 2019. URL: https://www.km.bayern.de/lehrer/unterricht-und-schulleben/lernmittel.html (13.03.2019).

Blommaert, Jan (Hg.): Language Ideological Debates. Berlin/New York 1999.

Cobarrubias, Juan: Ethical Issues in Status Planning. In: Ders./Joshua A. Fishman (Hg.): Progress in Language Planning. International Perspectives. Berlin/New York 1983, S. 41–85.

Davies, Winifred V.: Linguistic Norms at School. A Survey of Secondary-School Teachers in a Central German Dialect Area. In: Zeitschrift für Dialektologie und Linguistik 67/2 (2000), S. 129–147.

DIPF|Leibniz-Institut für Bildungsforschung und Bildungsinformation: Zugelassene Lernmittel und Schulbücher, 2017. URL: http://www.bildungsserver.de/Zugelassene-Lernmittel-und-Schulbuecher-522-de.html (07.03.2019).

Elmentaler, Michael/Rosenberg, Peter (Hg.): Norddeutscher Sprachatlas (NOSA). Band 1: Regiolektale Sprachlagen. Hildesheim 2015.

Europarat: Europäische Charta der Regional- oder Minderheitensprachen, 2018. URL: https://www.coe.int/de/web/conventions/full-list/-/conventions/treaty/148 (14.03.2019).

Gal, Susan: Migration, Minorities and Multilingualism: Language Ideologies in Europe. In: Clare Mar-Molinero/Patrick Stevenson (Hg.): Language Ideologies, Policies and Practices. Language and the Future of Europe. Basingstoke/New York 2006, S. 13–27.

Göttert, Karl-Heinz: Alles außer Hochdeutsch. Ein Streifzug durch unsere Dialekte. Berlin 2011.

Irvine, Judith T./Gal, Susan: Language Ideology and Linguistic Differentiation. In: Paul V. Kroskrity (Hg.): Regimes of Language. Ideologies, Polities, and Identities. Santa Fe 2000, S. 35–84.

König, Werner: dtv-Atlas Deutsche Sprache. München, 18. Auflage 2015.

König, Werner/Renn, Manfred: Kleiner Sprachatlas von Bayerisch-Schwaben (Materialien zur Geschichte des Bayerischen Schwaben; 30). Augsburg 2007.

Langer, Nils: Low German. In: Ana Deumert/Wim Vandenbussche (Hg.): Germanic Standardizations. Past to Present (Impact: Studies in Language and Society; 18). Amsterdam/Philadelphia 2003, S. 281–301.

Langer, Nils: Sprachkritik und Sprachnormen – regionale, mediale und soziale Differenzierungen. In: Mitteilungen des Deutschen Germanistenverbandes 60/4 (2013), S. 321–335.

Lanstyák, István: A nyelvi ideológiák néhány általános kérdéséről [Über einige allgemeine Fragen von sprachlichen Ideologien]. In: Katalin Misad/Zoltán Csehy (Hg.): Nova Posoniensia. Bratislava 2011, S. 13–57.

Maitz, Péter: Kann – soll – darf die Linguistik der Öffentlichkeit geben, was die Öffentlichkeit will? In: Thomas Nier (Hg.): Sprachwissenschaft und Sprachkritik. Perspektiven ihrer Vermittlung. Bremen 2014, S. 9–26.

Maitz, Péter: Sprachvariation, sprachliche Ideologien und Schule. In: Zeitschrift für Dialektologie 82/2 (2015), S. 206–227.

Maitz, Péter/Elspaß, Stephan: ‚Dialektfreies Sprechen – leicht gemacht!‘ Sprachliche Diskriminierung von deutschen Muttersprachlern in Deutschland. In: Der Deutschunterricht 6 (2011), S. 7–17.

Maitz, Péter/Elspaß, Stephan: Pluralismus oder Assimilation? Zum Umgang mit Norm und arealer Sprachvariation in Deutschland und anderswo. In: Susanne Günthner u. a. (Hg.): Kommunikation und Öffentlichkeit. Sprachwissenschaftliche Potentiale zwischen Empirie und Norm. Berlin/Boston 2012, S. 43–60.

Maitz, Péter/Foldenauer, Monika: Sprachliche Ideologien im Schulbuch. In: Christine Ott/Jana Kiesendahl (Hg.): Linguistik und Schulbuchforschung. Gegenstände – Methoden – Perspektiven. Göttingen 2015, S. 217–234.

Menge, Heinz H.: Rehabilitierung des Niederdeutschen. Erwartungen an die europäische Sprachenpolitik. Zeitschrift für Germanistische Lingustik 23/1 (1995), S. 33–52.

Menke, Hubertus: Niederdeutsch: Eigenständige Sprache oder Varietät einer Sprache? In: Eva Schmitsdorf/Nina Hartl/Barbara Meurer (Hg.): Lingua Germanica. Studien zur deutschen Philologie. Jochen Splett zum 60. Geburtstag. Münster u. a. 1998, S. 171–184.

Niedersächsisches Kultusministerium: Erlass. Die Region und ihre Sprachen im Unterricht, 2011. URL: https://www.mk.niedersachsen.de/download/114325/Die_Region_und_ihre_Sprachen_im_Unterricht.pdf (13.03.2019).

Niedersächsisches Kultusministerium: Kerncurriculum für das Gymnasium. Schuljahrgänge 5–10. Deutsch, 2015. URL: http://db2.nibis.de/1db/cuvo/datei/de_gym_si_kc_druck.pdf (13.03.2019).

Niedersächsische Landesschulbehörde: Auszeichnung als ‚Plattdüütsche School‘ bzw. als ‚Seelterfraiske Skoule‘, 2018. URL: https://www.landesschulbehoerde-niedersachsen.de/bu/schulen/unterricht-faecher/schulformuebergreifende-beratung/region-im-unterricht/auszeichnung (13.03.2019).

Niedersächsische Landesschulbehörde: Die Region und ihre Sprachen im Unterricht. Niederdeutsch und Saterfriesisch – Beratungsanfrage und Informationen, 2017. URL: https://www.landesschulbehoerde-niedersachsen.de/bu/schulen/unterricht-faecher/schulformuebergreifende-beratung/region-im-unterricht (13.03.2019).

Niedersächsische Landesschulbehörde: Materialien & Links für Plattdeutsch und Saterfriesisch in der Schule, 2017. URL: https://www.landesschulbehoerde-niedersachsen.de/bu/schulen/unterricht-faecher/schulformuebergreifende-beratung/region-im-unterricht/material (13.03.2019).

Pollak, Alexander: Kritische Diskursanalyse – ein Forschungsansatz an der Schnittstelle von Linguistik und Ideologiekritik. In: Zeitschrift für Angewandte Linguistik 36 (2002), S. 33–48.

Renn, Manfred/König, Werner: Kleiner Bayerischer Sprachatlas. München, 3. Auflage 2009.

Schieffelin, Bambi B./Woolard, Kathryn A./Kroskrity, Paul V. (Hg.): Language Ideologies. Practice and Theory. New York/Oxford 1998.

Schröder, Ingrid/Jürgens, Carolin: Einstellungen gegenüber regionalen Sprachformen in der Großstadt: Niederdeutsch in Hamburg (NiH). Eine Projektskizze. In: Dies. (Hg.): Sprachliche Variation in autobiographischen Interviews. Theoretische und methodische Zugänge (Sprache in der Gesellschaft. Beiträge zur Sprach- und Medienwissenschaft; 35). Frankfurt a. M. 2017, S. 11–46.

Staatsinstitut für Schulqualität und Bildungsforschung München (ISB): Dialekte in Bayern, 2015. URL: http://www.isb.bayern.de/schulartspezifisches/materialien/dialekte-in-bayern (14.03.2019).

Staatsinstitut für Schulqualität und Bildungsforschung München (ISB): Gymnasium. Gültiger Lehrplan für Jgst. 7–12. Jahrgangsstufe 8 Deutsch. URL: http://www.gym8-lehrplan.bayern.de/contentserv/3.1.neu/g8.de/index.php?StoryID=26272 (13.03.2019).

Titscher, Stefan u. a.: Methoden der Textanalyse. Leitfaden und Überblick. Opladen u. a. 1998.

Zaupser, Andreas Dominikus: Versuch eines baierischen und oberpfälzischen Idiotikons. Ein Wörterbuch mit Sprichwörtern und Volksliedern. Grafenau 1986 [1789].

# Abstract

Previous studies showed that Bavarian schoolbooks of the school subject German are strongly influenced by the standard language ideology, which in some cases leads on to the stigmatisation of varieties such as youth language or regional dialects. The Bavarian dialect groups are linguistically closer to the standard than Low German due to the High German consonant shift. Beyond that, Low German is protected by the European Charter for Regional or Minority Languages and therefore has a very different status than the dialects in Bavaria. This contribution analyses the extent to which the standard language ideology is also present in schoolbooks of the Low German area. The main interest lies in how Low German is treated in schoolbooks compared to how Bavarian books approach dialects. In order to answer these questions, schoolbook chapters from Bavaria and Lower Saxony (Gymnasium) dealing with dialects are examined for reflected language ideologies. One result is that in the Lower Saxonian schoolbooks, the standard language ideology is also present, but Low German is described more positively than the Bavarian dialects are treated in the Bavarian schoolbooks. Bavarian and Lower Saxonian books have in common, however, that they often link dialect to identity. But the books clearly differ in the tasks they provide to the students: Whereas in Bavarian books there are plenty of tasks where the pupils have to write texts in their own dialect, pupils do not need to make use of Low German for writing texts in Lower Saxonian books.

# Innere und äußere Mehrsprachigkeit in einer Regensburger Schule

Rupert Hochholzer

## 1. Einleitung

Das Rahmenthema der Tagung „Schule und Öffentlichkeit im Spannungsfeld zwischen Dialekt und Standard" verweist auf die im deutschsprachigen Raum existierende und vielfach beschriebene Dichotomie zwischen Dialekt und Standardsprache und deren unterschiedliche Bewertung in pädagogischen Kontexten. Im öffentlichen Diskurs, vor allem im Kontext Schule, bestehen nach wie vor durchaus unterschiedliche Bildungsziele hinsichtlich der sprachlichen Bildung. Nach der Einführung einer allgemeinen Schulpflicht war es zunächst eine der herausragenden Bildungsaufgaben, die Schülerinnen und Schüler von ihrer gesprochenen Erst- und Alltagssprache zur normierten und einheitlichen, schriftlichen Standardsprache zu führen. Da die Erst- und Familiensprache lange Zeit in weiten Teilen Deutschlands der jeweilige gesprochene Ortsdialekt war, gab es von Anfang an auch Bedenken gegen die Verdrängung des Dialekts zugunsten der Standardsprache. Rudolf Hildebrand etwa bemängelte schon 1867, dass den Dorfschullehrern das Hochdeutsche ihr neues Latein geworden und dies eine fremde Sprache sei, die vom Lehrer ebenso hoch bewertet würde, wie sie den Schülerinnen und Schülern fremd sei.[1] Tatsächlich war in dieser Zeit die Verwendung der Standardsprache in Deutschland eher die Ausnahme, da die meisten Sprecher_innen fast ausschließlich ihren Ortsdialekt gebrauchten. Erst im Laufe des 20. Jahrhunderts setzte sich zunächst im schriftlichen Sprachgebrauch die Verwendung der Standardsprache immer mehr durch und führte auch in der Sprachverwendung in den Familien zu einer Zurückdrängung des Basisdialekts. Allerdings darf nicht übersehen werden, dass Mündlichkeit generell von hoher Variabilität geprägt war und ist. Sprachliche Variation konnte letztlich niemals aus dem schulischen Sprachgebrauch verbannt werden und wurde selbst von Deutschlehrkräften in ihrer eigenen Sprechweise im Unterricht bestä-

---

1   Vgl. Rudolf Hildebrand: Vom deutschen Sprachunterricht in der Schule und von deutscher Erziehung und Bildung überhaupt. Leipzig 1887, S. 64–87.

tigt, wenngleich sie für den schulischen Gebrauch als nicht adäquat empfunden wurde.[2] Zu einem Rückgang dialektaler Sprechweise mag auch die Befürchtung vieler Eltern geführt haben, ihre Kinder hätten durch den Dialekt mit schulischen Nachteilen zu rechnen. Verstärkt wurde dies nicht zuletzt durch die so genannte Sprachbarrierendiskussion in den 1970er-Jahren, in der Dialekte in verkürzter Weise mit Soziolekten gleichgestellt und damit als Hindernis schulischer Bildung betrachtet wurden. Erst in den letzten Jahren erfährt der Dialekt eine gewisse Trendwende hin zu einer positiveren Bewertung nicht nur im öffentlichen Raum, sondern auch in schulischen Zusammenhängen. In einigen Bundesländern kann sogar von einer von den Kultusbehörden unterstützten Dialektpflege gesprochen werden,[3] die auch Eingang in Lehr- und Unterrichtswerke gefunden hat. Ob die medial verbreitete Furcht vor dem Aussterben der Dialekte (siehe hierzu auch den Aufsatz von Bühler/Nast in diesem Band) oder eine neue Wertschätzung regionaler Sprache im Zeitalter der Globalisierung zu einer veränderten Sichtweise des Dialekts geführt haben ist unklar, da entsprechende seriöse Untersuchungen nicht vorliegen. Zumindest in den sozialen Medien scheint sich auch im schriftlichen Sprachgebrauch die Verwendung des Dialekts in den letzten Jahren etabliert zu haben.[4]

Zu einer Neubewertung des Dialekts kann die Mehrsprachigkeitsforschung wertvolle Impulse liefern. Positive Effekte der individuellen Mehrsprachigkeit, die bei einer gelungenen Erziehung für das Individuum nachgewiesen werden konnten[5] und heute in der Wissenschaft allgemein akzeptiert sind, legen die Annahme nahe, dass neben dem kompetenten Gebrauch mehrerer Sprachen auch die so genannte innere Mehrsprachigkeit Vorteile mit sich bringt. Die bewusste Verwendung der verschiedenen Varietäten einer Sprache ist nicht nur für das Individuum und dessen Identitätsbildung, sondern auch für die Kommunikation grundsätzlich von Vorteil. Unter dem Stichwort „Innere Mehrsprachigkeit" haben Dialekte im schulischen Kontext einen deutlich positiveren Stellenwert erfahren und sind mittlerweile in Lehrplänen mehrerer Bundesländer zu finden.

Vor diesem Hintergrund wird in diesem Aufsatz der Standpunkt vertreten, dass in der Diskussion um die Bedeutung des Dialekts in pädagogischen Kontexten eine Reduktion auf das Begriffspaar Dialekt – Standardsprache der tatsächlichen sprachlichen Realität in den Schulen nicht gerecht wird. Um Dialektgebrauch

---

2   Vgl. Rupert Hochholzer: Konfliktfeld Dialekt. Das Verhältnis von Deutschlehrerinnen und Deutschlehrern zu Sprache und ihren regionalen Varietäten. Regensburg 2004, S. 152f. und S. 316f.

3   Vgl. Felix Bohr/Jan Friedmann: „Auf d'Knocha" – Brauchtum. In Baden-Württemberg und Bayern wollen die Landesregierungen Dialekte fördern. In: DER SPIEGEL Nr. 16/13.4.2019, S. 44–45. Vgl. Bayerisches Staatsministerium für Unterricht und Kultus: MundART WERTvoll – Lebendige Dialekte an bayerischen Schulen. URL: https://www.isb.bayern.de/schulartspezifisches/materialien/mundart-wertvoll (16.6.2019).

4   Vgl. Barbara Baumgartner: Facebook spricht Dialekt. In: Academia, Magazin der unibz & eurac 72 (2016), S. 20–21.

5   Vgl. Brigitta Busch: Mehrsprachigkeit. Wien 2013, S. 44–51.

von Schülerinnen und Schülern richtig einordnen zu können, bedarf es einer ganzheitlichen Betrachtungsweise ihrer Sprachlichkeit, und diese umfasst sowohl die innere als auch die äußere Mehrsprachigkeit.[6] Anhand von empirischen Daten, die im Jahre 2015 an einer Regensburger Schule erhoben wurden, soll im Folgenden gezeigt werden, dass tatsächlich ein beträchtlicher Teil der heutigen Schülerschaft diese ausgeprägte Mehrsprachigkeit mitbringt.

## 2. Mehrsprachigkeit in Deutschland

Mehrsprachigkeit ist in den vergangenen Jahren zum Gegenstand eines aufstrebenden Forschungsfeldes in der Sprachwissenschaft, der Sprachdidaktik und vielen weiteren benachbarten Disziplinen geworden. Die Gründe dafür liegen auf der Hand. Die Zusammensetzung der bundesdeutschen Bevölkerung hat sich seit der Mitte des 20. Jahrhunderts durch Flucht und Migration entscheidend geändert, allerdings ist über die tatsächlichen sprachlichen Kompetenzen der Menschen in Deutschland wenig bekannt. Exemplarisch soll hier auf zwei Untersuchungen verwiesen werden, da sie die unterschiedlichen Positionen der Bewertung von Mehrsprachigkeit spiegeln. Für eine eher ablehnende Haltung der Mehrsprachigkeit gegenüber steht die vom Bundesamt für Migration in Auftrag gegebene Repräsentativbefragung „Ausgewählte Migrantengruppen in Deutschland 2006/2007", in der die in diesen Jahren in Deutschland zahlenmäßig größten Migrantengruppen aus der Türkei, dem ehemaligen Jugoslawien, Italien, Griechenland und Polen unter anderem zu ihren Sprachkenntnissen befragt wurden. Sowohl die Fremdeinschätzung der befragten Personen als auch die Selbsteinschätzung geben Hinweise auf deren Mehrsprachigkeit, wenn auch die Ergebnisse diesbezüglich allenfalls Tendenzen aufzeigen können und über die tatsächlichen sprachlichen Verhältnisse in den Familien wenig aussagen. So zeigt die Fremdeinschätzung der deutschen Sprachkenntnisse durch die Interviewer, dass zwei Gruppen – die der polnischen Männer und der türkischen Frauen – diesbezüglich besonders schlecht abschneiden und die Durchführung der Interviews etwa bei den türkischen Frauen zu einem Drittel nur mittels Dolmetscher durchgeführt werden konnte.[7] Auch die Selbstein-

---

6    Vgl. Rita Franceschini: Die ‚mehrsprachigsten' Bürger Europas. Sprecher von historischen und neuen Minderheitensprachen und ihr Beitrag zur Multikompetenz. In: Ludwig M. Eichinger/ Albrecht Plewnia/Melanie Steinle (Hg.): Sprache und Integration. Über Mehrsprachigkeit und Migration. Tübingen 2011, S. 29–54, hier S. 32.

7    Vgl. Bundesamt für Migration und Flüchtlinge: Basisbericht: Berichtsband Repräsentativbefragung „Ausgewählte Migrantengruppen in Deutschland 2006/2007" (RAM). Zur Situation der fünf größten in Deutschland lebenden Ausländergruppen. Vertiefende Ergebnisse zum Forschungsbericht 8.2010, S. 117f. URL: https://www.bamf.de/SharedDocs/Anlagen/DE/Downloads/Infothek/ Forschung/Forschungsberichte/fb08-basisbericht-berichtsband.pdf?__blob=publication (15.6.2019).

schätzung[8] der Befragten hinsichtlich der Grundfertigkeiten Verstehen, Sprechen, Lesen und Schreiben in der deutschen Sprache bestätigt die Wahrnehmung der Interviewer, da in Abstufungen und nach Migrantengruppen unterschieden Probleme in allen Kompetenzbereichen bestätigt werden. Dagegen zeigt die Selbsteinschätzung der Befragten hinsichtlich ihrer Muttersprache ein anderes Bild, da die große Mehrzahl gute bis sehr gute Sprachkenntnisse in der Muttersprache für sich in Anspruch nimmt.[9] Insgesamt zeigt die Ausrichtung der Studie eine eher defizitäre Sichtweise auf die Sprachlichkeit der Menschen mit Migrationshintergrund sowie eine generell monolinguale Grundausrichtung. Dies wird besonders dann erkennbar, wenn die Sprachkompetenz in der deutschen Sprache als einziger Gradmesser für gelungene Integration und Bildungserfolg herangezogen und die mehrsprachige Realität in den Familien auf ihre diesbezügliche negative Auswirkung beschränkt wird: „Inhaltlich lässt sich zudem sagen, dass mit einer Praxis, bei der in der Familie hauptsächlich Deutsch gesprochen wird und bei der hauptsächlichen Rezeption von Fernsehsendungen in deutscher Sprache, auch höhere Einstufungen der deutschen Sprachkenntnisse angegeben werden. Umgekehrt lässt sich zeigen, dass, wenn hauptsächlich die Herkunftssprache in der Familie verwendet wird und wenn Fernsehsendungen hauptsächlich in der Muttersprache verfolgt werden, damit nicht so gute Bewertungen der deutschen Sprachkenntnisse einhergehen."[10]

Eine so verstandene Sprachpraxis lässt im Umkehrschluss die Folgerung zu, dass die ausschließliche Verwendung der deutschen Sprache im familiären Umfeld die sprachlichen Probleme von Menschen mit Migrationshintergrund in der Zweitsprache Deutsch zu beseitigen vermag. Damit wird eine allzu einseitige monolinguale Position zum Ausdruck gebracht. Außerdem wird außer Acht gelassen, dass sprachlicher Input auch entsprechende Qualität aufweisen muss, um den Spracherwerb positiv beeinflussen zu können. Eine rudimentäre Sprachverwendung des Deutschen in der Familie wird kaum zu einer hohen Sprachkompetenz in den sprachlichen Grundfertigkeiten führen. Zudem wird vernachlässigt, dass Probleme, die Personen wegen fehlender Deutschkenntnisse im alltäglichen Leben haben, nicht durch ungesteuerten und eher beiläufigen Spracherwerb vermieden werden können. Leider werden nach wie vor auf allen Ebenen Empfehlungen zum Sprachgebrauch in den Familien ausgesprochen, die die ausschließliche Verwendung des Deutschen nahelegen. Hilfreich ist hier meines Erachtens vielmehr die gezielte Unterstützung der Sprachaneignung in der Verkehrssprache Deutsch durch professionellen Sprachunterricht und nicht die Verlagerung der Problematik in die Familien. Noch wesentlich dramatischer erscheinen mir aber die Auswirkun-

---

8   Vgl. Jörg Roche: Mehrsprachigkeitstheorie. Erwerb – Kognition – Transkulturation – Ökologie. Tübingen 2013, S. 195–197.
9   Vgl. Bundesamt für Migration und Flüchtlinge 2019, S. 118ff.
10  Ebd., S. 135.

gen eines abrupten Sprachwechsels für die psychosoziale Entwicklung der Kinder in mehrsprachigen Familien zu sein. Besonders in sensiblen Phasen wie früher Kindheit oder Pubertät ist eine gut entwickelte gemeinsame Sprache in der Familie von hoher Bedeutung. Da auch die kulturelle Identität in hohem Maße an den Gebrauch der Muttersprache gebunden ist, ist eine mehrsprachige Erziehung trotz der damit verbundenen Probleme und Risiken vorzuziehen.[11]

Anders als in der genannten Studie wird in einer Expertise der Universität Hamburg für das Bundesamt für Migration zur Nutzung der Mehrsprachigkeit von Menschen mit Migrationshintergrund verfahren,[12] da hier das besondere Potential dieser mehrsprachigen Personengruppe in den Vordergrund gestellt wird. Die Studie geht von einer positiven Bewertung der herkunftssprachlichen Kompetenzen aus und zeigt ausgewählte Berufsfelder wie etwa im sozialen oder medizinischen Bereich, in denen die Kenntnisse von Herkunftssprachen genutzt werden können. Allerdings ist diese Sichtweise noch kaum verbreitet und der Nutzen herkunftssprachlicher Kenntnisse schlägt sich selten in Form von höheren Löhnen und besseren Arbeitsmöglichkeiten nieder, wie auch die Arbeiten von Esser gezeigt haben.[13] Dies hängt sicherlich damit zusammen, dass die migrationsbedingte Mehrsprachigkeit anders als die Prestigesprachen betreffenden Sprachkenntnisse nach wie vor wenig gesellschaftliche und vor allem bildungspolitische Beachtung findet. Insgesamt bestätigt die Expertise, dass das Wissen über die Sprachkenntnisse der Bevölkerung in Deutschland noch sehr lückenhaft und ungenau ist. Zusammenfassend lassen sich lediglich Aussagen darüber treffen, dass „Deutsch nicht für alle Einwohner Deutschlands immer und überall das alleinige Medium der Kommunikation ist: Relevante Minderheiten beherrschen diese Sprache nicht in vollem Umfang und kommunizieren stattdessen (bevorzugt oder gezwungenermaßen) in ihren Herkunftssprachen, wenn sich ihnen die Möglichkeit bietet."[14]

## 3. Untersuchungen zur Mehrsprachigkeit an deutschen Schulen

Insgesamt gesehen überwiegt nach wie vor eine defizitäre Sichtweise auf die Mehrsprachigkeit in Deutschland. Ziel aller pädagogischen Bemühungen ist die

---

11 Zur Diskussion um die Bedeutung der Erstsprache vgl. Ingrid Gogolin/Ursula Neumann (Hg.): Streitfall Zweisprachigkeit – The Bilingualism Controversy. Wiesbaden 2009.
12 Vgl. Bernd Meyer: Nutzung der Mehrsprachigkeit von Menschen mit Migrationshintergrund. Berufsfelder mit besonderem Potential. Expertise für das Bundesamt für Migration und Flüchtlinge. Hamburg 2008. URL: http://www.bamf.de/SharedDocs/Anlagen/DE/Publikationen/Expertisen/ExpertiseMehrsprachigkeit.pdf?__blob=publicationFile (16.6.2019).
13 Vgl. z. B. Hartmut Esser: Sprache und Integration. Die sozialen Bedingungen und Folgen des Spracherwerbs von Migranten. Frankfurt a. M./New York 2006.
14 Meyer 2019, S. 19.

Beherrschung der Verkehrssprache Deutsch,[15] die tatsächlich existierenden heteroglossen Lebenswelten werden außer Acht gelassen. Während große Bildungsstudien wie die PISA-Studie ebenfalls eine defizitäre und vom monolingualen Habitus geprägte Sichtweise auf die Sprachlichkeit der Schülerinnen und Schüler zeigen, konnte in Studien in deutschen Grundschulen gezeigt werden, dass ein nicht zu unterschätzender Teil der Schülerinnen und Schüler mit mehreren Sprachen, die vor allem in ihren Familien verwendet werden, aufwächst. Der Anteil mehrsprachiger Schülerinnen und Schüler in Grundschulen, der zu den Erhebungszeitpunkten zwischen 13,9 % in Erfurt[16] und 39,5 % in Freiburg[17] liegt, lässt darauf schließen, dass Mehrsprachigkeit mittlerweile in deutschen Schulen zu einer festen Grundbedingung zählt. Allerdings besteht weiterhin großer Mangel an empirischen Daten zur Mehrsprachigkeit, insbesondere in weiterführenden Schulen, bei denen der Anteil mehrsprachiger Schülerinnen und Schüler bislang allenfalls geschätzt werden konnte.

## 4. Mehrsprachigkeit an einer Regensburger Schule

Vor dem oben skizzierten Hintergrund wurde an der Universität Regensburg im Herbst 2015 eine empirische Untersuchung zur Mehrsprachigkeit an einer weiterführenden Schule in Regensburg durchgeführt. Da empirische Daten zu den Sprachen in der Schule im deutschsprachigen Raum bislang vor allem auf die Grundschule beschränkt waren, sollte in der Regensburger Studie gezielt eine weiterführende Schule, und zwar eine Realschule in der Regensburger Altstadt, in den Blick genommen werden. Es ist anzunehmen, dass sich das Bild von Mehrsprachigkeit in einer weiterführenden Schule durch die schulische Selektion deutlich anders darstellt als in einer Grundschule, die jeweils die Gesamtheit eines Jahrgangs von Schülerinnen und Schülern erfasst. Zu erwarten ist auch, dass dadurch die migrationsbedingte Mehrsprachigkeit in der Realschule deutlich geringer oder gar marginal ausfällt.

---

15  Vgl. Roche 2013, S. 189.
16  Vgl. Bernd Ahrenholz u. a.: „Mehrsprachigkeit an Thüringer Schulen" (MaTS) – Ergebnisse einer Fragebogenerhebung zu Mehrsprachigkeit an Erfurter Schulen. In: Ingelore Oomen-Welke/Inci Dirim (Hg.): Mehrsprachigkeit in der Klasse wahrnehmen – aufgreifen – fördern. Stuttgart 2013, S. 43–58.
17  Vgl. Yvonne Decker-Ernst/Katja Schnitzer: Sprachen an Freiburger Grund- und Sonderschulen. Lokale Bestandsaufnahme als Basis für Bildungsentscheidungen. In: Oomen-Welke/Dirim 2013, S. 25–42. Vgl. auch Sara Fürstenau: Mehrsprachigkeit in Hamburg: Ergebnisse einer Sprachenerhebung an den Grundschulen in Hamburg. Hamburg 2003 und Christoph Chlosta/Torsten Ostermann/Christoph Schroeder: Die „Durchschnittsschule" und ihre Sprachen: Ergebnisse des Projekts Sprachenerhebung Essener Grundschulen (SPREEG). Essener Linguistische Skripte – ELiS_e 3 (2003), Heft 1, S. 43–139.

Ziel der Fragebogenerhebung war es, erstmalig Einschätzungen von Schülerinnen und Schülern einer Realschule zu ihrer eigenen Mehrsprachigkeit zu erhalten. Hervorzuheben ist, dass die Studie sowohl die äußere als auch die innere Mehrsprachigkeit der Schülerinnen und Schüler in den Blick nimmt. Die Sprachlichkeit des Menschen muss in ihrer Gesamtheit betrachtet werden, da eine Einschränkung auf Teile des Sprachenrepertoires dem tatsächlichen Sprachgebrauch nicht gerecht wird und bezogen auf die Dialekte zu völlig falschen Einschätzungen führen kann.

Befragt wurden im Herbst 2015 die Schülerinnen und Schüler der Realschule mittels eines Online-Fragebogens, der ausschließlich im Computerraum der Schule von jeweils einer Klasse ausgefüllt und an einem zentralen Datensammelpunkt gesammelt wurde. Dadurch konnte sichergestellt werden, dass alle Befragten dieselben Erläuterungen zur Befragung und ihrer Zielsetzung erhielten und den Bogen unter denselben Bedingungen ausfüllten. Diese Vorgehensweise war in einem Pretest mit einer Klasse erprobt worden und hatte auch wertvolle Hinweise zur Optimierung des Fragebogens gegeben. Der Bogen enthielt 44 Fragen und konnte problemlos während einer Schulstunde ausgefüllt werden. Vorrangige Aspekte der Untersuchung waren Spracherwerb und Sprachenrepertoire, der Sprachgebrauch in unterschiedlichen Verwendungszusammenhängen, die Einschätzung der eigenen Sprachkompetenzen und Sprachpräferenzen sowie Fragen zum sprachlichen Unterricht.

Die Hauptuntersuchung konnte während mehrerer Wochen im Oktober und November 2015 durchgeführt werden. Erfreulich war der Rücklauf, der mit 504 ausgefüllten Fragebögen bei einer Gesamtschülerzahl von 571 Schülerinnen und Schülern ein realistisches Bild der Einschätzungen der Schülerinnen und Schüler ihrer Mehrsprachigkeit ermöglicht. Die Schülerinnen und Schüler aus den Jahrgangsstufen fünf bis zehn und in einem Alter zwischen zehn und sechzehn Jahren hatten ganz offensichtlich keinerlei Probleme bei der Beantwortung der Fragen, da nur äußerst wenige Fragen nicht beantwortet wurden. Bemerkenswert ist die Verteilung der Geschlechter bei der Befragung; mit einem Anteil von nur 33 % sind die Mädchen an dieser Schule deutlich unterrepräsentiert.[18]

Im Folgenden werden einige ausgewählte Aspekte der Untersuchung vorgestellt, insbesondere wird hier das Sprachenrepertoire der Befragten thematisiert. Die erhobenen Daten zeigen nämlich, dass der zunächst entstehende äußerst homogene Eindruck der Schülerschaft bei genauerer Betrachtung der von den Schülerinnen und Schülern verwendeten Familiensprachen zurechtgerückt werden muss. Aufschlussreich ist der Blick auf den Sprachgebrauch, da nicht nur die

---

18  Dies ist damit zu erklären, dass in Regensburg neben der Erhebungsschule zwei weitere Realschulen existieren, die aber nur Mädchen aufnehmen.

verwendeten Sprachen, sondern auch die dialektalen Varietäten, die sie in ihrem im Umfeld verwenden, im sprachlichen Gesamtkontext gezeigt werden können.

## 4.1 Nationale Homogenität

Homogenitätsvorstellungen spielen bei der amtlichen Erhebung der Zusammensetzung der Schülerschaft in politischen Einheiten wie Kommunen, Landkreisen oder Bundesländern eine wichtige Rolle. Traditionell wird vor allem auf den Faktor Nationalität abgezielt, der etwa bei der Bestimmung des Anteils von Schülerinnen und Schülern mit Migrationshintergrund lange Zeit wichtigstes Kriterium war. So wurde in Bayern der Migrationshintergrund bis zum Jahre 2004 ausschließlich durch die Staatsangehörigkeit erfasst.[19] Die Problematik dieser Vorgehensweise zeigt sich beispielsweise bei der Gruppe von Schüler_innen, deren Eltern als Spätaussiedler_innen aus Russland kamen. Diese Personen besitzen zwar die deutsche Staatsangehörigkeit, verfügten aber in vielen Fällen über keine oder nur rudimentäre deutsche Sprachkenntnisse. Um diesen Erhebungsfehler wenigstens im Ansatz auszugleichen, wurden in späteren Bildungserhebungen wie etwa der PISA-Studie zumindest die Geburtsländer der Eltern und die in der Familie gebrauchten Sprachen erfasst, um auf diesem Weg ein etwas genaueres Bild der Befragten zu erhalten.

In der Regensburger Studie kann nachgewiesen werden, dass die Reduktion auf die *Staatsbürgerschaft* einen falschen Eindruck über die Zusammensetzung der Gruppe von Schülerinnen und Schülern vermittelt. Über 84 % der Befragten hatten die deutsche Staatsbürgerschaft angegeben, nur knapp 9 % nannten eine andere Staatszugehörigkeit. Hier waren die Italiener_innen mit zehn Nennungen am stärksten vertreten, jeweils vier Befragte gaben Rumänien und den Kosovo an. Hinsichtlich der Staatsbürgerschaft ergäbe sich bei einer erneuten Befragung sicherlich eine deutlich andere Zusammensetzung, da es in den vergangenen Jahren eine deutliche Verschiebung bei den Herkunftsländern der jetzt in Regensburg ansässigen Personen mit Migrationshintergrund gegeben hat. Ein ähnliches Bild der Zusammensetzung der Schülerschaft zeigt sich auch bei der Frage nach dem *Geburtsland* der Befragten. Knapp 91 % aller Schülerinnen und Schüler nennen hier Deutschland, größere Gruppen sind nicht zu erkennen, die Anzahl der Nennungen der nicht in Deutschland geborenen Kinder bleibt ausnahmslos im Bereich unter 2 %. Bestätigt wird dieses Bild auch durch die Frage nach den in Deutschland bislang gelebten Jahren. 89 % leben seit ihrer Geburt hier, seit fünf bis zehn Jahren knapp 5 % und seit mehr als zehn Jahren 3 %.

---

19   Vgl. Florian Burgmaier/Angelika Traub: Schüler mit Migrationshintergrund. Auf die Definition kommt es an! In: Zeitschrift für Bildungsverwaltung 2 (2007), S. 7.

Würde man es nun bei Fragen zur Staatsbürgerschaft, zum Geburtsland und zu der in Deutschland verbrachten Zeit belassen, würde der Eindruck einer sehr homogenen Schülerschaft erweckt werden. Dieser wird aber schon bei der Frage nach dem Geburtsland der Mutter und des Vaters deutlich verschoben. Jeweils etwas mehr als die Hälfte der Befragten geben für die beiden Elternteile Deutschland als Geburtsland an. Ein hoher Anteil der Schülerinnen und Schüler hat damit einen Migrationshintergrund.

Die Verteilung nach Herkunftsländern der Eltern ergibt größere Fallzahlen für Russland mit etwas über 6 %, Kasachstan mit knapp unter 6 % sowie die Türkei und Polen mit jeweils 4 %. Als weitere Herkunftsländer eines Elternteils werden Vietnam, Rumänien, Albanien, Italien, Tschechien, Kosovo, Thailand und die Ukraine angegeben. Dazu kommt eine Vielzahl von anderen Ländern, die zusammengenommen immerhin 9 % ausmachen. Bezieht man die Angaben zu den Geburtsländern der Großeltern mit ein, erhält die Annahme nationaler Homogenität eine weitere deutliche Einschränkung, da mehr als die Hälfte der Befragten wenigstens einen Großelternteil nennen, der nicht in Deutschland geboren ist. Die angegebenen Herkunftsländer der Großeltern decken sich größtenteils mit denen der Eltern, allerdings können deutlich mehr Schülerinnen und Schüler die konkreten Länder hier nicht mehr benennen.

## 4.2 Einsprachiger und mehrsprachiger Spracherwerb

Der Spracherwerb von Kindern mit Migrationshintergrund wurde in der jüngeren Vergangenheit meist auf Kausalzusammenhänge zwischen Erst- und Zweitsprache, vor allem in Bezug auf den Bildungserfolg in der Schule reduziert.[20] Dabei wurde häufig die außerordentliche Relevanz der Erstsprache für die Identitätsentwicklung und die familiäre Sozialisation vernachlässigt. Mit Krumm ist aber festzuhalten, dass alle Sprachen „ihren biographisch wichtigen Ort in der Lebensgeschichte"[21] haben und insbesondere mehrsprachige Individuen ihre eigene Identität durch Mehrsprachigkeit konstruieren. Die frühe Sprachentwicklung und Sprachförderung sind für das Selbstkonzept, das wiederum für die spätere sprachliche Bildung konstitutiv ist, von entscheidender Bedeutung. Zudem ist der Spracherwerb kein ausschließlich kognitiver Prozess, sondern vollzieht sich in konkreten sozialen und historisch-biographischen Situationen.[22] In diese Zusammenhänge sind die Angaben der Befragten in der Studie einzuordnen und nach Meinung des Verfassers auch auf die innere Mehrsprachigkeit

20  Ausführlich dazu Inci Dirim u.a.: Heterogenität, Sprache(n) und Bildung. Eine differenz- und diskriminierungstheoretische Einführung. Bad Heilbrunn 2018.
21  Hans-Jürgen Krumm: Die Bedeutung der Mehrsprachigkeit in den Identitätskonzepten von Migrantinnen und Migranten. In: Gogolin/Neumann 2009. S. 233.
22  Vgl. ebd., S. 236.

zu beziehen. Auf die Frage, welche Sprache zuerst gelernt wurde, nannten 60 % Deutsch, 22 % „nur eine andere Sprache" und 16 % gaben an, gleichzeitig mit Deutsch und einer anderen Sprache begonnen zu haben. Nimmt man die beiden letzten Angaben zusammen, so kann mehrsprachiger Spracherwerb bei 38 % der Befragten angenommen werden. Dadurch verstärkt sich, dass der Eindruck der Homogenität, der durch die Angabe zur Nationalität zunächst erweckt wurde, deutlich eingeschränkt werden muss. Bei mehr als einem Drittel der Schülerschaft zeigt sich ein Spracherwerbmuster, das nicht als monolingual deutsch zu bezeichnen ist. Im schulischen Kontext sollte der mehrsprachige Spracherwerb pädagogische Konsequenzen nach sich ziehen, die durchaus unterschiedliche Zielrichtungen haben können. So könnte das mehrsprachige Potential vieler Schülerinnen und Schüler zum einen als positive Ressource aufgefasst werden, auf der aufgebaut werden könnte, zum anderen bedarf eine nicht geringe Anzahl einer intensiven Sprachförderung in Deutsch. Dieser Sachverhalt wird aber in den meisten Schulen auf die Defizite in der deutschen Sprache reduziert, der mehrsprachige Spracherwerb wird kaum wahrgenommen oder gar genutzt.[23]

## 4.3 Mehrsprachiger Sprachgebrauch unter Einschluss des Dialekts

Die Antworten auf die Frage „Welche Sprache(n) oder Dialekte sprecht ihr zu Hause?" bestätigen die obigen Angaben zum Spracherwerb. Zunächst fallen zwei große Gruppen auf.[24]

| | |
|---|---|
| Einsprachiger Sprachgebrauch | 60 % |
| Mehrsprachiger Sprachgebrauch | 36 % |

---

23  Vgl. Dirim u.a. 2018, S. 201–225.
24  Die Angaben sind jeweils gerundet. Die Kategorie „Fehlende Angaben" wird in den Tabellen der leichteren Lesbarkeit wegen nicht berücksichtigt.

60 % aller Befragten verwenden zu Hause nur eine Sprache, schätzen sich also monolingual ein. Diese Gruppe wiederum teilt sich auf in drei Untergruppierungen:

| | |
|---|---|
| Nur Hochdeutsch | 28 % |
| Nur Bairisch | 17 % |
| Nur eine „andere Sprache" | 15 % |

28 % sehen – nach eigener Einschätzung – Hochdeutsch als einzige Familiensprache an, 17 % der Schülerinnen und Schüler sprechen zu Hause nur Bairisch. Dieser „deutschsprachigen" Gruppe stehen 15 % gegenüber, die zu Hause nur eine „andere Sprache" verwenden.

Eine zweite kleinere, aber bezogen auf die gesamte Schülerzahl nicht unbedeutende Gruppe umfasst insgesamt 36 %.

| | |
|---|---|
| Deutsch und andere Sprachen | 25 % |
| Hochdeutsch und Bairisch | 11 % |

Diese hat angegeben, verschiedene Sprachen oder Dialekte zu Hause zu gebrauchen und wird daher als Gruppe mit äußerer und innerer Mehrsprachigkeit bezeichnet. Die Mehrzahl wiederum, also mit 25 % das Viertel aller Befragten, spricht zu Hause die deutsche Sprache und dazu eine andere Sprache. Als „andere Sprache" werden am häufigsten Russisch (7 %), Türkisch (4 %) sowie Polnisch (2 %) aufgezählt. Dazu kommen mit jeweils wenigen Nennungen 15 weitere Sprachen, die schon als Sprachen der Eltern oder Großeltern genannt wurden. Die Tabelle zeigt auch, dass ein Zehntel der Befragten innere Mehrsprachigkeit für sich veranschlagt, da sowohl Bairisch als auch Hochdeutsch als in der Familie gebrauchte Sprachvarietäten bezeichnet werden.

Anhand dieser Aufstellung wird ersichtlich, dass die lebensweltliche Mehrsprachigkeit der Schülerinnen und Schüler in der untersuchten Schule differenziert betrachtet werden muss. Eine Reduktion entweder auf die innere oder die äußere Mehrsprachigkeit würde den tatsächlichen sprachlichen Konstellationen nicht gerecht und würde zu verkürzten Sichtweisen führen.

## 4.4 Sprachgebrauch in Abhängigkeit von den Gesprächspartner_innen

Der Sprachgebrauch der befragten Schülerinnen und Schüler kann noch weiter differenziert werden, wenn nicht nur nach der verwendeten Sprache oder dem Dialekt gefragt wird, sondern die Sprachwahl in Abhängigkeit von den Gesprächspartner_innen eruiert wird.[25]

| | Mutter | Groß-eltern | Geschwister | Freunde | Zu Hause |
|---|---|---|---|---|---|
| Nur andere Sprache | 16% | 28% | 5% | 1% | 15% |
| Deutsch und andere Sprache | 19% | 11% | 14% | 13% | 25% |
| Hochdeutsch | 34% | 23% | 46% | 47% | 28% |
| Bairisch | 14% | 18% | 11% | 8% | 17% |
| Hochdeutsch und Bairisch | 7% | 7% | 5% | 8% | 7% |

Die in der Tabelle zusammengestellten Prozentzahlen verdeutlichen, dass die Frage nach der Familiensprache oder dem Sprachgebrauch zu Hause die tatsächlichen Sprachverwendungen eher verschleiert. Ersichtlich wird dies ganz besonders in der ersten Zeile, die die Verwendung einer „anderen Sprache" zeigt. Die Angaben weichen erheblich voneinander ab. Während mit den Eltern und in noch stärkerem Maße mit den Großeltern die „andere Sprache" gebraucht wird, spielt diese in der Kommunikation mit den Geschwistern und noch viel mehr mit den Freunden eine marginale Rolle. Die Daten zeigen, dass die Wahl der Sprache der hier befragten Schülerinnen und Schüler vor allem durch den Gesprächspartner beeinflusst wird.

Geringer fallen die Unterschiede je nach Gesprächspartner bei denjenigen aus, die in ihrer unmittelbaren Umgebung zwei Sprachen verwenden. Hier ist der Anteil bei den Großeltern am geringsten ausgeprägt. Deutliche generationale Unterschiede sind auch im Bereich der inneren Mehrsprachigkeit festzustellen,

---

25 Da die Angaben bei Mutter und Vater nahezu identisch sind, werden hier nur die Prozentzahlen für die Mutter aufgelistet.

tendenziell überwiegt in der Kommunikation mit Geschwistern und Freunden die Standardsprache. Im einstelligen Bereich und damit am geringsten sind die Werte bei der Verwendung von Hochdeutsch und Bairisch. Dies betrifft alle hier abgefragten Gesprächspartner_innen.

## 4.5 Einstellungen zur Mehrsprachigkeit und zum Dialekt

Die Einstellungen gegenüber Sprachen und Dialekten können die Sprachwahl beeinflussen und tragen zur Identitätskonstruktion der Sprecher bei. Darüber hinaus sind sie auch für den schulischen Kontext höchst relevant, da sie bei entsprechender Berücksichtigung und Wertschätzung im Unterricht wertvolles Bildungspotential darstellen.[26]

Obwohl der Gebrauch des Dialekts bei den befragten Schülerinnen und Schülern eher eine untergeordnete Rolle spielt, fällt seine Einschätzung tendenziell positiv aus. Auf die Frage „Wie findest du Dialekt?" antworten 41 % mit „sehr gut" oder „gut". Die größte Gruppe mit 32 % nimmt mit der Antwort „normal" eine neutrale Position gegenüber dem Dialekt ein. 27 % der Befragten hingegen empfinden Dialekt eher negativ.

| | |
|---|---|
| Sehr gut | 19 % |
| Gut | 22 % |
| Normal | 32 % |
| Geht so | 17 % |
| Schlecht | 10 % |

Bemerkenswert ist das eindeutige Ergebnis auf die Frage „Wie wichtig ist es für dich, mehrere Sprachen zu können?". Die Fähigkeit, mehrere Sprachen zu können ist für die überwältigende Mehrheit der befragten Schülerinnen und Schüler von großer Bedeutung.

---

26 Vgl. Inci Dirim: Eine andere Perspektive auf Migrantenfamilien. Wertschätzung, Bildungspotentiale und Unterstützungsformen. In: Paul Mecheril/Thomas Quehl (Hg.): Die Macht der Sprachen. Englische Perspektiven auf die mehrsprachige Schule. Münster/New York 2006, S. 255–261.

| Sehr wichtig | 25% |
|---|---|
| Ziemlich wichtig | 48% |
| Weniger wichtig | 24% |
| Unwichtig | 3% |

Diesem eindeutig positiven Statement gegenüber der Mehrsprachigkeit steht aber die schulische Realität entgegen, wie das Antwortverhalten bei der Frage „Falls du eine andere Sprache sprichst, kannst du sie in der Schule nutzen?" eindrucksvoll zeigt. Während nur 29% diese Frage mit Ja beantworten, haben 71% der Schülerinnen und Schüler dies verneint. Damit wird klar, dass das in der Schule vorhandene mehrsprachige Potential zumindest aus der Sicht der Befragten kaum genutzt wird.

## 5. Zusammenfassung

Die oben angedeutete monolinguale Ausrichtung der Schule in Deutschland und die daraus resultierende Reduktion auf den Faktor Nationalität verstellt den Blick auf das mehrsprachige Repertoire der Schülerinnen und Schüler. Die hier präsentierten Angaben der Schülerinnen und Schüler lassen demgegenüber folgende Schlussfolgerungen zu:

1) Sprachliche Heterogenität ist konstitutiver Faktor in der Alltagswelt von Schülerinnen und Schülern. Es ist anzunehmen, dass die hier präsentierten sprachlichen Verhältnisse, die lediglich einen beschränkten Ausschnitt zeigen können, in nahezu allen Schulen anzutreffen sind.

2) Für die befragten Schülerinnen und Schüler ist innere und äußere Mehrsprachigkeit selbstverständlicher Teil ihrer Lebenswirklichkeit. Sie verwenden in Abhängigkeit von Situation und Gesprächspartner_in unterschiedliche Varietäten und Sprachen.

3) Mehrsprachigkeit wird von drei Vierteln der Befragten als wichtiger Bestandteil ihres Lebens erachtet, demgegenüber scheint die Unterrichtsrealität dies kaum zu berücksichtigen.

4) Es besteht ein eklatanter Mangel an empirischen Untersuchungen zur Mehrsprachigkeit im schulischen Bereich auf kommunaler, Länder- sowie Bundesebene.

# Literatur

Ahrenholz, Bernd u. a.: „Mehrsprachigkeit an Thüringer Schulen" (MaTS) – Ergebnisse einer Fragebogenerhebung zu Mehrsprachigkeit an Erfurter Schulen. In: Oomen-Welke/Dirim 2013, S. 43–58.

Baumgartner, Barbara: Facebook spricht Dialekt. In: Academia, Magazin der unibz & eurac 72 (2016), S. 20–21.

Bayerisches Staatsministerium für Unterricht und Kultus: MundART WERTvoll – Lebendige Dialekte an bayerischen Schulen. URL: https://www.isb.bayern.de/schulartspezifisches/materialien/mundart-wertvoll (16.6.2019).

Bohr, Felix/Friedmann, Jan: „Auf d'Knocha" – Brauchtum. In Baden-Württemberg und Bayern wollen die Landesregierungen Dialekte fördern. In: DER SPIEGEL Nr. 16/13.4.2019, S. 44–45.

Bundesamt für Migration und Flüchtlinge: Basisbericht: Berichtsband Repräsentativbefragung „Ausgewählte Migrantengruppen in Deutschland 2006/2007" (RAM). Zur Situation der fünf größten in Deutschland lebenden Ausländergruppen. Vertiefende Ergebnisse zum Forschungsbericht 8.2010. URL: https://www.bamf.de/SharedDocs/Anlagen/DE/Downloads/Infothek/Forschung/Forschungsberichte/fb08-basisbericht-berichtsband.pdf?__blob=publication (15.6.2019).

Burgmaier, Florian/Traub, Angelika: Schüler mit Migrationshintergrund. Auf die Definition kommt es an! In: Zeitschrift für Bildungsverwaltung 2 (2007), S. 5–16.

Busch, Brigitta: Mehrsprachigkeit. Wien 2013.

Chlosta, Christoph/Ostermann, Torsten/Schroeder, Christoph: Die „Durchschnittsschule" und ihre Sprachen: Ergebnisse des Projekts Sprachenerhebung Essener Grundschulen (SPREEG). Essener Linguistische Skripte – EliS_e,3. (2003), Heft 1, S. 43–139.

Decker-Ernst, Yvonne/Schnitzer, Katja: Sprachen an Freiburger Grund- und Sonderschulen. Lokale Bestandsaufnahme als Basis für Bildungsentscheidungen. In: Oomen-Welke/Dirim 2013, S. 25–42.

Dirim, Inci: Eine andere Perspektive auf Migrantenfamilien. Wertschätzung, Bildungspotentiale und Unterstützungsformen. In: Paul Mecheril/Thomas Quehl (Hg.): Die Macht der Sprachen. Englische Perspektiven auf die mehrsprachige Schule. Münster/New York 2006, S. 255–261.

Dirim, Inci u. a.: Heterogenität, Sprache(n), Bildung. Eine differenz- und diskriminierungstheoretische Einführung. Bad Heilbrunn 2018.

Esser, Hartmut: Sprache und Integration. Die sozialen Bedingungen und Folgend des Spracherwerbs von Migranten. Frankfurt a. M./New York 2006.

Franceschini, Rita: Die ‚mehrsprachigsten' Bürger Europas. Sprecher von historischen und neuen Minderheitensprachen und ihr Beitrag zur Multikompetenz.

In: Ludwig M. Eichinger/Albert Plewnia/Melanie Steinle (Hg.): Sprache und Integration. Über Mehrsprachigkeit und Migration. Tübingen 2011, S. 29–54.

Fürstenau, Sara: Mehrsprachigkeit in Hamburg: Ergebnisse einer Sprachenerhebung an den Grundschulen in Hamburg. Hamburg 2003.

Gogolin, Ingrid/Neumann, Ursula (Hg.): Streitfall Zweisprachigkeit – The Bilingualism Controversy. Wiesbaden 2009.

Hildebrand, Rudolf: Vom deutschen Sprachunterricht in der Schule und von deutscher Erziehung und Bildung überhaupt. Leipzig 1887.

Hochholzer, Rupert: Konfliktfeld Dialekt. Das Verhältnis von Deutschlehrerinnen und Deutschlehrern zu Sprache und ihren regionalen Varietäten. Regensburg 2004.

Krumm, Hans-Jürgen: Die Bedeutung der Mehrsprachigkeit in den Identitätskonzepten von Migrantinnen und Migranten. In: Gogolin/Neumann 2009, S. 233–247.

Meyer, Bernd: Nutzung der Mehrsprachigkeit von Menschen mit Migrationshintergrund. Berufsfelder mit besonderem Potential. Expertise für das Bundesamt für Migration und Flüchtlinge. Hamburg 2008. URL: http://www.bamf.de/SharedDocs/Anlagen/DE/Publikationen/Expertisen/ExpertiseMehrsprachigkeit.pdf?__blob=publicationFile (16.6.2019).

Oomen-Welke, Ingelore/Dirim, Inci (Hg.): Mehrsprachigkeit in der Klasse wahrnehmen – aufgreifen – fördern. Stuttgart 2013.

Roche, Jörg: Mehrsprachigkeitstheorie. Erwerb – Kognition – Transkulturation – Ökologie. Tübingen 2013.

## Abstract

This article presents the results of a survey of pupils at a Regensburg secondary school on the subject of multilingualism and the use of dialects. After a theoretical classification of internal and external multilingualism, empirical studies on multilingualism in Germany are referred to as examples. In presenting the results, the focus is on linguistic heterogeneity, which is clearly expressed by the interviewees and which they regard as part of their reality of life.

# Der „Dialekt" im Spannungsverhältnis zwischen Sprachdidaktik, Sprachklischee und sprachlicher Wirklichkeit

Beobachtungen zur Behandlung des Themas „Dialekt" im Deutschunterricht Baden-Württembergs (Schwerpunkt Gymnasium)

Frank Janle/Hubert Klausmann

## 1. Einführung in die Problemstellung

Zwei Wanderer sitzen vor einem Bergpanorama. Der eine fragt in Standardsprache: „Wie heißt denn bitte der Berg dort drüben?". Der andere antwortet in bairischem Dialekt: „Wosnfüäanä?". Der Frager antwortet daraufhin: „Vielen Dank." In der Karikatur von Gerhard C. Krischker, der dieser kurze Dialog entnommen ist, kommt pointiert zum Ausdruck, weshalb das Thema „Dialekt" ein gefundenes Fressen für Satiriker, Karikaturisten und Witzeerzähler gleichermaßen ist:[1] Es eignet sich wunderbar für das Spiel mit Sprachklischees, hier zum Beispiel für das Spiel mit dem Klischee mangelnder Weltläufigkeit und Sprachkompetenz von Dialektsprecher_innen. Denn der Dank des Standardsprechers verrät, dass er die Antwort des Dialektsprechers, die eigentlich eine Rückfrage ist, aufgrund ihrer mangelnden Verständlichkeit als Antwort auf seine Frage missversteht. Das wiederum impliziert, dass der Dialektsprecher zwar die in Standardsprache formulierte Frage seines Gegenübers versteht, selbst jedoch nicht in der Lage (oder willens) ist, angemessen auf den Fragenden zu reagieren. Damit bestätigt die Karikatur das gängige Sprachklischee.

Für unsere weiteren Überlegungen ist diese Karikatur vor allem deshalb besonders interessant und bemerkenswert, weil sie eine bestimmte didaktische

---

1 Vgl. Péter Maitz: Sprachvariation, Sprachliche Ideologien und Schule. In: Zeitschrift für Dialektologie und Linguistik 82 (2015), S. 206–227, hier S. 214f.

Funktion innerhalb eines (in Bayern) erschienenen Lese- und Sprachbuches besitzt, die sich wie folgt zusammenfassen lässt:[2] Die Schülerinnen und Schüler sollen lernen, Dialekt und Standardsprache „angemessen" zu verwenden.[3] Was in diesem Fall unter „angemessen" zu verstehen ist, suggeriert der folgende Arbeitshinweis („Wieso kommt es zu dem Missverständnis?"). Da sich der Standardsprecher für die Antwort des Dialektsprechers bedankt, ist klar, dass das Problem beim Dialektsprecher und nicht etwa beim Standardsprecher liegt.

Auch wenn Baden-Württemberg selbstbewusst mit dem Slogan „Wir können alles, außer Hochdeutsch" wirbt, stellt sich damit die spannende Frage, wie sich die Situation in den Sprachbüchern unseres Bundeslandes darstellt. Den Fokus unserer Untersuchung legen wir bewusst auf die Schulart Gymnasium, da wir davon ausgehen, dort aufgrund des gehobenen Anspruchsniveaus (nicht zuletzt in der Oberstufe) besonders differenziert entfaltete didaktische Konzepte im Umgang mit dem Thema „Dialekt" zu finden. Den Ausgangspunkt unserer Untersuchung bilden dabei Überlegungen von Eugenio Coseriu zur „Gestaltung der sprachlichen Kompetenz".[4] Nach Coseriu ist das sprachliche Wissen von Sprecher_innen einer bestimmten Sprache grundsätzlich gekennzeichnet durch das Moment der *Varietät*[5], wobei er die „Dimension der Varietät" auf geographische Räume, verschiedene Individuen und auf „andere Momente des Sprechens"[6] bezieht. Uns interessiert in diesem Zusammenhang in erster Linie die geographische Variation.

In den vergangenen 100 Jahren wurde die Variation der deutschen Sprache auf den verschiedenen Ebenen beschrieben, angefangen bei den Wörterbüchern und Atlanten von Johann Andreas Schmeller[7], Hermann Fischer[8] und Georg Wenker[9] über die Erforschung der Umgangssprachen[10] bis hin zu Werner Königs grundlegendem Nachweis, dass auch die gesprochene Standardsprache regional

---

2   Vgl. Gottlieb Gaiser/Claudia Högemann: Kombiniere Deutsch 7. Lese- und Sprachbuch für Realschulen in Bayern. Bamberg 2008, S. 22.
3   Entsprechend lautet deshalb auch die Überschrift der Karikatur „Dialekt und Standardsprache angemessen verwenden"; vgl. ebd., S. 22.
4   Vgl. Eugenio Coseriu: Sprachkompetenz. Grundzüge der Theorie des Sprechens. Tübingen 2007, hier S. 259ff.
5   Vgl. ebd., S. 141.
6   Ebd., S. 264.
7   Johann Andreas Schmeller: Bayerisches Wörterbuch. München 1872–77.
8   Hermann Fischer: Schwäbisches Wörterbuch. Tübingen 1904–36.
9   Georg Wenker: Deutscher Sprachatlas. Marburg 1927–56.
10  Hier stellt der „Wortatlas der deutschen Umgangssprachen" von Jürgen Eichhoff für unsere Untersuchung eine Grundlage dar: Eichhoff, Jürgen: Wortatlas der deutschen Umgangssprachen. Bände 1–4. München u.a. 1977–2000.

geprägt ist,[11] eine Erkenntnis, die später von Ulrich Ammon auch auf der schriftlichen Ebene nachgewiesen werden konnte.[12]

In einem Aufsatz mit dem Titel „Was ist gutes Deutsch aus Sicht linguistischer Laien?" hat Patrick Beuge anhand von 56 Interviews die Beobachtung gemacht, dass linguistische Laiinnen und Laien genau die von der Germanistik festgestellte regionale Varietät ablehnen. Gutes Deutsch müsse dialektfrei, also homogen sein.[13] Andererseits taucht aber auch in den Interviews die Ansicht auf, dass dieses dialektfreie Sprechen im Raum Hannover am besten realisiert wird. Diese Ansichten, dass die Standardsprache homogen sei und dass im Raum Hannover das beste Deutsch gesprochen werde, gehören für Péter Maitz, Stephan Elspaß und Monika Foldenauer zu den bekanntesten Ideologien in Bezug auf die deutsche Sprache. Die Autoren nennen sie Homogenismus und Hannoverismus und nennen als weitere Ideologie den Standardismus (Eine Nation braucht eine einheitliche Standardsprache). Alle in diesen Ideologien vertretenen Ansichten sind sprachwissenschaftlich nicht haltbar,[14] dennoch werden sie über Generationen hinweg unreflektiert weitergegeben, weshalb sie für Wahrheiten gehalten werden.

Aus linguistischer Sicht bedeutet das, dass die in dem eingangs zitierten bayerischen Sprachbuch gestellte Frage nach der „Angemessenheit" der Sprachverwendung zwar prinzipiell richtig ist; falsch ist jedoch die Antwort, die das Sprachbuch suggeriert bzw. die Schülerinnen und Schüler darauf geben sollen, da es

(1) von einem Gegensatz von Dialekt und Hochsprache ausgeht, der so in der sprachlichen Wirklichkeit nicht existiert und

(2) einseitig den Dialektsprecher als sprachlich inkompetent diskreditiert, obwohl doch letztlich beide Sprecher für das Zustandekommen einer gelingenden Kommunikation verantwortlich sind.

11  Siehe Werner König: Atlas zur Aussprache des Schriftdeutschen in der Bundesrepublik Deutschland. Ismaning 1989.

12  Siehe Ulrich Ammon u. a.: Variantenwörterbuch des Deutschen. Die Standardsprache in Österreich, der Schweiz und Deutschland sowie in Liechtenstein, Luxemburg, Ostbelgien und Südtirol. Berlin/New York 2004.

13  Patrick Beuge: Laienlinguistisches Sprachnormwissen. In: Markus Hundt/Nicole Palliwoda/Saskia Schröder (Hg.): Der deutsche Sprachraum aus Sicht linguistischer Laien. Ergebnisse des Kieler DFG-Projektes. Berlin/Boston 2017, S. 161–181.

14  Siehe Péter Maitz/Stephan Elspaß: Zur sozialen und sprachpolitischen Verantwortung der Variationslinguistik. In: Elvira Glaser/Jürgen Erich Schmitt/Natascha Frey (Hg.): Dynamik des Dialekts - Wandel und Variation. Akten des 3. Kongresses der Internationalen Gesellschaft für Dialektologie des Deutschen (IGDD). Stuttgart 2011a, S. 221–240, hier S. 227.

Eine reflektierte Vorstellung von sprachlicher „Angemessenheit", die uns hier weiterführt, vertritt demgegenüber die linguistisch fundierte Sprachkritik. Nach Jürgen Schiewe darf es der Sprachkritik „nicht um die Ermittlung" und schon gar nicht um die „Verordnung" eines vermeintlich „richtigen" oder „falschen" Sprachgebrauchs gehen. Ihre Bewertungskategorien liegen auf einer gleitenden Skala, die die Angemessenheit der sprachlichen Mittel bezeichnet."[15] Wichtig ist nach Schiewe, dass stets die Funktion des Sprachgebrauchs, das Kommunikationsziel mitberücksichtigt wird. Nur so könne das Ziel der Sprachkritik, nämlich Sprachreflexion anzuregen, erreicht werden.

Weder Sprachideologien (wie die des Standardismus) noch Sprachklischees (wie die des tumben Landeis, das aufgrund seines Dialekts von Ortsfremden nicht verstanden wird) stellen somit eine verlässliche Basis für die Bestimmung und Beurteilung von sprachlicher Angemessenheit oder gar *sprachlicher Kompetenz* dar. Eine möglichst unverstellte Sicht auf regionale Varianten ermöglicht die Entfaltung eines wesentlich differenzierteren didaktischen Konzepts sprachlicher Kompetenz, etwa im Sinne der von Jan Georg Schneider beschriebenen „*Sprachspiel*kompetenz" als der Fähigkeit, „sprachliche Ausdrücke in konkreten Situationen, Domänen und Medien *situationsangemessen* verwenden zu können."[16] Hierbei teilen wir Schneiders Auffassung, dass ein linguistisch fundierter Kompetenzbegriff sich nicht auf „grammatische Kompetenz" beschränken darf, sondern – gerade mit Blick auf das Phänomen „Dialekt" – „pragmatische und mediale Aspekte" mit einzubeziehen hat.[17] Somit ist der sprachwissenschaftliche Standpunkt umrissen, von dem aus wir im Folgenden auf die im Rahmen unserer Studie untersuchten Quellen und Dokumente (baden-württembergische Bildungspläne, Sprachbücher, Umfrageergebnisse unter baden-württembergischen Lehramtsanwärter_innen) blicken.

## 2. Die baden-württembergischen Bildungspläne von 2004 und 2016 zum Thema „Dialekt"

Das unterdurchschnittliche Abschneiden deutscher Schülerinnen und Schüler bei der ersten PISA-Studie im Jahr 2000 löste in Deutschland eine ganze Reihe

---

15   Jürgen Schiewe/Martin Wengler: Was ist Sprachkritik? In: Iris Forster/Tobias Heinz (Hg.): Deutsche Gegenwartssprache. Globalisierung – Neue Medien – Sprachkritik. Stuttgart 2010, S. 97–102, hier S. 97.

16   Jan Georg Schneider: „Macht das Sinn?" – Überlegungen zur Anglizismenkritik im Gesamtzusammenhang der populären Sprachkritik. In: Iris Forster/Tobias Heinz (Hg.): Deutsche Gegenwartssprache. Globalisierung – Neue Medien – Sprachkritik. Stuttgart 2010, S. 102–128, hier S. 118f.

17   Ebd.

von Schulreformen aus[18] und führte unter anderem zur Einführung nationaler Bildungsstandards und zur Kompetenzorientierung. Was das Thema „Dialekte" bzw. „Umgang mit Dialekten" im Fach Deutsch anbelangt, so sind im baden-württembergischen Bildungsplan für das Gymnasium aus dem Jahr 2004 – dem ersten Bildungsplan nach dem sogenannten „PISA-Schock" – nur wenige verwertbare Hinweise zu finden, und diese sind zudem ausgesprochen allgemein formuliert. In den „Leitgedanken zum Kompetenzerwerb", die dem Fach Deutsch vorangestellt sind, heißt es:

> „Der Sprach- und Grammatikunterricht soll die Schülerinnen und Schüler befähigen, über die eigene Sprache reflektiert zu verfügen, sich normgerecht auszudrücken und mit Sprachnormen zunehmend kritisch und kompetent umzugehen. Mithilfe ihres Sprachwissens verbessern sie ihre Sprachkompetenz. Sie reflektieren die Funktion sprachlicher Besonderheiten (zum Beispiel Sprachvarietäten, gender) und bedienen sich bei der Sprachreflexion einer angemessenen Terminologie."[19]

Unschwer ist zu erkennen, dass im Bildungsplan von 2004 bereits in den „Leitgedanken" einem ausgesprochen *standardistisch* orientierten Sprachverständnis im Sinne der Überlegungen von Péter Maitz das Wort geredet wird, was möglicherweise durch die von PISA ausgelöste Tendenz zur Vereinheitlichung schulischer Leistungsanforderungen noch zusätzlich verstärkt worden ist: Wiederholt wird die Bedeutung der sprachlichen Norm betont, unter anderem im Zusammenhang mit der Fähigkeit, sich auszudrücken, wobei nicht zwischen mündlichem und schriftlichem Sprachgebrauch unterschieden wird. Auch wird das Thema „Dialekt" nicht direkt angesprochen, sondern lediglich indirekt, wenn von „Sprachvarietäten" die Rede ist, deren Funktion reflektiert werden soll. In den „Kompetenzen und Inhalte" der einzelnen Klassenstufen wird dieses Prinzip der Standardorientierung dann konsequent weitergeführt, wie man an den betreffenden Standards innerhalb des Kompetenzbereichs „Sprechen" eindeutig ablesen kann: Während in Klasse 6 noch erwartet wird, dass die Schülerinnen und Schüler „situationsgerecht Umgangssprache, Mundart und Standardsprache verwenden" können, sollen sie in der Klasse 8 bereits fähig sein, „die Standardsprache weitgehend sicher zu gebrauchen und deutlich zu artikulieren".[20] Damit fällt der für die Klasse 8 formulierte Standard für den Kompetenzbereich „Sprechen" klar hinter den Standard für die Klasse 6 zurück, da die Fähigkeit, Umgangssprache, Mundart und Standardsprache „situationsgerecht" zu verwenden, deutlich an-

---

18  Die Ergebnisse findet man unter der URL: https://www.mpib-berlin.mpg.de/Pisa/ergebnisse.pdf (14.2.2020).
19  Ministerium für Kultus, Jugend und Sport Baden-Württemberg: Bildungsplan 2004. Allgemeinbildendes Gymnasium. Stuttgart 2004, S. 78.
20  Ebd., S. 79, 82.

spruchsvoller ist als der alleinige Gebrauch der Standardsprache – ganz abgesehen davon, dass es *die* einheitliche deutsche Standardsprache ohnehin nicht gibt. Für die Klasse 10 und die Kursstufe beschränkt sich der Bildungsplan von 2004 innerhalb des Kompetenzbereichs „Sprechen" auf Hinweise zum Thema „Praktische Rhetorik"; ein letztes Mal wird das Thema „Mundart" bzw. „Dialekt" schließlich in Klasse 10 innerhalb des Kompetenzbereichs „Sprachbewusstsein entwickeln" erwähnt (die Schülerinnen und Schüler sollen „wesentliche Einflüsse, die zur Herausbildung der deutschen Standardsprache geführt haben," nennen und „die Funktion von Mundart und Standardsprache erläutern" können).[21]

Eine wichtige Innovation des baden-württembergischen Bildungsplans von 2016 ist die Unterscheidung zwischen prozessbezogenen Kompetenzen einerseits und domänenspezifischen bzw. inhaltsbezogenen Kompetenzen andererseits, die der Forderung der Kultusministerkonferenz nach einer stärkeren Gewichtung der inhaltlichen Seite des Faches Deutsch sowie einer systematischen Ordnung seiner einzelnen Lernbereiche nachkommt.[22] Darüber hinaus sind die Kompetenzen innerhalb der einzelnen Lernbereiche nun sehr viel differenzierter ausgearbeitet, als dies im alten Bildungsplan der Fall ist, und zudem in einer Weise angeordnet, die die Bildungspläne der einzelnen Schularten in hohem Maße vergleichbar macht. In den „Leitgedanken zum Kompetenzerwerb", die dem Bildungsplan für das Fach Deutsch vorangestellt sind, finden sich (bei den inhaltsbezogenen Kompetenzen im Lernbereich „Sprachgebrauch und Sprachreflexion") die folgenden, für unsere weiteren Überlegungen relevanten Ausführungen:

> „Das individuelle, aber auch das gesellschaftliche Selbstverständnis stehen in enger Wechselwirkung mit der Sprache, ihren verschiedenen Sprachvarietäten (zum Beispiel Gruppen- oder Fachsprachen, Dialekt) und sprachlichen Prägungen (zum Beispiel Geschlechterstereotype, Sprache als Machtinstrument, Sprache der Werbung). Diese vielschichtigen Verhältnisse zu verstehen und zu reflektieren, ist angesichts der zunehmenden Heterogenität der Schüler wie der Gesellschaft eine zentrale Fähigkeit. [...]"[23]

Als Fortschritt gegenüber dem Bildungsplan von 2004 ist zunächst einmal die Tatsache zu bewerten, dass sich die Schülerinnen und Schüler „zum Beispiel" überhaupt mit dem Thema „Dialekt" beschäftigen sollen, wenn es darum geht,

---

21 Ebd., S. 87.
22 Ministerium für Kultus, Jugend und Sport Baden-Württemberg: Bildungsplan 2016. Allgemeinbildende Schulen: Gymnasium. Stuttgart 2016, S. 13ff.
23 Ebd., S. 10.

etwas über sprachliche Varietäten zu erfahren. Die prozessbezogenen Kompetenzen machen allerdings schnell deutlich, dass im Bildungsplan von 2016 ebenfalls
ein *standardistisch* orientiertes Sprachverständnis vorherrscht: Zunächst wird
in den betreffenden „Leitgedanken" von den Lernenden erwartet, die Sprache
„normgerecht zu verwenden sowie ihr Sprachvermögen kritisch zu hinterfragen
und zu überprüfen";[24] dann wird innerhalb der prozessbezogenen Kompetenzen (im Lernbereich „Sprechen und Zuhören") zusätzlich auf die Notwendigkeit
hingewiesen, „zwischen mündlichem und schriftlichem Sprachgebrauch sowie
zwischen Standardsprache, Umgangssprache und dialektalem Sprechen angemessen unterscheiden" zu können.[25] Fasst man diese beiden Aussagen zusammen, ergibt sich für den neuen Bildungsplan letztlich der gleiche Befund wie
für den alten: Beide Bildungspläne fordern beim Sprechen die Orientierung an
der sprachlichen Norm, sprich an *der* Standardsprache; der neue Bildungsplan
ist jedoch insgesamt etwas differenzierter als der alte, denn er problematisiert
die Frage der Angemessenheit von „Standardsprache, Umgangssprache und dialektalem Sprechen" immerhin (ohne hierfür freilich eine überzeugende, linguistisch fundierte Basis zu haben).

Die Standards für die inhaltsbezogenen Kompetenzen für die Klassen 5–10
und die Kursstufe bestätigen den bisherigen Befund: Zunächst sollen die Schülerinnen und Schüler den „standardsprachlichen, umgangssprachlichen und dialektalen Sprachgebrauch in Form und Verwendung unterscheiden" (Klassen 5/6),
dann „angemessen verwenden" (Klassen 7–10); in der Kursstufe ist die Situation
weitgehend identisch, wobei hier der Akzent noch stärker als in der Mittelstufe
auf der Reflexion sprachlicher Normen und Verwendungsweisen liegt.[26] Zusammen mit der Eingangsforderung nach einer normgerechten Sprachverwendung
im Sinne einer Orientierung an *der* Standardsprache in den Leitgedanken für
die prozessbezogenen Kompetenzen heißt das konkret, dass Umgangssprache
und dialektaler Sprachgebrauch im neuen Bildungsplan als sprachliche Varianten zweiter Klasse betrachtet werden. Zugleich sind beide Bildungspläne von der
problematischen Überzeugung geprägt, dass es die eine Standardsprache gibt,
einer ideologisch gefärbten Sicht auf die deutsche Sprache also, die sich im Anschluss an Péter Maitz als *homogenistisch* beschreiben lässt.[27]

Die Analyse des neuen Bildungsplans für die Sekundarstufe I (der allgemeinbildenden Schulen) führt schon aufgrund der erstrebten Vergleichbarkeit bzw.
Kompatibilität der neuen Bildungspläne zu keinem substantiell anderen Befund,

---

24  Ebd., S. 7.
25  Ebd., S. 12.
26  Vgl. ebd., S. 30, 44, 58, 70f.
27  Maitz 2015, S. 217 versteht unter *Homogenismus* die Überzeugung, „dass die deutsche Standardsprache überregional einheitlich ist und keine regional markierten Merkmale aufweist".

sowohl was die implizite Ideologie des Standardismus als auch was die implizite Ideologie des Homogenismus anbelangt.[28]

## 3. Die Behandlung des Themas „Dialekt" in den untersuchten Sprachbüchern: Überblick und Auswertung

Zunächst ein paar Hinweise zu den von uns untersuchten Sprachbüchern: Den Schwerpunkt der Analyse legen wir, wie in Kapitel 1 bereits begründet, auf die Schulart Gymnasium; ergänzend ziehen wir stichprobenartig einzelne Sprachbücher der Schularten Realschule (und damit verwandter Schulformen) hinzu. Innerhalb der Schulart Gymnasium nehmen wir insgesamt vier Schulbuchreihen in den Blick, und zwar Ausgaben, die zwischen 2009 und 2016 herausgegeben wurden (untersucht werden also durchweg Sprachbücher der jüngeren Generation, die in jedem Fall den Stand des Bildungsplans von 2004, zum Teil auch bereits den Stand des Bildungsplans von 2016 widerspiegeln): Es handelt sich um ausgewählte Sprachbücher der Verlage Cornelsen, Klett, Schöningh und Schroedel für die Klassen 9–12 bzw. 13, also Sprachbücher der oberen Mittelstufe und der Oberstufe. Dabei wollen wir bei unserer Analyse einerseits verallgemeinerbare Erkenntnisse über den *Umfang* und die *Spezifika* der didaktischen Aufbereitung des Themas „Dialekt" in den untersuchten Sprachbüchern gewinnen und andererseits eine möglichst konkrete Vorstellung von der *Qualität* dieser Thematisierung vermitteln. Unsere Ausführungen werden sich daher zwischen zusammenfassenden Bemerkungen und der exemplarischen Analyse einzelner Befunde hin und her bewegen.

Als erstes fragen wir uns, welche der untersuchten Sprachbücher das Thema „Dialekt" überhaupt behandeln. Hier ergibt sich folgender Befund: In der Oberstufe wird das Thema „Dialekt" von einem Sprachbuch explizit thematisiert („Texte, Themen und Strukturen" von Cornelsen), die anderen Sprachbücher legen andere Schwerpunkte, zum Beispiel Jugendsprache, Sprache und Kommunikation oder Spracherwerb und Sprachentwicklung.[29] In Klasse 9 taucht das Thema „Dialekt" immerhin in zwei von den vier untersuchten Sprachbüchern explizit auf („Deutschbuch 5" von Cornelsen, „Deutsch.ideen 5" von Schroedel).[30]

---

28  Vgl. dazu speziell die allgemeinen Leitgedanken (S. 10) als auch Ausführungen zu den prozessbezogenen Kompetenzen (S. 12) sowie die Standards für die inhaltsbezogenen Kompetenzen (S. 36, 60 und 85) in Ministerium für Kultus, Jugend und Sport Baden-Württemberg: Bildungsplan 2016. Allgemeinbildende Schulen: Sekundarstufe I. Stuttgart 2016.

29  Siehe z. B. „P.A.U.L.D. 9" von Apel u.a. 2015, S. 145ff., „deutsch.kompetent 9" von Bossen u.a. 2015, S. 186ff., „Deutsch S II" von Bekes u.a. 2012, S. 146ff.

30  Ein ähnliches Bild ergibt die Durchsicht zweier stichprobenartig ausgewählter Sprachbücher für die Realschule für die Klassenstufe 8: Im „Deutschbuch 4" von Cornelsen wird das Thema „Dialekt" – analog zur gymnasialen Ausgabe – explizit thematisiert; in „Deutsch.werk 4" von Klett werden innerhalb des Kapitels „Sprache untersuchen" andere Schwerpunkte gesetzt.

In der Klasse 10 ist das Thema „Dialekt" in keinem der untersuchten Sprachbücher Gegenstand der Auseinandersetzung, weshalb wir auf diese Klassenstufe
auch nicht weiter eingehen werden.[31] Das heißt konkret: Lediglich in 3 von 12
Fällen (sprich in 25 % der Fälle) wird das Thema „Dialekt" explizit thematisiert,
wobei es in zwei Fällen dem Themenkomplex „sprachliche Varietäten" zugeordnet ist, in einem Fall dem Themenkomplex „Sprachwandel" („Deutsch.ideen 5")
– beides Themenkomplexe, die sowohl im alten als auch im neuen baden-württembergischen Bildungsplan explizit ausgewiesen werden. Tatsächlich jedoch
sind regionale Varietäten nicht nur unter sprachgeschichtlichen, sondern vor
allem auch unter sozialen und sprachgeographischen Gesichtspunkten (didak-
tisch) in hohem Maße relevant, wie Péter Maitz und Stephan Elspaß in ihrer – zu
Recht sehr kritischen – Auseinandersetzung mit der populären Sprachkritik des
selbsternannten Sprachpflegers Bastian Sick klar hervorheben.[32]

Unser nächstes Interesse gilt dem einzigen (von uns untersuchten) Sprachbuch für die Oberstufe, das sich explizit mit dem Thema „Dialekt" auseinan-
dersetzt: „Texte, Themen und Strukturen" von Cornelsen.[33] Bereits an der
Bandbreite der Kapitel, die sich mit dem Themenkomplex „Sprachreflexion"
beschäftigen, erkennt man, dass den Sprachbuchmachern „Sprachreflexion"
insgesamt ein wichtiges Anliegen ist: Es finden sich unter anderem Kapitel zur
„Kommunikation", zum „Spracherwerb und sprachgeschichtlichen Wandel", zu
„sprachlichen Varietäten" und zum Themenkomplex „Sprache – Denken – Wirklichkeit".[34] Der Schwerpunkt „Hochsprache und Dialekt" bildet zusammen mit
dem Schwerpunkt „Soziolekte", der wiederum in die Teilkapitel „Jugendsprache"
und „Fachsprache" aufgegliedert ist, das Kapitel „sprachliche Varietäten".[35] Wie
wird nun der Schwerpunkt „Hochsprache und Dialekt" in diesem Sprachbuch
thematisiert? Nach einem (in erster Linie der Motivation dienenden) Kreuzwort-
rätsel zu „sprachlichen Varietäten" im Allgemeinen wird zu Beginn des Kapitels
anhand eines längeren Sachtextes das gespaltene Verhältnis des Autors Christof
Haman zu seinem Heimatdialekt (Alemannisch) problematisiert. Neben mehreren negativen Aspekten (eigene Diskriminierungserfahrungen in der Schulzeit,
Gefahr der „Heimattümelei" und Verschanzung) zählt der Autor auch *eine* mögliche positive Seite seines alemannischen Dialekts auf: Die Erfahrung der Heimat-

---

31   Da sich in den Standards für Klasse 10 sowohl im Bildungsplan von 2004 als auch im Bildungs-
     plan von 2016 explizite Hinweise zum Thema „Dialekt" finden lassen, lag es nahe, auch die
     Klasse 10 in die Analyse einzubeziehen.
32   Sick orientiert sich bei seiner Sprachkritik an einer vorwissenschaftlich-normativen Auffas-
     sung von Sprachrichtigkeit, die der sprachlichen Wirklichkeit nicht gerecht wird. Siehe Péter
     Maitz/Stephan Elspaß: Warum der Zwiebelfisch nicht in den Deutschunterricht gehört. In: In-
     formationen Deutsch als Fremdsprache 34, 2007, S. 515–526, hier S. 516f.
33   Lisa Böcker u.a.: Texte, Themen und Strukturen. Deutschbuch für die Oberstufe. Berlin 2016.
34   Ebd., S. 179ff.
35   Ebd., S. 262ff.

verbundenheit.[36] Auch die Notwendigkeit des Code-Switchings spricht der Autor an, allerdings ist hier deutlich sein mit dem Dialektsprechen verbundener Minderwertigkeitskomplex herauszuhören:

> „Irgendwann habe ich mir angewöhnt zu switchen, zwischen einem mehr oder weniger salonfähigen Hochdeutsch, das allerdings nach wie vor meine geographische Herkunft deutlich macht, und einem auch nicht mehr lupenreinen Alemannisch. So wird es den meisten meines Alters und den Jüngeren ergehen: Wir sprechen keinen Dialekt mehr, sondern, wie Martin Walser schreibt, einen Landläufigkeitsmischmasch."[37]

Dass es den Schülerinnen und Schülern auf der Basis dieses Sachtextes gelingt, sich dem Thema „Dialekt" kritisch abwägend bzw. vorurteilsfrei zu nähern, darf bezweifelt werden, zumal er direkt oder indirekt diverse *Sprachklischees* bestätigt, die mit dem dialektalen Sprechen verbunden sind: zum Beispiel Dialektsprecher_innen tun sich schwerer im Leben als Nicht-Dialektsprecher_innen, dialektales Sprechen ist etwas qualitativ Schlechtes („Mischmasch") und Ausdruck von Hinterwäldlertum, die Vorstellung von dem einen richtigen „Hochdeutsch". Im Anschluss an den Sachtext von Christof Hamann findet sich ein längerer Informationstext mit Kartenmaterial zur regionalen Verteilung verschiedener „Dialekte in der Bundesrepublik Deutschland", in dem die Sprachwissenschaftlerin Astrid Stedje zunächst allgemein über die „Gliederung der Sprache" informiert und anschließend die Begriffe „überregionale Standardsprache", „Mundart" und „regionale Umgangssprache" klärt. Stedjes Ausführungen sind dabei sachlich richtig, wenn sie feststellt, dass sich die überregionale Standardsprache „langsam" verändert, „indem sie sich an den Sprachgebrauch anschließt" bzw. der Umgangssprache annähert. Auch weist sie korrekterweise darauf hin, dass die Standardsprache „eher eine geschriebene als eine gesprochene Sprache" sei.[38] Mithilfe weiterer Impulstexte sollen sich die Schülerinnen und Schüler anschließend mit zwei regionalen Varietäten auseinandersetzen (dem Ruhrpottdeutsch und dem Westfälischen) und sich am Ende der Unterrichtseinheit schließlich selbst ein Urteil bilden, inwieweit die von Karl-Heinz Göttert vertretene These, dass Sprachen „nicht nur Einheit", sondern „auch Vielfalt" wollen, ihren eigenen Erfahrungen entspricht.[39] Bemerkenswert sind außerdem zwei kurze Impulstexte im Arbeitsteil, die sich mit der Diskriminierung von Dialektsprecher_innen und der Förderung der „Sprachkompetenz dank Dialekt" be-

---

36  Ebd., S. 263.
37  Ebd.
38  Vgl. Astrid Stedje: Deutsche Sprache gestern und heute. Einführung in Sprachgeschichte und Sprachkunde. Paderborn 2007, S. 150ff., 235ff.; hier zitiert nach Böcker u. a. 2016, S. 264f.
39  Zit. nach Böcker u. a. 2016, S. 267.

schäftigen.[40] Insofern ergibt sich bezüglich des untersuchten Sprachbuchs von Cornelsen ein zwiespältiges Gesamtbild: Einerseits wird eine demonstrativ dialektfreundliche Haltung vertreten, andererseits werden gängige Sprachklischees bestätigt und verfestigt, wobei aus linguistischer Perspektive insbesondere die folgenden Vorstellungen als problematisch anzusehen sind:

(1) die Ansicht, dass Dialekte gegenüber der Standardsprache minderwertig (‚Mischmasch') sind,

(2) die Fiktion, dass es ein ‚reines Hochdeutsch' gibt, das von „Profis wie Nachrichtensprechern und Schauspielern" gesprochen wird, eine Auffassung also, die sich im Anschluss an Péter Maitz als Ideologie des Standardismus bezeichnen lässt,[41]

(3) die Ideologie des Hannoverismus, die konsequenterweise die Frage unbeantwortet lässt, was unter dem „reinen Hochdeutsch" zu verstehen ist und woher es (sprachgeschichtlich) kommt.[42]

Nun wollen wir die beiden Sprachbücher für Klasse 9, in denen das Thema „Dialekt" explizit thematisiert wird, genauer in den Blick nehmen. Zunächst zum „Deutschbuch" von Cornelsen:[43] Im „Deutschbuch" findet sich das Thema innerhalb eines größeren Kapitels, das mit der Überschrift „Denglisch, Dialekt, Digitaldeutsch – Sprachvarietäten und Sprachgebrauch" überschrieben ist.[44] Während sich die Auseinandersetzung mit Anglizismen über drei und die Problematisierung des „Digitaldeutsch" sogar über vier Seiten erstreckt, wird Dialekten lediglich eine Seite gewidmet. Auch die weitere Thematisierung beschränkt sich auf ein Minimum: Die Schülerinnen und Schüler sollen zunächst einzelne Redensarten (wie etwa das Kölsche „Et hätt noch immer jot jejange") übersetzen und sie anschließend mithilfe einer Karte bestimmten deutschen Dialekten zuordnen, um auf diese Weise einen ersten Überblick über die Grobgliederung des deutschen Sprachraums in „Niederdeutsch", „Mitteldeutsch" und „Oberdeutsch" zu erhalten.[45] Schließlich folgen drei Beispiele zur Lautverschiebung, die verdeutlichen sollen, worin wesentliche Unterschiede zwischen „Niederdeutsch" und „Hochdeutsch" bestehen, sowie folgende Definition:

40  Vgl. ebd., S. 278f.; konkret handelt es sich um Ausführungen von Péter Maitz/Stephan Elspaß: Dialektfreies Sprechen - leicht gemacht. Sprachliche Diskriminierung von deutschen Muttersprachlern in Deutschland. In: Der Deutschunterricht 63 (2011b), S. 7–17.
41  Zit. nach Böcker u.a. 2016, S. 267.
42  Vgl. Maitz 2015, S. 207ff.
43  Ina Cattaneo u.a.: Deutschbuch 5. Sprach- und Lesebuch. Berlin 2016, S.230ff.
44  Ebd., S. 233.
45  Ebd.

„Dialekte (Mundarten) sind Sprachvarianten, die an eine bestimmte geographische Region gebunden sind und von der Standardsprache (auch Hochdeutsch genannt) unterschieden werden."[46]

Als Fazit ergibt sich für das „Deutschbuch" damit folgender Befund: Dem Thema „Dialekt" wird insgesamt eine geringe Bedeutung beigemessen; der Schwerpunkt liegt auf einzelnen sprachgeographischen und sprachhistorischen Aspekten, nicht jedoch auf dem Aspekt der Sprachverwendung. Die konkreten Sprach- und Sprecherfahrungen der Schülerinnen und Schüler werden überhaupt nur an einer Stelle berührt („Fragt in eurer Umgebung nach Redensarten und Sprichwörtern im Dialekt. Klärt die Bedeutung der Sprüche und ordnet die Dialekte, die ihr kennt, in die Karte ein"[47]). Die Definition schließlich entspricht dem standardistischen und homogenistischen Sprachverständnis des Oberstufenbandes „Texte, Themen und Strukturen" und damit den Vorgaben des baden-württembergischen Bildungsplans. Auch wenn im „Deutschbuch" dem Thema „Dialekt" im Wesentlichen *neutral* begegnet wird, *suggeriert* die anfängliche Übersetzungsübung („Versucht, die Redensarten ins Hochdeutsche zu übersetzen") den Lernenden insgeheim, dass das dialektale Sprechen als (alleinige) Ursache für Verständigungsprobleme anzusehen ist.[48]

Diese Tendenz ist auch für das „Deutsch.ideen 5" von Schroedel kennzeichnend, also das zweite Sprachbuch für Klasse 9, das wir einer eingehenderen Analyse unterziehen wollen.[49] Vergleicht man es mit dem „Deutschbuch" für Klasse 9, so stellt man zunächst fest, dass es das Thema „Dialekt" wesentlich ausführlicher und aspektreicher behandelt als das „Deutschbuch" von Cornelsen: Unter der Überschrift „Die deutsche Sprache im Wandel der Zeit – Sprach- und Wortkunde" spannt sich der Bogen von der Frage nach der „Verteilung der Dialekte in Deutschland" über „Comics in Mundart"[50], den Vergleich von „Dialekt und Standardsprache" bis hin zur „Funktion des Dialekts in der Literatur"; den Abschluss der - insgesamt neun Seiten umfassenden - Unterrichtseinheit bilden Überlegungen zu den „Vor- und Nachteilen von Dialekten" sowie den Funktionen von „Dialekt und Standardsprache".[51] Da aufgrund der Länge der Unterrichtsein-

---

46  Ebd.
47  Ebd.
48  Ebd.; auch hier deckt sich der Befund weitgehend mit der Ausgabe für die Realschule für Klasse 8 (Christa Becker-Binder u.a.: Deutschbuch 4. Sprach- und Lesebuch für Realschulen in Baden-Württemberg. Berlin 2006, S. 212): Übersetzungsübungen, die suggerieren, dass die Ursache für Verständnisprobleme auf Seiten der Dialektsprecher_innen liegen, Mundarten in Gedichten mithilfe einer Karte bestimmten baden-württembergischen Dialekten zuordnen, klischeehafte Sicht auf den Begriff Hoch- bzw. Standardsprache, Komisierung (anhand eines Bildes aus einem Asterix-Comic auf Schwäbisch).
49  Ulla Ewald-Spiller u. a.: deutschideen 5. Braunschweig 2014.
50  Siehe hierzu Beispiel 1 im Anhang.
51  Ewald-Spiller u. a. 2014, S. 247ff.

heit nicht auf jeden Schwerpunkt eingegangen werden kann, soll hier neben dem bisher beobachteten Typischen vor allem das Auffällige und Besondere heraus-gearbeitet werden. *Typisch* ist zunächst, wie bereits angedeutet, dass der Dialekt auch in diesem Sprachbuch als (alleinige) Ursache für Verständigungsprobleme erscheint. So werden den Schülerinnen und Schülern auf der zweiten Seite meh-rere Textbeispiele gegeben, die sie (offensichtlich in Hochdeutsch) übersetzen sollen, zum Beispiel das folgende:

„Da Maxl und da Moritz
Mei, wos hört und liest ma heit
Net von Saubuam ois, es Leit!
A Bagasch wia de zwoa do,
Max und Moritz, schaugts as o. [...]"[52]

Die Arbeitsaufträge lauten entsprechend („1. In welchen Dialekten wird hier ge-sprochen?", „2. Welche Schwierigkeiten hast du beim Übersetzen?"). Darüber hinaus ist hier noch eine weitere Tendenz zu beobachten, die *Tendenz zur Ko-misierung*: Nicht nur die Auswahl der ersten Textbeispiele unterstreicht diese Feststellung, auch die Fortführung der Überlegungen anhand von Auszügen aus Asterix-Heften in verschiedenen Dialekten, insbesondere dem schwäbischen Dialekt, bestätigt diese Tendenz.[53]

In der kleinen „Schwäbischkunde mit Asterix"[54] sollen die Schülerinnen und Schüler zum einen Regeln für die Lautung und für die Grammatik des Schwäbi-schen sowie Beispiele zum schwäbischen Wortschatz finden und zum anderen Unterschiede zwischen dem Schwäbischen und der deutschen „Standardspra-che" erkennen.[55] Was unter *der* Standardsprache zu verstehen ist, wird dabei allerdings weder in diesem noch in einem anderen Zusammenhang erklärt, viel-mehr wird sie – gemäß den Vorgaben des Bildungsplans (2004) - offensichtlich als selbstverständliche bzw. bekannte sprachliche Norm *vorausgesetzt*.

Bemerkenswert ist schließlich das Textbeispiel aus Thomas Manns Roman „Die Buddenbrooks", da es die interessante Frage nach der Funktion des Dia-lekts in der Literatur aufwirft. In dem zitierten Textausschnitt geht es um einen Wortwechsel zwischen dem „zweiundzwanzigjährigen Lagerarbeiter" Corl Smolt, der zur Revolution aufruft („*Wi maaken nu Revolutschon*"[56]), und dem Konsul Bud-denbrook, der ihn in plattdeutschem Dialekt davon abzuhalten versucht. Dabei suggeriert der Textausschnitt, dass der Konsul – im Unterschied zum Lagerarbei-ter – neben dem Plattdeutsch auch ein astreines Hochdeutsch spricht („*Großer*

---

52  Ebd., S. 248.
53  Ebd., S. 251.
54  Siehe im Anhang Beispiel 2.
55  Ewald-Spiller u. a. 2014, S. 250f.
56  Zit. nach ebd., S. 252f.

*Gott, du Tropf! rief der Konsul und vergaß, platt zu sprechen vor Indignation*"[57]).
Das Platt verwendet der Konsul also nur, so die Botschaft, weil er seinen Arbeitern ins Bewusstsein rufen will, dass er einer von ihnen (und eine Revolution deshalb überflüssig) ist. Somit bestätigt der literarische Textausschnitt das verbreitete *Sprachklischee*, dass Dialektsprecher_innen über einen beschränkten Horizont verfügen, der gerne belächelt wird, wie die Reaktion der Menge nach Corl Smolts Wortwechsel mit dem Konsul unmissverständlich zu erkennen gibt:

> „Ja, Herr Kunsul, dat ist nu so, un denn möht man de Saak je woll up sick beruhn laten, un ick bün je ook man froh, dat Herr Kunsul mi dat nich öwelnehmen daut, un adjüs denn ook, Herr Kunsul…'
>
> Die Menge fing an, sich in der allerbesten Laune zu zerstreuen."[58]

Als Fazit ergibt sich für das Sprachbuch „Deutschideen" damit folgender Befund: Es nähert sich dem Thema „Dialekt" zwar in überraschend umfangreicher und offener Weise, nicht zuletzt, indem es am Ende unvoreingenommen die Vor- und Nachteile des Dialektsprechens problematisiert. An der homogenistischen, der Ideologie des Standardismus verpflichteten Sicht auf die deutsche Sprache, die bereits bei den beiden vorab untersuchten Sprachbüchern festgestellt worden ist, ändert dies jedoch nichts. Darüber hinaus trägt neben der *Komisierung* auch die spezifische literarische Kontextuierung der behandelten dialektalen Phänomene zur Verfestigung gängiger *Sprachklischees* bei.

Wenn wir alle untersuchten Schulbücher zusammenfassend betrachten, so müssen wir feststellen, dass dem Thema „Dialekt" an baden-württembergischen Gymnasien eine offenbar nur geringe Bedeutung beigemessen wird. Nun spiegeln Schulbücher allerdings nicht den konkreten Unterrichtsinhalt wider. Daher haben wir in einer Umfrage am Staatlichen Seminar für Didaktik und Lehrerbildung Stuttgart Anfang 2018 in allen Deutschkursen die Referendarinnen und Referendare unter anderem gefragt, welche Bedeutung das Thema „Dialekt und Standard" in ihrem Schulalltag hatte.

## 4. Eine Umfrage zum Thema „Dialekt und Standard"

Anfang 2018 haben wir an 92 Studienreferendarinnen und -referendare des Staatlichen Seminars für Didaktik und Lehrerbildung Stuttgart mit dem Fach Deutsch einen zweiseitigen Fragebogen mit der Bitte verteilt, die dort gestellten

---

57  Zit. nach ebd.
58  Zit. nach ebd., S. 253.

Fragen relativ schnell und ohne nachzuschlagen zu beantworten.[59] Im ersten Teil dieses Fragebogens ging es um die Erfahrungen mit dem Thema privat und in der Schule und um Einstellungen gegenüber Dialekt und Standard.

Teilgenommen haben 92 Personen (14 % männlich, 86 % weiblich) mit einem Durchschnittsalter von 27,6 Jahren. 75 von ihnen kamen aus Baden-Württemberg, 5 aus Rheinland-Pfalz, 3 aus Bayern und 3 aus Nordrhein-Westfalen. Weitere 6 Personen kamen aus Hessen, Niedersachsen, Hamburg, dem Saarland und dem Ausland. Grob gesagt kamen also 90 % der Befragten aus dem süddeutschen Raum.

## 4.1 Erfahrungen mit dem Thema privat und in der Schule

Wenn sich 40 % der Befragten sowohl privat als auch im Studium „intensiv" oder „eher intensiv" mit dem Thema Dialekt beschäftigt haben, so scheint sich das persönliche Interesse direkt auf die Auswahl der Veranstaltungen im Studium niedergeschlagen zu haben. Von der Schule kann hierfür kein Impuls gekommen sein, denn lediglich 10 % gaben an, dass sie sich dort mit dem Thema Dialekt beschäftigt hätten. Dennoch halten 65 % die Behandlung des Themas im Deutschunterricht für wichtig, was eine deutliche Diskrepanz zum Schulalltag darstellt. Hierbei ist für 73 % wichtig, dass man lernt, den Dialekt kontextadäquat einzusetzen. 75 % der Befragten korrigieren im Unterricht vor allem den Wortschatz, nur 25 % die Aussprache.

## 4.2 Einstellungen gegenüber Dialekt und Standard

Bei den Einstellungen zum Thema ragen zwei bekannte Klischees weit heraus. So sind 70 % der Ansicht, dass in Norddeutschland und dort besonders in Hannover das beste Hochdeutsch gesprochen wird, und 60 % sind der Ansicht, dass Dialektsprechen für die Rechtschreibung von Nachteil ist, eine Ansicht, die mit dem Blick in die Schweiz leicht widerlegbar ist. Andere Fehlurteile sind hingegen nicht so sehr verbreitet: 18 % sagen aus, dass man im Dialekt nur über Privates/Vertrautes sprechen kann,[60] 17 % glauben, dass die Dialekte aus dem Hochdeutschen entstanden sind, für 16 % kann es nur ein richtiges Hochdeutsch geben und lediglich 8 % halten die Dialekte für veränderlich, die Standardsprache aber für stabil. Trotz dieser geringen Prozentsätze muss gesagt werden, dass sie nach einem Lehramtsstudium in Fach Deutsch eigentlich bei 0 % sein müssten.

---

59    Der Fragebogen befindet sich im Anhang.
60    Auch hier genügt ein Blick in die Schweiz, um diese Ansicht zu widerlegen.

## 4.3 Welche Wörter gehören zum schriftlichen Standard?

Um der Frage nachzugehen, ob sich die im ersten Teil des Fragebogens erfasste Einstellung gegenüber dem schriftlichen Standarddeutschen auf die Bewertung regionaler Varianten niederschlägt, wurden die Referendarinnen und Referendare im zweiten Teil des Fragebogens (siehe Anhang)[61] gebeten, in 30 Fällen aus einem Angebot von jeweils zwei bis drei Varianten das richtige „hochdeutsche" Wort auszuwählen. Die Auswahl der Varianten wurde dem „Wortatlas der deutschen Umgangssprachen" (WdU)[62] von Jürgen Eichhoff und dem auf online-Befragungen basierenden aktuellen „Atlas zur deutschen Alltagssprache" (AdA)[63] von Stefan Elspaß und Robert Möller entnommen. Als Ergebnis dieser Umfrage können wir folgende Aussagen festhalten:

**1. Die schriftliche Standardsprache – im Fragebogen als „Hochdeutsch" bezeichnet – ist eine relative Größe (siehe Tabelle 1).**

Dieses Ergebnis deckt sich mit den Ergebnissen aus anderen Untersuchungen, so zum Beispiel mit der Arbeit von Huesmann aus dem Jahre 1998[64] sowie mit der Untersuchung von Klausmann 2014 mit Deutschlehrerinnen und Deutschlehrern an baden-württembergischen Gymnasien.[65] Wenn das Ergebnis auch nicht überrascht, so kann man es dennoch nicht oft genug wiederholen, da es sowohl der Öffentlichkeit als auch der für die Verbreitung der Norm so wichtigen Institution Schule überhaupt nicht bewusst ist. Vielmehr ist man gerade in Deutschland der Ansicht, dass der Standard sich dadurch auszeichnet, dass hier keine Varianten existieren, dass der Standard also durch und durch homogen ist. Dieses sich seit Jahrzehnten haltende Fehlurteil bezeichnen Maitz/Foldenauer, wie bereits erwähnt, als Homogenismus.[66]

---

61  Auf die Fragen nach der korrekten Aussprache kann hier nicht näher eingegangen werden. Es sei aber zumindest darauf hingewiesen, dass die Teilnehmer hierbei norddeutsche Varianten wie *Köönich*, *Tach* oder *Zeuch* nicht als „richtiges Hochdeutsch" anerkannt haben.
62  Vgl. Eichhoff 1977–2000.
63  Siehe Atlas zur deutschen Alltagssprache. Betreut von Stephan Elspaß und Robert Möller. URL: http://www.atlas-alltagssprache.de (08.07.2019).
64  Anette Huesmann: Zwischen Dialekt und Standard. Empirische Untersuchung zur Soziolinguistik des Varietätenspektrums im Deutschen. Tübingen 1998.
65  Hubert Klausmann: Regionalismen in der schriftlichen Standardsprache. In: Rudolf Bühler/ Rebekka Bürkle/Nina Kim Leonhardt (Hg.): Sprachkultur – Regionalkultur. Neue Felder kulturwissenschaftlicher Dialektforschung. Tübingen 2014, S. 96–120.
66  Péter Maitz/Monika Foldenauer: Sprachliche Ideologien im Schulbuch. In: Jana Kiesendahl/ Christine Ott (Hg.): Linguistik und Schulbuchforschung. Gegenstände – Methoden – Perspektiven. Göttingen 2015, S. 217–234, hier S. 225.

## 2. Norddeutsche Varianten werden viel eher als „hochdeutsche Bezeichnung" aufgefasst als süddeutsche.

Um diese Aussage zu verdeutlichen, müssen wir die angebotenen Varianten genauer betrachten. Da es uns hierbei vor allem um den Nord-Süd-Gegensatz geht, haben wir zunächst beschlossen, drei Fälle aus der weiteren Betrachtung herauszunehmen, und zwar aus folgenden Gründen:

(a) Bei den Varianten *Schornstein – Kamin – Schlot* ergibt sich das Problem, dass bei den gerade abgeschlossenen Erhebungen zum „Sprachatlas von Nord Baden-Württemberg" herauskam, dass *Schornstein* auch im Nordwesten von Baden-Württemberg bodenständig ist[67], so dass bei der hohen Anzahl bei der Zustimmung von *Schornstein* als „hochdeutsch" unklar ist, ob dies mit der Verbreitung im Nordwesten Baden-Württembergs oder mit der Verbreitung im Norden zu tun hat.

(b) Auch bei den Varianten *Gehweg – Trottoir – Gehsteig* stellte sich heraus, dass hier kein klarer Nord-Süd-Gegensatz vorhanden war.[68]

(c) Anders war es bei den Varianten *Brause – Limonade – Sprudel*. Hier hätte man als dritte Variante *süßer Sprudel* angeben müssen. Die Bezeichnung *Sprudel* allein verunsicherte offenbar die Befragten, so dass das Ergebnis nicht zuverlässig ist.

Ausgeklammert wird auch die Frage nach dem Hilfsverb bei *sitzen*, da alle übrigen Fragen den Wortschatz betreffen. Das Ergebnis war hierbei übrigens unentschieden: 47 % entschieden sich für die nördliche Variante (*habe gesessen*), die auch Duden-Online[69] für den Standard hält, 56 % für die südliche (*bin gesessen*), für die Duden-Online die Einschränkung „süddt., österr., schweiz." angibt.

Damit verbleiben 26 Fälle, bei denen bei der Wahl der hochdeutschen Bezeichnung zwischen vorwiegend südlichen und nördlichen Varianten ausgewählt werden konnte. Als Ergebnis können wir Folgendes festhalten.

Die nach Eichhoff 1977–2000 (WdU) und dem „Atlas der deutschen Alltagssprache" (AdA) **norddeutschen** Varianten sind rot und **fett gedruckt**, die *süd-*

---

67 Siehe die Karte 3.19 im „Sprechenden Sprachatlas von Baden-Württemberg" unter www. sprachalltag.de (08.07.2019), vgl. auch Hubert Klausmann (Hg.): Sprachatlas von Nord Baden-Württemberg (SNBW). Band V - Wortschatz 2. Kartenband. Bearbeitet von Hubert Klausmann in Zusammenarbeit mit Rudolf Bühler und Andreas Ganzenmüller. Tübingen 2019, Karte V/56. URL: http://dx.doi.org/10.15496/publikation-27792 (25.07.2019).
68 Siehe Eichhoff 1977–2000, Band 1, Karte 30.
69 Zu Duden-Online hier wie auch im Folgenden siehe: URL: https://www.duden.de/woerterbuch (28.04.2019).

*deutschen* Varianten sind *kursiv* und blau gedruckt, Bezeichnungen mit dem Schwerpunkt in anderen Gebieten sind normal gedruckt. In der Klammer stehen die jeweiligen Prozentzahlen bezogen auf die Anzahl der Befragten. Da Doppelnennungen möglich waren, liegt die Summe der Zustimmungen für alle zwei/drei Antworten in der Regel bei über 100 % (92 Nennungen = 100 %).

**1. Die südwestdeutsche Variante wird als hochdeutsche Bezeichnung anerkannt, die norddeutsche bleibt unbedeutend:**

|  | Varianten | Zur Verbreitung siehe |
|---|---|---|
| (1) | **Schippe** (7 %) - *Schaufel* (93 %) | AdA 9. Runde, Frage 3a |
| (2) | **Teilchen** (11 %)[1] - **Plunder** (27 %) - *süße Stückchen* (74 %) | AdA 7. Runde, Frage 2 |
| (3) | **Knöllchen** (13 %)[2] - *Strafzettel* (94 %) - Strafmandat (7 %) | AdA 4. Runde, Frage 15 |

**2. Die norddeutsche Variante wird neben der südwestdeutschen anerkannt:**

|  | Varianten | Zur Verbreitung siehe |
|---|---|---|
| (1) | **Harke** (30 %) - *Rechen* (91 %) | WdU Band 1, Karte 13 |
| (2) | **Porree** (37 %) - *Lauch* (79 %) | AdA 2. Runde, Frage 8 |
| (3) | **mäkelig** (37 %) - *heikel* (39 %) - *schneikig* (6 %) | AdA 3. Runde, Frage 9b |
| (4) | **Weihnachtsmann** (55 %) - *Christkind* (77 %) | WdU Band 1, Karte 46 |

| (5) | **Rotkohl** (64%) - *Rotkraut* (49%) - Blaukraut (22%) | WdU Band 1, Karte 93 |
| (6) | **fegen** (66%) - *kehren* (62%) | AdA 2. Runde, Frage 4<br>WdU Band 1, Karte 16 |

## 3. Die norddeutsche Variante verdrängt die südwestdeutsche:

| | Varianten | Zur Verbreitung siehe |
|---|---|---|
| (1) | **Mücke** (71%) - *Schnake* (43%) | WdU Band 2, Karte 101 |
| (2) | **Krümel** (78%) - *Brosamen* (15%) - Brösel (34%) | WdU Band 2, Karte 58 |
| (3) | **Weihnachtsbaum** (78%) - *Christbaum* (51%) | WdU Band 1, Karte 45 |
| (4) | **Viertel nach 10** (84%) - *viertel 11* (22%) | WdU Band 1, Karte 40<br>AdA 7. Runde, Frage 11e |
| (5) | **es klingelt** (84%) - *es läutet* (37%) - *es schellt* (4%) | AdA 8. Runde, Frage 4e<br>WdU Band 1, Karte 27 |
| (6) | **Putzlappen** (88%) - **Scheuerlappen** (12%) - *Putzlumpen* (16%) | |
| (7) | **nach Hause** (90%) - *heim* (24%) | WdU Band 2, Karte 80 |
| (8) | **sich in der Schule melden** (90%) - *strecken* (29%) | AdA 5. Runde, Frage 11 |
| (9) | **Flur** (90%) - *Gang* (28%) | WdU Band 1, Karte 25 |

| (10) | **Zahnschmerzen** (91%) - *Zahnweh* (20%) | WdU Band 3, Karte 3 |
|------|------------------------------------------|---------------------|
| (11) | **Brötchen** (94%) - *Wecken* (10%) - Semmel (9%) | WdU Band 2, Karte 59<br>AdA 9. Runde, Frage 1h |
| (12) | **Ziege** (97%) - *Geiß* (9%) | WdU Band 2, Karte 100 |
| (13) | **sich erkälten** (91%) - sich verkühlen (18%) - *sich verkälten* (3%) | WdU Band 1, Karte 6<br>AdA 2. Runde, Frage 15 |

4. Eine nord-südostdeutsche Variante verdrängt die südwestdeutsche:

| | Varianten | Zur Verbreitung siehe |
|------|-----------|-----------------------|
| (1) | **Abendbrot** (41%) - *Abendessen* (85%) - *Nachtessen* (3%) | WdU Band 1 Karte 38 |
| (2) | **Püree** (49%) - *Kartoffelbrei* (72%) - Kartoffelstampf (4%) | WdU Band 2, Karte 67 |
| (3) | **Karotte** (84%) - **Möhre** (41%) - *gelbe Rübe* (18%) | WdU Band 2, Karte 89<br>AdA 9. Runde, Frage 1k |
| (4) | **Dachboden** (90%) - *Bühne* (18%) - *Speicher* (24%) | WdU Band 1, Karte 24<br>AdA 2. Runde, Frage 6 |

Wenn wir die wegen des doppelten regionalen Einflusses nicht ganz einfach ein-zuschätzende vierte Gruppe beiseitelassen und aus der zweiten Gruppe wegen der hohen Zustimmung *Rotkohl* und *fegen* zur dritten Gruppe hinzuzählen, dann ergibt sich, dass die befragten Personen in 15 von 22 Fällen (= 68%) eine nord-deutsche Bezeichnung gegenüber einer süddeutschen bevorzugen. Nur in 7 Fällen (= 32%) entscheiden sich die Befragten für die Südvariante, teils neben der nördlichen Bezeichnung. Noch deutlicher wird die Bevorzugung des Nor-dens, wenn wir auf die abgelehnten Varianten schauen. Von den angebotenen nördlichen Varianten liegen lediglich die vier Bezeichnungen *Knöllchen, Plunder, Schippe* und *Teilchen* unter 30 % Zustimmung. Bei den süddeutschen Angeboten sind dies mit *Brosamen, Bühne, Gang, Geiß, gelbe Rübe, heim, Putzlumpen, schellen, schneikig, Speicher, strecken, (sich) verkälten, viertel 11, Wecken* und *Zahnweh* nicht weniger als 15 Varianten, die die 30 %-Hürde nicht überspringen, also fast vier Mal so viel.

Dieses Ergebnis ist eindeutig und präzisiert deutlich eine Tendenz, die schon bei der oben erwähnten Lehrer_innenumfrage an baden-württembergischen Gymnasien aus dem Jahr 2014 abzulesen war:[70] Der norddeutsche Wortschatz wird von Süddeutschen eher als „hochdeutsch" anerkannt als der eigene Wortschatz. Besonders interessant wird diese eindeutige Bevorzugung norddeutscher Varianten, wenn man diese mit den Aussagen aus dem ersten Fragebogenteil in Verbindung setzt. Dort hat die große Mehrheit der Befragten angegeben, dass „Hochdeutsch" vor allem im Norden gesprochen wird („Hannoverismus"). Diese subjektive Einschätzung schlägt sich also direkt im Sprachgebrauch nieder: Wer der Ansicht ist, dass der Norden hochdeutsch spricht, wählt bei einer Auswahl von mehreren Varianten die norddeutsche Variante als hochdeutsche. Das Klischee ist also so stark, dass der tatsächliche Sprachgebrauch dem Klischee angepasst wird. Umgekehrt heißt dies aber auch, dass diejenigen, die in einer Standardsituation süddeutsche Varianten verwenden, mit dem Vorwurf leben müssen, Dialekt zu schreiben oder zu sprechen.

### 3. Was ist Hochdeutsch? Vergleich der Umfrageergebnisse mit dem Duden

Abschließend stellen wir uns noch die Frage, wie der Duden mit der Wahl zwischen den bei unserer Umfrage angebotenen verschiedenen Varianten umgeht. Ein Abfragen aller hier berücksichtigten 65 angebotenen Bezeichnungen bei Duden-Online ergab folgendes Ergebnis:[71]

Ohne weitere Angaben und damit uneingeschränkt zum Standard gehören für den Duden folgende 31 Bezeichnungen, die wir mit Hilfe des WdU und des AdA geografisch zuordnen können:[72]

(1) Duden-Online entscheidet sich 21 mal für die norddeutsche Variante als die „hochdeutsche". Hierzu gehören die Varianten *Abendbrot, Brötchen, (sich) erkälten, Flur, klingeln, Krümel, mäkelig, (sich) melden, Möhre, Mücke, nach Hause, Plunder, Porree, Püree, Putzlappen, Scheuerlappen, viertel nach zehn, Weihnachtsbaum, Weihnachtsmann, Zahnschmerzen, Ziege.* Hier ist eine fast

---

70   Klausmann 2014, S. 115.
71   https://www.duden.de/woerterbuch (14.2.2020).
72   Der Nachweis zur geografischen Verbreitung der einzelnen Bezeichnungen ist den oben aufgelisteten Tabellen zu entnehmen.

vollständige Übereinstimmung mit den Einschätzungen der befragten Referendarinnen und Referendare festzustellen. Lediglich bei *Plunder* und *Scheuerlappen* weichen die Ergebnisse erheblich voneinander ab.

(2) Duden-Online entscheidet sich 7 mal für die süddeutsche Variante als „hochdeutsche", und zwar bei *Christkind, Gang, heim, Kartoffelbrei, Lauch, Rechen, Schaufel*. Auch hier ergibt sich eine erstaunliche Übereinstimmung, die lediglich bei den Varianten *heim, Gang* nicht erfolgte.

(3) Duden-Online entscheidet sich bei *Karotte* und *Strafmandat* für eine südostdeutsche Variante und bei *Abendessen* für eine im deutschen Sprachraum weit verbreitete Bezeichnung. Auch hier finden wir eine Übereistimmung bei fast allen Fällen vor, außer bei *Strafmandat*.

Bei den übrigen 34 Bezeichnungen aus unserer Liste schränkt Duden-Online die Verwendung in zwei Fällen – nämlich bei *Strafzettel* (94 % Zustimmung bei unserer Befragung) und *Zahnweh* (20 %) – mit dem Vermerk „umgangssprachlich" ein. Alle anderen erhalten eine räumliche Einschränkung, und zwar wie folgt:

(a) landschaftlich: *Christbaum* (51 % Zustimmung), *Schnake* (43 %), *viertel 11* (22 %), *Bühne* (18 %), *Knöllchen* (13 %), *Teilchen* (11 %), *schneikig/schnäkig* (6 %).

(b) norddeutsch: *Dachboden* (90 %), *fegen* (66 %), *Rotkohl* (64 %), *Harke* (30 %), *Schippe/Schüppe* (6 %).

(c) süddeutsch (teilweise auch schweizerisch und österreichisch): *Rotkraut* (49 %), *läuten* (37 %), *Speicher* (24 %), *Blaukraut* (22 %), *gelbe Rübe* (18 %), *Putzlumpen* (16 %), *Wecken* (10 %), *Geiß* (9 %), *schellen* (4 %), *Nachtessen* (3 %).

(d) nur bayerisch-österreichisch: *heikel* (39 %), *Brösel* (34 %), *sich verkühlen* (18 %), *Brosamen* (15 %), *Semmel* (9 %).

(e) gar nicht belegt sind bei Duden-Online die Bezeichnungen *süße Stückchen* (74 %), *kehren* „fegen" (62 %), *(in der Schule) strecken* (29 %), *Kartoffelstampf* (4 %) und *sich verkälten* (3 %).

Man könnte erwarten, dass Wörter, die der Duden als „süddeutsch" bezeichnet, bei uns eine relativ hohe Zustimmung erhalten, doch ist dies lediglich bei *Rotkraut* (49 %) der Fall. Andererseits müsste man erwarten, dass als „norddeutsch" bezeichnete Wörter hier wenig Zustimmung erhalten. Die Umfrage zeigt aber auch hier das Gegenteil, denn mit *Dachboden* (90 %), *fegen* (66 %) und *Rotkohl* (64 %) schaffen gleich drei „Nordlichter" mühelos die 50 %-Hürde. Da auch die Bezeichnung *Harke* mit 30%iger Zustimmung noch eine relativ hohe Quote erreicht, wird letztendlich von den angebotenen, laut Duden norddeutschen Bezeichnungen nur *Schippe/Schüppe* abgelehnt. Nimmt man noch die diffuse Einschränkung „landschaftlich" hinzu und berücksichtigt, dass es sich bei *Knöllchen* und *Teilchen* ebenfalls um Bezeichnungen aus dem Norden handelt, so kann man abschließend feststellen, dass von den laut Duden norddeutschen Bezeichnungen bei unserer Befragung lediglich drei unter einer Zustimmungsquote von 15% liegen, von den süddeutschen Bezeichnungen ist es das Doppelte. So zeigt also auch der Blick auf die vom Duden vorgenommenen geografischen Einschränkungen, dass es bei unserer befragten Gruppe norddeutsche Bezeichnungen leichter haben, in die Standardsprache aufgenommen zu werden als süddeutsche.

## 5. Zusammenfassung

Ziel dieser Untersuchung war es zu zeigen, inwiefern im Schulalltag in Baden-Württemberg auf das für den ganzen süddeutschen Raum wesentliche Wechselspiel zwischen Dialekt und Standard eingegangen wird. Hierbei lag der Schwerpunkt unserer Untersuchung auf den Gymnasien, da wir davon ausgehen, dass dort aufgrund des gehobenen Anspruchsniveaus (nicht zuletzt in der Oberstufe) besonders differenziert entfaltete didaktische Konzepte im Umgang mit dem Thema „Dialekt" zu finden sind.

Zunächst wurden die Bildungspläne für Gymnasien in Baden-Württemberg untersucht. Fasst man die Bildungspläne von 2004 und 2016 zusammen, so ergibt sich für beide der gleiche Befund: Die Bildungspläne fordern beim Sprechen die Orientierung an der Standardsprache. Allerdings ist der neuere Bildungsplan insgesamt etwas differenzierter als der alte, denn er will immerhin die Frage der Angemessenheit von „Standardsprache, Umgangssprache und dialektalem Sprechen" problematisieren, ohne hierfür freilich eine überzeugende, linguistisch fundierte Basis zu haben.

In einem zweiten Schritt haben wir Sprachbücher für das Gymnasium in Baden-Württemberg untersucht und geschaut, wie sie mit dem Thema Dialekt und Standard umgehen. Das Ergebnis war enttäuschend. Auch wenn es keine so starken Fehlurteile gibt, wie sie Maitz/Foldenauer in ihrer Untersuchung bayerischer Schulbücher entdeckt haben,[73] so muss doch festgestellt werden, dass die Schülerinnen und Schüler nirgendwo fachlich korrekt in die Thematik Dialekt-Standardsprache eingeführt werden. Stattdessen begnügt man sich mit der Abbildung von Dialektkarten und dem Abdrucken von im Dialekt geschriebenen Texten, die lediglich in die Standardsprache übersetzt werden sollen. Von allen untersuchten Sprachbüchern hat sich einzig das Oberstufenbuch „Texte, Themen

73   Siehe Maitz/Foldenauer 2015, 223ff.

und Strukturen" von Cornelsen explizit mit dem Thema „Dialekt" auseinanderge-
setzt. Hierbei ergab sich allerdings ein zwiespältiges Gesamtbild: Einerseits wird
eine dialektfreundliche Haltung vertreten, andererseits werden gängige Sprachklischees verfestigt, wobei aus linguistischer Perspektive insbesondere die Ideologien des Standardismus und des Hannoverismus zu kritisieren sind.

Im dritten Teil unserer Untersuchung haben wir Referendarinnen und Referendare des Seminars Stuttgart im Schuljahr 2018 nach ihrer Einstellung zum
Thema Dialekt und Standard gefragt. Hierbei zeigte sich, dass sich zwar die
Hälfte der Befragten privat mit dem Thema beschäftigte, dass aber 90 % der
beteiligten Personen in der Schule mit diesem Thema kaum oder gar nicht kon-
frontiert wurden. Auch im Studium wurde das Thema Dialekt-Standard offenbar
kaum behandelt, obwohl 65 % der Befragten der Meinung sind, dass das Thema
für den Unterricht wichtig ist. Hier wird deutlich, welche untergeordnete Rolle
dieses für den Sprachalltag in Baden-Württemberg fundamentale Thema „Dialekt und Standardsprache" spielt. Dass der Dialekt im deutschen Südwesten
auch heute noch im Alltag der Bevölkerung eine wesentliche Rolle spielt, hat
das Projekt „Sprachalltag" am Ludwig-Uhland-Institut der Universität Tübingen
in einer Umfrage im Jahr 2013 bei 150 baden-württembergischen Bürgermeistern und Ortsvorstehern nachweisen können.[74] Gleichzeitig hat unsere Umfrage
am Staatlichen Seminar für Didaktik und Lehrerbildung Stuttgart gezeigt, dass
auch angehende Deutschlehrerinnen und Deutschlehrer Klischees weitertragen,
so zum Beispiel, dass Dialekt mit schlechter Rechtschreibung zu tun hat, was
durch die Situation in der Schweiz, wo aufgrund der medialen Diglossie alles
Mündliche im Dialekt, alles Schriftliche im Standard geschieht, widerlegt wird,
und dass in Norddeutschland – besonders in Hannover – das beste Hochdeutsch
gesprochen wird.

Der vierte Teil unserer Untersuchung war der konkreten Standard-Bewertung
einzelner Bezeichnungen gewidmet. Es zeigte sich, dass die befragte Gruppe das
Klischee des Hannoverismus bei der Bewertung von sprachlichen Varietäten einsetzt. Bei einer Gegenüberstellung von süddeutschen und norddeutschen Varianten wurden die norddeutschen eindeutig bevorzugt, wobei auch beim Duden
diese Bevorzugung zu beobachten ist.

Eine gute, das heißt linguistisch fundierte Sprachkritik, wie sie Jürgen Schiewe
und Martin Wengler in ihrer aptum-Reihe vertreten,[75] beschreibt nicht nur einen
sprachlichen Zustand, sondern sie macht auch Vorschläge, wie man den kriti-
sierten Sprachzustand verbessern kann. In der Schulpraxis heißt dies für uns,
dass folgende Korrekturen vorgenommen werden müssten:

---

74    Die Ergebnisse dieser Umfrage wurden bislang noch nicht veröffentlicht.
75    Siehe Jürgen Schiewe/Martin Wengler: Einführung der Herausgeber. In: Aptum. Zeitschrift für
      Sprachkritik 1 (2005), S. 1–13.

1. Selbstverständlich muss – zumindest kurz - auf die zunächst nur für die schriftliche Kommunikation wichtige Entstehung einer überregionalen Schriftsprache eingegangen werden, aus der sich dann erst in neuerer Zeit die mündliche Standardsprache entwickelt hat. Dass sich diese Standardsprache ständig verändert und dass auch der Standard regional geprägt sein kann, sollte hierbei deutlich werden. Dieser regionale Charakter der Standardsprache führt entgegen einer weit verbreiteten Meinung nicht zu Kommunikationsproblemen, denn erstens sind viele Regionalismen deutschlandweit bekannt (Beispiel: *Fastnacht/Fasching/Karneval*), zweitens ist die Anzahl regionaler Standardvarianten gering und drittens sind die Regionalismen in einen Kontext eingebettet, so dass sich die Bedeutung eines vielleicht unbekannten Regionalismus leicht erschließen lässt.

2. Da der Dialekt und der sich daraus entwickelte Regiolekt im südwestdeutschen Sprachalltag nach wie vor eine wichtige Rolle spielen, muss über die Funktion der verschiedenen Register gesprochen werden, denn viele Sprecherinnen und Sprecher wechseln das Sprachregister je nach Situation, Thema und Gesprächspartner. Manchmal ist Dialekt/Regiolekt angebracht, manchmal eher ein süddeutscher Standard.

3. Das Thema Dialekt und Standard darf nicht nur mit Übersetzungsübungen abgehakt, sondern es muss viel differenzierter besprochen werden.

4. Hierzu ist zunächst die Trennung von mündlichem und schriftlichem Sprachgebrauch herauszuarbeiten, denn viele Aspekte, die die Öffentlichkeit mit Dialekt verbindet, sind einfach nur mündlicher Sprachgebrauch.

5. Weiterhin ist die Herkunft des Dialekts zu klären. Dialekt ist nämlich gerade nicht falsches Hochdeutsch, sondern die natürliche Entwicklung der deutschen Sprache vom Indogermanischen und Germanischen über das Alt- und Mittelhochdeutsche bis heute.

6. Um Diskriminierungen zu vermeiden, wie sie Maitz/Elspaß in ihren Arbeiten glaubwürdig dokumentieren[76] und wie sie auch den Verfassern dieses Beitrags aus Baden-Württemberg persönlich bekannt sind, müssen Sprachideologien wie Standardismus, Homogenismus oder Hannoverismus beseitigt werden.

7. Es kann nicht das Ziel des Deutschunterrichts sein, nur eine Varietät als Kommunikationsmittel gelten zu lassen, sondern es muss darum gehen, anhand

---

76    Maitz/Elspaß 2011a, S. 233.

verschiedener Texte, Tabellen, Karten, Ton- und Filmdokumenten die Schülerinnen und Schüler über die falsche öffentliche Wahrnehmung von regionalen Varietäten aufzuklären, um somit ein Sprachbewusstsein zu schaffen, das dem Sprachalltag im süddeutschen Sprachraum entspricht.

8. Das Korrekturverhalten der Deutschlehrerinnen und Deutschlehrer prägt ganze Schüler_innengenerationen ihr Leben lang. Darauf aufbauend kann es später auch im beruflichen Alltag aus Unwissenheit zu völlig falschen Bewertungen kommen. Daher ist es von fundamentaler Bedeutung, dass das Thema Dialekt-Standard einen zentralen Platz in der Lehrer_innenausbildung findet. Nur so kann das Grundgesetz auch in diesem Bereich eines Tages erfüllt werden, denn Art. 3 (3) GG verbietet die Bevorzugung oder Benachteiligung von Menschen aufgrund von Sprache.

# Literatur

## Analysierte Bildungspläne:

Ministerium für Kultus, Jugend und Sport Baden-Württemberg:
- Bildungsplan 2004. Allgemeinbildendes Gymnasium. Stuttgart 2004.
- Bildungsplan 2016. Allgemeinbildende Schulen: Gymnasium. Stuttgart 2016.
- Bildungsplan 2016. Allgemeinbildende Schulen: Sekundarstufe I. Stuttgart 2016.

## Sprachbücher (Gymnasium):

**Jahrgangsstufe:**

Apel, Markus/Bartoldus, Thomas u. a.: P.A.U.L.D Oberstufe. Persönliches Arbeits- und Lesebuch Deutsch. Paderborn 2013.
Bekes, Peter/Dahmen, Marina u. a.: Deutsch S II. Kompetenzen – Themen – Training. Braunschweig 2012.
Böcker, Lisa/Brenner, Gerd u. a.: Texte, Themen und Strukturen. Deutschbuch für die Oberstufe. Berlin 2016.
Bold, Kerstin/Einecke, Günther u. a.: deutsch.kompetent. Stuttgart 2009.

**Klasse 10:**

Bartoldus, Thomas/Diekhans, Johannes u. a.: P.A.U.L.D. 10. Persönliches Arbeits- und Lesebuch Deutsch. Paderborn 2014.
Böhm, Reinhard/Ewald-Spiller, Ulla u. a.: deutschideen 6. Sprach- und Lesebuch. Braunschweig 2014.
Bitterer, Maja/Blatt, Martina u. a.: Deutsch.kompetent 10. Stuttgart 2016.
Cattaneo, Ina/Eger, Georg u. a.: Deutschbuch 6. Sprach- und Lesebuch 6. Berlin 2016.

**Klasse 9:**

Apel, Markus/Bartoldus, Thomas u. a.: P.A.U.L.D. 9. Persönliches Arbeits- und Lesebuch Deutsch. Paderborn 2015.
Bossen, Dirk/Bitterer, Maja u. a.: deutsch.kompetent 9. Stuttgart 2015.
Cattaneo, Ina/Eger, Georg u. a.: Deutschbuch 5. Sprach- und Lesebuch. Berlin 2016.
Ewald-Spiller, Ulla/Fabritz, Christian u. a.: deutschideen 5. Braunschweig 2014.

## Sprachbücher anderer Schularten:

**Klasse 7:**

Gaiser, Gottlieb/Högemann, Claudia: Kombiniere Deutsch 7. Lese- und Sprachbuch für Realschulen in Bayern. Bamberg 2008.

**Klasse 8:**

Becker-Binder, Christa/Brosi, Annette u. a.: Deutschbuch 4. Sprach- und Lesebuch für Realschulen in Baden-Württemberg. Berlin 2006.
Dein, Jutta/Döring, Beate u. a.: deutsch.werk 4. Realschule und verwandte Schulformen. Stuttgart/Leipzig 2006.

## Sekundärliteratur

Atlas zur deutschen Alltagssprache. Betreut von Stephan Elspaß und Robert Möller. URL: http://www.atlas-alltagssprache.de (08.07.2019).
Beuge, Patrick: Laienlinguistisches Sprachnormwissen. In: Markus Hundt/Nicole Palliwoda/Saskia Schröder (Hg.): Der deutsche Sprachraum aus Sicht linguistischer Laien. Ergebnisse des Kieler DFG-Projektes. Berlin/Boston 2017, S. 161–181.

Coseriu, Eugenio: Einführung in die Allgemeine Sprachwissenschaft. Tübingen 1988.

Coseriu, Eugenio: Sprachkompetenz. Grundzüge der Theorie des Sprechens. Tübingen 2007.

Dudenredaktion: Duden online. URL: https:// www.duden.de/woerterbuch (28.04.2019).

Eichhoff, Jürgen: Wortatlas der deutschen Umgangssprachen. Bände 1-4. München u. a. 1977-2000.

Fischer, Hermann: Schwäbisches Wörterbuch. Tübingen 1904-36.

Huesmann, Anette: Zwischen Dialekt und Standard. Empirische Untersuchung zur Soziolinguistik des Varietätenspektrums im Deutschen. Tübingen 1998.

Klausmann, Hubert: Regionalismen in der schriftlichen Standardsprache. In: Rudolf Bühler/Rebekka Bürkle/Nina Kim Leonhardt (Hg.): Sprachkultur – Regionalkultur. Neue Felder kulturwissenschaftlicher Dialektforschung. Tübingen 2014, S. 96-120.

Klausmann, Hubert (Hg.): Sprachatlas von Nord Baden-Württemberg (SNBW). Band V - Wortschatz 2. Kartenband. Bearbeitet von Hubert Klausmann in Zusammenarbeit mit Rudolf Bühler und Andreas Ganzenmüller. Tübingen 2019. URL: http://dx.doi.org/10.15496/publikation-27792 (25.07.2019).

König, Werner: Atlas zur Aussprache des Schriftdeutschen in der Bundesrepublik Deutschland. Ismaning 1989.

Maitz, Péter: Sprachvariation, Sprachliche Ideologien und Schule. In: Zeitschrift für Dialektologie und Linguistik 82 (2015), S. 206-227.

Maitz, Péter/Elspaß, Stephan: Warum der Zwiebelfisch nicht in den Deutschunterricht gehört. In: Informationen Deutsch als Fremdsprache 34, 2007, S 515-526.

Maitz, Péter/Elspaß, Stephan: Zur sozialen und sprachpolitischen Verantwortung der Variationslinguistik. In: Elvira Glaser/Jürgen Erich Schmitt/Natascha Frey (Hg.): Dynamik des Dialekts - Wandel und Variation. Akten des 3. Kongresses der Internationalen Gesellschaft für Dialektologie des Deutschen (IGDD). Stuttgart 2011a, S. 221-240.

Maitz, Péter/Elspaß, Stephan: Dialektfreies Sprechen - leicht gemacht. Sprachliche Diskriminierung von deutschen Muttersprachlern in Deutschland. In: Der Deutschunterricht 63 (2011b), S. 7-17.

Maitz, Péter/Elspaß, Stephan: Pluralismus oder Assimilation. Zum Umgang mit Norm und arealer Sprachvariation in Deutschland und anderswo. In: Susanne Günthner u. a. (Hg.): Kommunikation und Öffentlichkeit: Sprachwissenschaftliche Potenziale zwischen Empirie und Norm. Berlin/Boston 2012, S. 43-60.

Maitz, Péter/Foldenauer, Monika: Sprachliche Ideologien im Schulbuch. In: Jana Kiesendahl/Christine Ott (Hg.): Linguistik und Schulbuchforschung. Gegenstände - Methoden - Perspektiven. Göttingen 2015, S. 217-234.

Schiewe, Jürgen/Wengler, Martin: Einführung der Herausgeber. In: Aptum. Zeitschrift für Sprachkritik 1 (2005), S. 1-13.

Schiewe, Jürgen/Wengler, Martin: Was ist Sprachkritik? In: Iris Forster/Tobias Heinz (Hg.): Deutsche Gegenwartssprache. Globalisierung – Neue Medien – Sprachkritik. Stuttgart 2010, S. 97–102.

Schmeller, Johann Andreas: Bayerisches Wörterbuch. München 1872-77.

Schneider, Jan Georg: „Macht das Sinn?" – Überlegungen zur Anglizismenkritik im Gesamtzusammenhang der populären Sprachkritik. In: Iris Forster/Tobias Heinz (Hg.): Deutsche Gegenwartssprache. Globalisierung – Neue Medien – Sprachkritik. Stuttgart 2010, S. 102–128.

Sprechender Sprachatlas von Baden-Württemberg. URL: www.sprachalltag.de (08.07.2019).

Stedje, Astrid: Deutsche Sprache gestern und heute. Einführung in Sprachgeschichte und Sprachkunde. Paderborn 2007.

Wenker, Georg: Deutscher Sprachatlas. Marburg 1927–56.

# Abstract

In their study „The dialect in the tension between language didactics, language cliché and linguistic reality", the authors follow the approach of modern language criticism, which always makes the description of the current state the starting point for criticism. Consequently this presentation starts with an examination of the educational plans and textbooks on the subject of „dialect", followed by the question of how much knowledge from their studies the trainee teachers can apply to this subject. The result is sobering on all three levels mentioned.

With the help of a questionnaire campaign, the authors then demonstrate how linguistic ideologies such as Hanoverism, Standardism and Homogenism influence their dealing with the subject. In order to correct the linguistic ideologies thus proven, the authors call for clarification on the subject of dialect vs. standard at all levels of education. In this way, a language awareness could be built up that prevents linguistic ideologies in the future.

## Anhang

### Fragebogen zum Thema „Dialekt"

Alter:_____ Geschlecht: ○ mask.   ○ fem.
Herkunft: Land/Bundesland_____

Status: ○ Student/in     ○ Referendar/in     ○ Lehrer/in
Fächer:_____

**Bitte kreuzen Sie immer links von der Antwort das Kästchen an!**

1.) Mit dem Thema „Dialekt" habe ich mich persönlich/privat

|  | intensiv auseinander-gesetzt |  | eher intensiv auseinander-gesetzt |  | eher weniger intensiv auseinan-dergesetzt |  | nicht auseinan-dergesetzt |
|---|---|---|---|---|---|---|---|

2.) Mit dem Thema „Dialekt" habe ich mich in der Schule

|  | intensiv auseinander-gesetzt |  | eher intensiv auseinander-gesetzt |  | eher weniger intensiv auseinan-dergesetzt |  | nicht auseinan-dergesetzt |
|---|---|---|---|---|---|---|---|

3.) Mit dem Thema „Dialekt" habe ich mich im Studium

|  | intensiv auseinander-gesetzt |  | eher intensiv auseinan-dergesetzt |  | eher weniger intensiv auseinander-gesetzt |  | nicht auseinan-dergesetzt |
|---|---|---|---|---|---|---|---|

4.) Die Behandlung des Themas „Dialekte" im Deutschunterricht finde ich persönlich...

| | wichtig | | eher wichtig | | eher unwichtig | | unwichtig |
|---|---|---|---|---|---|---|---|

5.) Wenn ich dialektsprechende Schüler korrigiere, dann korrigiere ich

| | die Aussprache | | die Wortwahl |
|---|---|---|---|

6.) Wo wird Ihrer Meinung nach das beste Hochdeutsch gesprochen?

_____

7.) Welcher dieser Aussagen stimmen Sie zu? Kreuzen Sie Zutreffendes bitte an:

| | |
|---|---|
| | Ein gebildeter Mensch spricht Hochdeutsch oder bemüht sich zumindest darum. |
| | Zur Sprachkompetenz gehört die Fähigkeit, Dialekt kontextadäquat einzusetzen. |
| | Wenn jemand Dialekt spricht und nicht verstanden wird, dann trägt er selbst dafür die Verantwortung. |
| | Wenn jemand Dialekt spricht und nicht verstanden wird, dann trägt der Hörer dafür Verantwortung. |
| | Es kann nur ein richtiges Hochdeutsch geben. |
| | Die Dialekte sterben gerade aus. |
| | Hochdeutsch ist, was im Duden steht. |
| | Die Dialekte sind als eine regionale mündliche Form aus dem Hochdeutschen entstanden |
| | Im Dialekt kann man nur über Privates und Familiäres/Vertrautes sprechen. |
| | Hochdeutsch ist, was die Fernseh- und Radiosprecher_innen sprechen. |

| | |
|---|---|
| | Dialekte verändern sich, die Hochsprache aber bleibt stabil. |
| | Süddeutsche sprechen ein schlechteres Hochdeutsch als Norddeutsche. |
| | Dialektsprechen ist für das Erlernen der Rechtschreibung von Nachteil. |
| | Dialektsprechen ist für das Erlernen von Fremdsprachen von Nachteil. |

**Der Fragebogen (Teil 2): Fragebogen zum Erfassen des Hochdeutschen**

Wie schreibt man richtig? Welche der folgenden Lösungen ist ihrer Ansicht nach richtiges Hochdeutsch? Es interessiert uns nur Ihre Meinung und nicht, was vielleicht im Duden steht. Sie werden also nicht geprüft!!!! Sie können auch mehrere Antworten ankreuzen! **Bitte kreuzen Sie immer links von der Antwort das Kästchen an!**

| Ergänzen Sie: Ich gehe… | | nach Hause | | heim | |
|---|---|---|---|---|---|
| Tuch zum Aufwischen | | Putzlumpen | | Putzlappen | | Scheuer-lappen |
| Hausteil unter dem Dach | | Dachboden | | Bühne | | Speicher |
| lange Gemüsestange | | Porree | | Lauch | | |
| ganz kleine Brotstück-chen | | Brösel | | Krümel | | Brosamen |
| Bei nassem Wetter kann man…. | | sich ver-kühlen | | sich erkälten | | sich ver-kälten |
| Beim Bäcker kaufe ich Mohn- | | -wecken | | -brötchen | | -semmel |
| wählerisch beim Essen sein | | mäkelig | | schneikig | | heikel |

| | | | | | | | |
|---|---|---|---|---|---|---|---|
| wo der Qualm heraus-kommt | | Schlot | | Kamin | | Schorn-stein | |
| Ergänzen Sie: Ich...auf dem Stuhl.... | | habe... gesessen | | bin...ge-sessen | | | |
| Polizeiliche Benach-richtigung am Auto | | Strafmandat | | Strafzettel | | Knöllchen | |
| Straßenteil für Fuß-gänger | | Gehweg | | Trottoir | | Gehsteig | |
| den Arm in der Schule heben | | aufstrecken | | strecken | | sich melden | |
| süße Gebäckstücke | | Teilchen | | süße Stückchen | | Plunder | |
| 10.15 Uhr | | Viertel nach 10 | | Viertel elf | | Viertel ab 10 | |
| Kartoffelspeise | | Kartoffel-stampf | | Püree | | Kartoffel-brei | |
| Gemüsebezeichnung | | gelbe Rübe | | Karotte | | Möhre | |
| um Schnee zu entfer-nen, nimmt man eine | | Schüppe | | Schaufel | | | |
| um Gras zusammen-zufassen, nimmt man | | Rechen | | Harke | | | |
| An der Tür | | klingelt es | | läutet es | | schellt es | |
| Mahlzeit am Abend | | Abendbrot | | Abend-essen | | Nacht-essen | |
| Mit dem Besen tut man die Straße | | fegen | | kehren | | | |

| schmaler Raum nach der Haustür | | Gang | | Flur | | |
| --- | --- | --- | --- | --- | --- | --- |
| Baum an Weihnachten | | Christbaum | | Weih-nachts-baum | | |
| Wintergemüse | | Rotkraut | | Rotkohl | | Blaukraut |
| Tier, das meckert | | Ziege | | Geiß | | |
| stechende „Fliege" | | Mücke | | Schnake | | |
| Probleme an den Zähnen | | Zahn-schmerzen | | Zahnweh | | |
| Süßes, sprudelndes Getränk | | Limonade | | Sprudel | | Brause |
| Die Geschenke bringt | | der Weih-nachtsmann | | das Christkind | | |

Wie **sagt** man richtig? Welche der folgenden Lösungen ist ihrer Ansicht nach richtiges Hochdeutsch? Doppelschreibung des Vokals bedeutet, dass er lang gesprochen wird.

| Aussprache: König | | *Köönich* | | *Köönisch* | | *Köönig,* |
| --- | --- | --- | --- | --- | --- | --- |
| Aussprache: Tag | | *Taag* | | *Tach* | | *Taach* |
| Aussprache: Zeug | | *Zeuch* | | *Zeusch* | | *Zeug* |
| Aussprache: kriegst | | *kriegscht* | | *kriechst* | | *kriegst* |
| Aussprache: Täter | | *Tääter* | | *Teeter* | | |
| Aussprache: nicht | | *nich* | | *nicht* | | *nit* |

| Aussprache: Chemie | | *Ch*emie, *ch* wie in *ich* | | *Sch*emie | | *K*emie |
|---|---|---|---|---|---|---|
| Aussprache: Pferd | | *Feerd* | | *Pf*eerd | | *Pfäärd* |
| Aussprache: Pfennig | | *Pfenn**ig*** | | *Fennich* | | **Pfenn**ich |
| Aussprache: Läden | | *Lääden* | | *Lee*den | | |

**Tabelle 2: Was gehört zum schriftlichen Standard beim Wortschatz?**

Auswertung der Befragung von 92 Referendarinnen und Referendaren des Seminars Stuttgart im Frühjahr 2018. Der aufgerundete Prozentsatz bezieht sich auf die Zahl der teilgenommenen Personen (100 % Zustimmung = 92 Personen haben das Wort als Standardwort akzeptiert). Da bei jeder Frage mehrere Antworten angekreuzt werden konnten, liegt die Quote bei den akzeptierten Antworten bei jeder Frage bei über 100 % (Bs.: Ziege 97 % - Geiß 9 %). **Fettdruck** = norddeutsche Variante, *Kursivdruck* = süddeutsche Variante, Normaldruck = Variante stammt aus anderen Räumen.

| Platz | abgefragtes Wort | Zustimmung | im Duden: | nach WdU / AdA |
|---|---|---|---|---|
| 1. | **Ziege** | **97 %** | **ohne Einschränkung** | **Norden** |
| 2. | *Strafzettel* | *94 %* | *umgangssprachlich* | *Süden* |
| 3. | **Brötchen** | **94 %** | **ohne Einschränkung** | **Norden** |
| 4. | *Schaufel* | *90 %* | *ohne Einschränkung* | *Süden* |
| 5. | *Rechen* | *91 %* | *ohne Einschränkung* | *Süden* |
| 6. | **Zahnschmerzen** | **91 %** | **ohne Einschränkung** | **Norden** |

| 7. | sich erkälten | 91% | ohne Einschränkung | Norden, Mitte |
|---|---|---|---|---|
| 8. | Flur | 90% | ohne Einschränkung | Norden ab HD-WÜ |
| 9. | Dachboden | 90% | ostmdt., norddt. | Norden, NO, SO |
| 10. | nach Hause | 90% | ohne Einschränkung | Norden |
| 11. | sich melden | 90% | ohne Einschränkung | Norden, Osten |
| 12. | Putzlappen | 88% | ohne Einschränkung | Nordwesten |
| 13. | *Abendessen* | *85%* | *ohne Einschränkung* | *Westen, Süd-osten* |
| 14. | Karotte | 84% | ohne Einschränkung | österr. |
| 15. | Viertel nach 10 | 84% | ohne Einschränkung | Westen, NW, SO |
| 16. | es klingelt | 84% | ohne Einschränkung | Norden |
| 17. | *Lauch* | *79%* | *ohne Einschränkung* | *Südwesten* |
| 18. | Krümel | 78% | ohne Einschränkung | Mitte, Norden |
| 19. | Weihnachts-baum | 78% | ohne Einschränkung | Westen, NO |
| 20. | *Christkind* | *77%* | *ohne Einschränkung* | *Süden, Westen* |
| 21. | *süße Stückchen* | *74%* | *nicht belegt* | *Südwesten, Hessen* |

| | | | | |
|---|---|---|---|---|
| 22. | *Kartoffelbrei* | *72 %* | *ohne Einschränkung* | *Südwesten, Hessen* |
| 23. | **Mücke** | **71 %** | **ohne Einschränkung** | **nördl. KO-KS** |
| 24. | **fegen** | **66 %** | **norddt.** | **Norden** |
| 25. | **Rotkohl** | **64 %** | **norddt.** | **Norden** |
| 26. | *kehren* | *62 %* | *nicht belegt* | *Süden bis K-KS* |
| 27. | **Weihnachts-mann** | **55 %** | **ohne Einschränkung** | **Norden, Nordosten** |
| 28. | *Christbaum* | *51 %* | *landschaftl.* | *Süden bis KO-MR* |
| 29. | *Rotkraut* | *49 %* | *süddt., österr.* | *Rheintal KO-LÖ* |
| 30. | Püree | 49 % | ohne Einschränkung | Westen, Südosten |
| 31. | **Abendbrot** | **41 %** | **ohne Einschränkung** | **Norden** |
| 32. | Möhre | 41 % | ohne Einschränkung | Westen, Osten, SO |
| 33. | *Schnake* | *43 %* | *landschaftl.* | *südlich KO-KS* |
| 34. | *heikel* | *39 %* | *österr., landschaftl.* | *Süden* |
| 35. | **mäkelig** | **37 %** | **ohne Einschränkung** | **Norden, Mitte** |
| 36. | **Porree** | **37 %** | **ohne Einschränkung** | **Norden, SO** |
| 37. | *es läutet* | *37 %* | *süddt., österr., schweiz.* | *Süden* |

| 38. | Brösel | 34% | österr. | Südosten |
|---|---|---|---|---|
| **39.** | **Harke** | **30%** | **bes. norddt.** | **Norden** |
| *40.* | *strecken* | *29%* | *nicht belegt* | *Ba-Wü* |
| *41.* | *Gang* | *28%* | *ohne Einschränkung* | *Süden* |
| **42.** | **Plunder** | **27%** | **ohne Einschränkung** | **Nordosten** |
| *43.* | *Speicher* | *24%* | *westmdt., süddt.* | *Südwesten ab K* |
| *44.* | *heim* | *24%* | *ohne Einschränkung* | *Süden bis KO-KS* |
| 45. | Blaukraut | 22% | süddt., österr. | bayer.-österr. |
| *46.* | *viertel 11* | *22%* | *landschaftl.* | *Ba-Wü, NO* |
| *47.* | *Zahnweh* | *20%* | *umgangssprl.* | *Süden bis KO* |
| *48.* | *Bühne* | *18%* | *landschaftl.* | *Ba-Wü* |
| *49.* | *gelbe Rübe* | *18%* | *süddt.* | *Süden* |
| 50. | sich verkühlen | 18% | bes. österr. | österr. |
| *51.* | *Putzlumpen* | *16%* | *süddt.* | *Ba-Wü* |
| *52.* | *Brosamen* | *15%* | *gehoben, veraltet, österr.* | *Ba-Wü* |
| **53.** | **Knöllchen** | **13%** | **landschaftl., umgangssprl.** | **Norden bis KA** |
| **54.** | **Scheuerlappen** | **12%** | **ohne Einschränkung** | **Nordosten** |
| **55.** | **Teilchen** | **11%** | **landschaftl.** | **Nordwesten** |

| 56. | *Wecken* | *10 %* | *süddt., österr.* | *Südwesten, Osten* |
|---|---|---|---|---|
| 57. | Semmel | 9 % | bayer., österr. | Osten |
| 58. | *Geiß* | *9 %* | *süddt., westmdt.* | *süddt., westmdt.* |
| 59. | Strafmandat | 7 % | ohne Einschränkung | Südosten |
| 60. | **Schippe/ Schüppe** | **7 %** | **norddt., mitteldt.** | **Westen bis HD** |
| 61. | *schneikig/ schnäkig* | *6 %* | *landschaftl.* | *Südwesten* |
| 62. | *es schellt* | *4 %* | *süddt., österr., schweiz.* | *Süden* |
| 63. | Kartoffelstampf | 4 % | nicht belegt | Nordost- bayern |
| 64. | *Nachtessen* | *3 %* | *süddt., schweiz.* | *Südwesten* |
| 65. | *sich verkälten* | *3 %* | *nicht belegt* | *Ba-Wü, Bay- ern, Schweiz* |

Abkürzungen: bayer. =bayerisch, Ba-Wü = Baden-Württemberg, HD = Heidelberg, K = Köln, KA = Karlsruhe, KO = Koblenz, KS = Kassel, landschaftl. = landschaft-lich, LÖ = Lörrach, MR = Marburg, NO = Nordosten, NW = Nordwesten, österr. = österreichisch, ostmdt. = ostmitteldeutsch, schweiz. = schweizerisch, SO = Südosten, süddt. = süddeutsch, umgangssprl. = umgangssprachlich, westmd. = westmitteldeutsch, WÜ = Würzburg.

# Beispiel 1

## Verschiedene Dialekte

### Ewald Harndt: Klopsgeschichte

Ick sitz an' Tisch und esse Klops, / uff eenmal klopts. / Ick kieke, staune, wundre mir, / uff eenmal jeht se uff, de Tür! / Nanu, denk ick, ick denk nanu, / jetz is se uff, erst war se zu. / Ick jehe raus und kieke, / und wer steht draußen? – Icke!

### Asterix

Mer sin im Chjahre fuffzsch for Grisdin. Gans Gallchn is fon de Reemor besiechd ...
Gans Gallchn? Nunee! In ännor gleen Guhblähge haldn baar unforwiesdliche Borschn de Schdellung und drädn dän reemischn Hordn mud'ch endgeechn ... Und äs Lähm is ni grade eefach for de reemischn Leggschönähre, die wo in dn Schdidzbungdn Babbaorum, Agwarchjum, Laudanum und Gleenbonum de Schdellung haldn missn ...

### Peter Altenberg: Verkehr zwischen Menschen

[...] „Was redt's denn da für an Unsinn zusammen, hm?! Hat das an Sinn?! Hört's zu, meine Frau hat mich heute gepfändet! Gibt's das, eine eigenhändige Pfändung?! Das gibt's nicht! [...] Da schau her! [...] Wie stellt's ihr euch das vor?! Da möchte die ganze Welt nichts tun als pfänden! Nur ein bissel nachdenken, meine Herren, ja?!“ [...] „Weißt was, Mizerl, mit die Gerichte soll man nix anfangen. Die Frau wird's nicht so bös gemeint haben. Weißt was, Mizerl, zahl's in Raten ab!“                                                (1904)

1. In welchen Dialekten wird hier gesprochen?
2. Welche Schwierigkeiten hast du beim Übersetzen?

### Dat Weder

De Heben treckt sik bi bet to 17 Grood dicht.
Dorbi weiht 'n flauen südwesten Wind.
De Sünn will vundoog bloots twee Stünnen
lang bi uns inkieken.
De Schangs op Regen liggt bi 80 Perzent.
Woans geiht dat wieder?
Morgen Wulken mit Schuern bi 15 Grood.
Middeweken Wulken mit 'n beten Regen.
Un Dönnerdag blifft dat denn meist so.

### Da Maxl und da Moritz

Mei, wos hört und liest ma heit
net von Saubuam ois, es Leit!
A Bagasch wia de zwoa do,
Max und Moritz, schaugts as o.
Na, de lassn si nix sogn,
net vom schlechtn Gwissn plogn.
Üba d'Leit si lustig macha
könnans und na dreckat lacha.
Ja, zu jedm Blädsinn taugns,
wia zwoa Unschuidsengal schaugns.
D' Leit frech tratzn, d Viecha triezn,
Äpfi, Zwetschgn, Birn stibitzn,
freili macha de mehra Gaudi
und oan aa net leicht so haudi
ois wia's Schuigeh oda's Betn
in da Kirch und wia's Bravredn.
Spezin, gfreits eich nur recht gscheckat
bis zum Schluss, do gehts eich dreckat.
Na vergeht eich, Bürschal, s' Lacha,
für eich gibt's a bäs Erwacha.
Max und Moritz hams schlimm triebn,
ois hob i genau aufgschriebn,
dazua aa no Buidln gmoit,
dass mas gwiss für d'Wahrheit hoit.
(Übertragung: Alfons Schweiggert)

Abbildung 1: Zit. nach Ewald-Spiller/Fabritz u. a. 2014, S. 248.

# Beispiel 2

## Asterix em Morgaländle

Hier findest du Äußerungen aus dem schwäbischen Asterix:

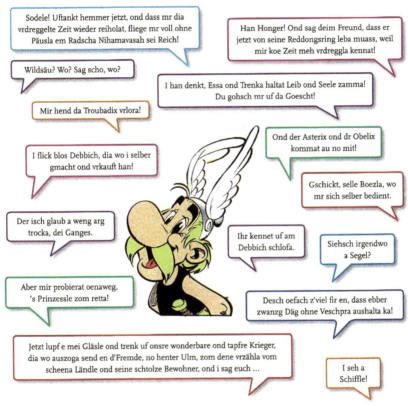

3. Lies die Äußerungen in den Sprechblasen laut vor. Kannst du die jeweiligen Sprecher identifizieren?
4. Fertige nach dem Beispiel der vorherigen Seite eine Tabelle zu den Unterschieden zwischen dem Schwäbischen und der Standardsprache an und setze jeweils passende Beispiele aus den Sprechblasen ein.
5. Übersetze die Sprechblasen ins Hochdeutsche.

Abbildung 2: Zit. nach Ewald-Spiller/Fabritz u. a. 2014, S. 251.

# Von Kinderuni bis Lehrerhandreichung

## Angebote für Schulen am Unterfränkischen Dialektinstitut (UDI)

Monika Fritz-Scheuplein

## 1. Neuere Angebote des UDI im Arbeitsfeld Kultur- und Öffentlichkeitsarbeit

Da das UDI maßgeblich von der Unterfränkischen Kulturstiftung des Bezirks Unterfranken unterstützt wird, ist besonders in den letzten Jahren das Arbeitsfeld Kultur- und Öffentlichkeitsarbeit immer stärker in den Vordergrund gerückt. Neu hinzugekommen sind hier vor allem digital verfügbare Angebote.

Aus vielen Begegnungen mit Dialektinteressierten wissen wir, dass Dialekträtsel sehr beliebt sind. Daher haben wir im Zuge der Modernisierung der UDI-Homepage im April 2016 eine neue Rubrik unter dem Titel *‚Wässd du dos?'*[1] eingeführt. Seitdem gibt es jeden Monat online ein altes, witziges oder besonderes mundartliches Wort aus Unterfranken, das es zu erraten gilt. Zur Auswahl stehen immer vier mögliche Bedeutungen. Wenn man die richtige Lösung anklickt, gibt es wissenswerte Informationen über die Etymologie, die Aussprachevarianten und deren regionale Verbreitung in Unterfranken. Anhand eines ausfüllbaren Formulars wurden dem UDI bereits viele Dialektwörter übermittelt, die für das Rätsel aufgegriffen werden konnten.

Seit August 2017 ist die ‚Datenbank zu den Ortsnecknamen in Unterfranken'[2] auf der UDI-Homepage verfügbar. Die Datenbank enthält alle uns bislang bekannten Ortsnecknamen mit weiteren Angaben, u. a. zu den benennenden Orten,

---

1   Julius-Maximilians-Universität Würzburg - Institut für deutsche Philologie - Unterfränkisches Dialektinstitut. URL: http://udi.germanistik.uni-wuerzburg.de/wp/dialektquiz-waessd-du-dos (10.04.2019).
2   Julius-Maximilians-Universität Würzburg - Institut für deutsche Philologie - Unterfränkisches Dialektinstitut. URL: http://udi.germanistik.uni-wuerzburg.de/wp/projekte/ortsnecknamen-in-unterfranken (10.04.2019). Eine ausführliche Vorstellung der ‚Datenbank zu den Ortsnecknamen in Unterfranken' enthält der UDI-Sendbrief 39, nachzulesen unter http://udi.germanistik.uni-wuerzburg.de/wp/wp-content/uploads/sendbrief39.pdf (10.04.2019).

zur mundartlichen Aussprache und zur Quelle. Die Datenbank wird fortlaufend ergänzt, aktuell verzeichnet sie Einträge zu rund 950 Orten in Unterfranken und angrenzenden Regionen.

Im April 2017 wurden die Arbeiten am ‚Sprechenden Sprachatlas von Unter-franken' beendet, mit dessen Einbindung in ‚bavarikon'[3] ist im Laufe von 2020 zu rechnen. Auf 100 farbigen Flächenkarten stellt er dialektale Phänomene aus den Bereichen Lautung, Formenbildung und Wortschatz dar und bietet dazu Tondoku-mente aus 30 Orten in Unterfranken.[4]

Seit Mitte 2018 laufen am UDI die Arbeiten am Projekt ‚Digitalisierung und Langzeitarchivierung von mundartlichem Material'. Es handelt sich hier-bei vorwiegend um maschinenschriftliche, teilweise auch um handschriftliche Einsendungen für das Mundartarchiv des UDI aus den unterschiedlichsten Per-sonenkreisen. Zudem erhielt das UDI vom ‚Frankenbund'[5] eine umfangreiche Sammlung von bereits historischem Material von Mundartdichter_innen aus allen drei fränkischen Regierungsbezirken, das Zeugnis von der Vielfalt der Mundarten in Franken gibt. Neben der reinen Langfristsicherung besteht die Aufgabe des Projekts auch darin, das vorhandene Material in angemessener und moderner digitaler Form aufzubereiten und zu präsentieren. In Kooperation mit Kollegen des Zentrums für Philologie und Digitalität/Projekt Kallimachos der Universität Würzburg wurde im Frühjar 2019 die Datenbank ‚Dialektdokumente aus Franken (FrankDiDok) konzipiert; diese Datenbank befindet sich noch im Aufbau, sie wird ständig erweitert und durch neue Einträge und Digitalisate angereichert; seit Ende 2019 ist sie öffentlich zugänglich.[6]

## 2. Umzug der Bayerischen Dialektdatenbank BayDat

Seit 2007 stand auf der UDI-Homepage die Bayerische Dialektdatenbank Bay-Dat online zur Verfügung. BayDat hat zwei Funktionen: Einerseits führt sie das gesamte, für den Bayerischen Sprachatlas (BSA) erhobene Material in einer zentralen Datenbank zusammen, bereitet es unter sprachwissenschaftlichen Ge-sichtspunkten weiter auf, um es für zukünftige Forschungen effektiver nutzbar

---

3 ‚bavarikon' ist das Internetportal des Freistaats Bayern, in dem Kunst-, Kultur- und Wissens-schätze aus Einrichtungen in Bayern präsentiert werden, weitere Informationen unter https:// www.bavarikon.de (10.04.2019).

4 Siehe hierzu Verena Diehm/Monika Fritz-Scheuplein: Populäre Dialektologie – Zur Vermittlung von Dialektwissen in der Öffentlichkeit. In: Mechthild Habermann/Sebastian Kürschner/Peter O. Müller (Hg.): Methodik moderner Dialektforschung. Erhebung, Aufbereitung und Auswer-tung von Daten am Beispiel des Oberdeutschen. Hildesheim 2019, S. 539-557.

5 Der Frankenbund e.V. ist eine Vereinigung für fränkische Landeskunde und Kulturpflege mit Sitz in Würzburg, weitere Informationen unter http://www.frankenbund.de (10.04.2019).

6 Genauere Informationen zur Datenbank FrankDiDok unter http://kallimachos.de/udi/ (12.02.2020).

zu machen, und garantiert somit eine zukunftssichere Speicherung. Andererseits zielt BayDat aber auch darauf ab, die Erhebungsdaten einem möglichst breiten Nutzerkreis zugänglich zu machen, von Sprachwissenschaftler_innen über Kultur- und Heimatpfleger_innen, Mundartdichter_innen, Lehrer_innen und Schüler_innen, die sich im Unterricht mit dem Thema Dialekt befassen, bis hin zu dialektinteressierten Lai_innen.

Mittlerweile fehlen am UDI für eine kontinuierliche Software-Aktualisierung und Datenpflege sowohl die Mittel als auch das Personal. Das Rechenzentrum der Universität Würzburg hostete BayDat jedoch weiterhin im Rahmen der Möglichkeiten, da die Datenbank nach wie vor sehr intensiv von verschiedenen wissenschaftlichen Projekten, u. a. auch von den drei Dialekt-Wörterbüchern der Bayerischen Akademie der Wissenschaften (BAdW), benutzt wird. Darum war es außerordentlich wünschenswert, dass BayDat erhalten bleibt und systematisch gepflegt wird. Forschungsdatensicherung ist zudem die Voraussetzung dafür, dass dringend nötige Korrekturen, aber auch zukünftige Verbesserungen und Erweiterungen vorgenommen werden können. Aus diesem Grund zog BayDat im Januar 2019 vom Rechenzentrum der Universität Würzburg an die Bayerische Akademie der Wissenschaften.[7] Verantwortlich für den Umzug und die weitere Pflege ist nun das dortige Referat für IT & Digital Humanities. Im Rahmen des Umzugs an die BAdW wurde die Weboberfläche vollständig neu entwickelt. Zudem wurden umfangreiche Umstrukturierungen und Optimierungen der Datenbasis vorgenommen.

# 3. Angebote für Schulen

## 3.1 Schülertag

Bereits seit 2004 veranstaltet das UDI jährlich im März an der Universität Würzburg einen Schülertag, 2019 fand er demnach bereits zum 15. Mal statt. Zum UDI-Schülertag können sich achte Klassen von Gymnasien, seit einigen Jahren auch von Realschulen, aus ganz Unterfranken anmelden. Da die Klassen aus dem ganzen Regierungsbezirk zum Schülertag anreisen, beginnt der Schülertag immer erst um 10 Uhr und endet gegen 15 Uhr, damit die Schüler_innen auch wieder mit den Schulbussen von ihren Schul- zu ihren Heimatorten gelangen können.

Thematisch lag der Schwerpunkt des UDI-Schülertages zu Beginn auf den Dialekten und der Dialektsituation in Unterfranken. Seit 2006 stehen die Schü-

---

7  Seit Ende Februar 2019 ist BayDat nun unter folgender URL zu finden: https://baydat.badw. de (10.04.2019).

lertage unter dem jährlich bzw. mittlerweile zweijährlich wechselnden Motto ‚Dialekt und ...'. Das ‚und' beleuchtet die Rolle des Dialekts in verschiedenen gesellschaftsrelevanten Segmenten: ‚Dialekt und Medien' 2006, ‚Dialekt und Werbung' 2007/2013, ‚Dialekt und Theater' 2008, ‚Dialekt und Lyrik' 2009/2014, ‚Dialekt und Film' 2010, ‚Dialekt und Musik' 2011/2012, ‚Dialekt und Soziale Medien' 2015/2016 und ‚Dialekt und Humor' 2017/2018. 2019 hieß das Thema ‚Dialekt und Comics', das auch 2020 noch einmal aufgegriffen wird.

‚Zugehört und nachgefragt' lautet das Motto des Vormittags, in Vorträgen und Diskussionen wird hier das jeweilige Thema näher beleuchtet. Das Thema Dialekt gestaltet immer das UDI mit einem einführenden Kurzvortrag über die Dialekte in Unterfranken, in den die Schüler_innen aktiv eingebunden werden. Das ‚und ...' vertritt jeweils ein/eine ReferentIn aus der Region, der/die darüber spricht, welche Rolle der Dialekt in seinem/ihrem Bereich spielt. So referierten beispielsweise 2006 vier Vertreter der lokalen Medien (Presse, Hörfunk, Fernsehen, Buch), 2007 zwei Kreativdirektoren aus der Region oder 2008 die Theaterpädagogin des Würzburger Mainfrankentheaters. 2009 hatten wir mit Fitzgerald Kusz und 2014 mit Dr. Helmut Haberkamm zwei der bekanntesten fränkischen Mundartautoren zu Gast, 2010 kam der Regisseur und Hauptdarsteller der sehr erfolgreichen lokalen Krimireihe ‚dadord würzburch', 2011/12 folgte der Popularmusikbeauftragte des Bezirks Unterfranken, 2015 referierten Studierende über Dialekt in den Sozialen Medien, 2016 übernahm den Vortrag ein Dozent mit zwei seiner Seminarteilnehmerinnen, 2017/18 beleuchtete eine Würzburger Komödiantin und Schauspielerin den Dialekt als ‚Knaller der Comedians' und 2019 schließlich konnten wir mit Dr. Gunther Schunk einen Mitübersetzer des ‚Asterix uff meefränggisch' begrüßen.

Nach einer kurzen Pause folgt der Wettbewerb, in dem sich jede Klasse mit einem zum jeweiligen Thema des Schülertages passenden Beitrag, z. B. Lied, Gedicht, Film, Erklärvideo, Sketch, Werbeposter, Comic präsentiert. Ziel des Wettbewerbs ist es, dass sich die Schüler_innen kreativ mit ihrem Dialekt auseinandersetzen. Jedes Jahr gibt es eine Jury, die die Wettbewerbsbeiträge nach einem Kriterienkatalog bewertet und die Preisträger_innen ermittelt.

Nach dem Mittagessen in der Mensa steht das Nachmittagsprogramm dann unter dem Motto ‚nachgeforscht': Die Schüler_innen bearbeiten hier den Lernzirkel (siehe Kapitel 3.5) und stellen in Form von Power Point Präsentationen ihre Ergebnisse aus dem Arbeitsauftrag vor, den sie im Vorfeld zur Vorbereitung auf den Schülertag vom UDI erhalten haben. Hier steht immer eine Analyse – je nach Thema z. B. von Dialektgedichten, Werbespots im Dialekt, Dialektwitzen, Whatsapp-Chats im Dialekt, Mundartfassungen von Comics – unter bestimmten Fragestellungen im Mittelpunkt. Den Abschluss des Schülertages bildet dann die Ziehung der Gewinner_innen des Lernzirkels sowie die Prämierung der Siegerklassen des Wettbewerbs. Zu gewinnen gibt es Sachpreise (z. B. Studioführun-

## UDI-Schülertag am 19. März 2019
## „Dialekt und Comics"

# Programm

| | |
|---|---|
| **ab 9.30** | **Ankunft der Schüler und Einschreibung** (Übungsraum 9 im Philosophiegebäude im Erdgeschoss) |
| **10.00 - 10.15** | **Begrüßung durch Prof. Dr. Wolf Peter Klein und Bezirkstagspräsident Erwin Dotzel** (Hörsaal 1) |
| **10.15 - 10.35** | **Zwischen *Kääs* und *Kaas*. Dialekte in Unterfranken.** Vortrag von Dr. Monika Fritz-Scheuplein (UDI), (Hörsaal 1) |
| **10.35 - 11.05** | **Zwischen *Dollhorn* und *dunnerkeil*! – Dialekt, Region und Mentalität am Beispiel der Mundartbände *Asterix uff Meefränggisch*.** Vortrag von Dr. Gunther Schunk (Vogel Communications Group), (Hörsaal 1) |
| **11.05 - 11.20** | Pause |
| **11.20 - 12.20** | **Wettbewerb** (Hörsaal 1) |
| **12.30 - 13.30** | Beratung der Jury (Übungsraum 9) |
| **12.20 - 14.00** | **Programm für Schüler und Lehrer** |
| | Mittagessen in der Mensa im Sprachenzentrum (Campus Nord) |
| | Bearbeitung des Lernzirkels im oberen Foyer und im Übungsraum 8 |
| **14.00 - 15.00** | **Schülerpräsentationen: Ergebnisse der Arbeitsaufträge** (Hörsaal 1) |
| **15.00 - 15.20** | **Abschlussveranstaltung**, Moderation: Prof. Klein (Hörsaal 1) |
| | Auslosung der Gewinner des Lernzirkels und Prämierung der besten Wettbewerbsbeiträge |

http://www.udi.germanistik.uni-wuerzburg.de/

Abbildung 1: Programm des UDI-Schülertages 2019.

gen, Verlagspräsentationen, Bücher, einen Besuch im Medienhaus), die von unterfränkischen Firmen und Einrichtungen gesponsert werden.[8]

## 3.2 Das Schulprojekt ‚Fränki'

Das Schulprojekt ‚Fränki – Schüler in Unterfranken erforschen ihren Dialekt' (kurz ‚Fränki') betreute das UDI in sechs Durchläufen zwischen 2006 und 2014. In den Schuljahren 2006/07 bis 2009/10 sowie im Schuljahr 2011/12 lief das Projekt in Kooperation mit dem ‚Denkwerk'-Programm der Robert Bosch Stiftung (Stuttgart).[9] Im Schuljahr 2013/14 fand ‚Fränki' bislang letztmalig in Kooperation mit der Tochtergesellschaft Aschaffenburg des Universitätsbundes Würzburg statt, das Projekt kann aber auf Nachfrage jederzeit wieder aufgegriffen werden.

Insgesamt haben in diesen sechs Projektjahren rund 1 300 Schüler_innen der achten Jahrgangsstufe teilgenommen. Es handelte sich vorwiegend um Gymnasiast_innen, lediglich im Projektjahr 2013/14 war einmalig eine Realschulklasse vertreten. Ziel von ‚Fränki' ist es, Schüler_innen der Mittelstufe über den Lehrplan hinaus an geisteswissenschaftliche Arbeitsfelder heranzuführen und sie dabei innerhalb eines eigenen Forschungsprojekts – einer Dialekterhebung am Heimatort und der Umgebung – mit Methoden des empirischen wissenschaftlichen Arbeitens vertraut zu machen. Das Projekt setzt sich aus sechs Modulen zusammen, die innerhalb eines Schuljahres von Schüler_innen, Lehrer_innen und Wissenschaftler_innen durchlaufen werden.[10]

Das erste Modul, die Lehrerfortbildung, dient der Vermittlung von grundlegendem Methodenwissen. Dazu zählen dialektologische Arbeitsverfahren, Datenerhebung in der Dialektologie, Transkription von mundartlichen Daten, Präsentation und Interpretation von Sprachdaten. Ein weiterer Schwerpunkt der Lehrerfortbildung ist die Planung und Vorbereitung der Unterrichtseinheiten. Hierfür wird der vom UDI erstellte Arbeitsauftrag für den Schülertag (= 3. Modul) vorgestellt, diskutiert und daraus dann gemeinsam mit den Lehrer_innen eine

---

8    Ausführliche Berichte über die Schülertage und die jeweiligen Programme können nachgelesen werden unter: http://udi.germanistik.uni-wuerzburg.de/wp/projekte/schuelertag (10.04.2019).

9    2010/11 wurde wegen des doppelten Abiturjahrgangs pausiert.

10   Detaillierte Beschreibungen von *Fränki* sind zu finden in Monika Fritz-Scheuplein: Das Schulprojekt *Fränki*. In: Heinz Dieter Pohl (Hg.): Klagenfurter Beiträge zur Sprachwissenschaft. Jahrgang 34-36. Akten der 10. Arbeitstagung für bayerisch-österreichische Dialektologie in Klagenfurt, 19.-22. September 2007. Wien 2008-2010, S. 77-85; Monika Fritz-Scheuplein: Das Schulprojekt *Fränki* – Schüler in Unterfranken erforschen ihren Dialekt. In: Anica Betz/Angelina Firstein (Hg.): Schülerinnen und Schülern Linguistik näherbringen. Perspektiven einer linguistischen Wissenschaftspropädeutik. Baltmannsweiler 2019, S. 235-261 sowie unter http://udi.germanistik.uni-wuerzburg.de/wp/projekte/fraenki (10.04.2019).

oder mehrere Unterrichtseinheit(en) zum jeweiligen Thema erarbeitet.

Als zweites Modul folgt die erste Unterrichtseinheit in den Schulen. Hier werden die Schüler_innen von den Lehrer_innen anhand der bei der Lehrerfortbildung erarbeiteten Unterrichtsstunden in das Thema Dialekt und in das dialektologische Arbeiten eingeführt. Mit einem zweistündigen Schulbesuch unterstützt das UDI die Lehrer_innen. Dieser Schulbesuch hat zwei Themenschwerpunkte: In der ersten Stunde erarbeiten die Schüler_innen anhand

Abbildung 2: Das Logo des Schulprojektes ‚Fränki‘.

einer Originalaufnahme aus den Dialektbefragungen für den Sprachatlas von Unterfranken den Begriff Forschung und erfahren anhand eines Arbeitsblattes alle Schritte, die ein Forschungsprojekt beinhaltet (Formulierung einer Forschungshypothese etc.). Der zweite Teil der Schulstunde beschäftigt sich ausführlich mit dem Thema der Fragebogenerstellung sowie dem Ablauf einer Befragung. Es wird u. a. erläutert, wie man die Erhebungsfragen richtig anordnet, wie man Fragen eindeutig formuliert und welche Hilfestellungen man einer Gewährsperson geben kann. Anschließend erarbeiten die Schüler_innen, welche Themenbereiche sich für eine Dialektbefragung eignen. Im Rahmen einer Gruppenarbeit müssen anschließend die Schüler_innen anhand eines vorgegebenen Themenbereichs die verschiedenen Typen der Frageformulierung umsetzen und im Rahmen einer kleinen Befragung im Klassenverbund erproben.

Zum dritten Modul kommen die Schüler_innen an die Universität zum Schülertag (siehe Kapitel 3.1). Hier werden sie einen Tag lang zu ‚Studierenden der Dialektologie‘ und bekommen so die Möglichkeit, durch kurze Fachvorträge, einen Lernzirkel, kleine Forschungsaufträge und durch das Mittagessen in der Mensa, Universität vor Ort zu erleben.

Im vierten Modul nehmen die Schüler_innen selbst die Rolle von Dialektforscher_innen ein und führen eigenständig ihre Dialektbefragungen im Feld durch. Je nach Forschungshypothese müssen die Schüler_innen zunächst für ihre Erhebungen geeignete Gewährspersonen finden. Ausgestattet mit Diktiergerät und ihrem erstellten Fragebogen erheben sie in dieser Phase die Sprach-

**Projektübersicht: *Fränki* – Schüler in Unterfranken erforschen ihren Dialekt**

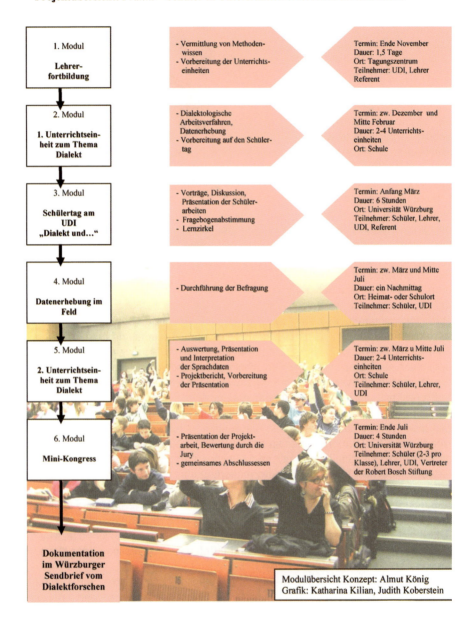

| 1. Modul **Lehrer-fortbildung** | - Vermittlung von Methoden-wissen<br>- Vorbereitung der Unterrichts-einheiten | Termin: Ende November<br>Dauer: 1,5 Tage<br>Ort: Tagungszentrum<br>Teilnehmer: UDI, Lehrer<br>Referent |
|---|---|---|
| 2. Modul **1. Unterrichtsein-heit zum Thema Dialekt** | - Dialektologische Arbeitsverfahren, Datenerhebung<br>- Vorbereitung auf den Schüler-tag | Termin: zw. Dezember und Mitte Februar<br>Dauer: 2-4 Unterrichts-einheiten<br>Ort: Schule |
| 3. Modul **Schülertag am UDI „Dialekt und…"** | - Vorträge, Diskussion, Präsentation der Schüler-arbeiten<br>- Fragebogenabstimmung<br>- Lernzirkel | Termin: Anfang März<br>Dauer: 6 Stunden<br>Ort: Universität Würzburg<br>Teilnehmer: Schüler, Lehrer, UDI, Referent |
| 4. Modul **Datenerhebung im Feld** | - Durchführung der Befragung | Termin: zw. März und Mitte Juli<br>Dauer: ein Nachmittag<br>Ort: Heimat- oder Schulort<br>Teilnehmer: Schüler, UDI |
| 5. Modul **2. Unterrichtsein-heit zum Thema Dialekt** | - Auswertung, Präsentation und Interpretation der Sprachdaten<br>- Projektbericht, Vorbereitung der Präsentation | Termin: zw. März u Mitte Juli<br>Dauer: 2-4 Unterrichts-einheiten<br>Ort: Schule<br>Teilnehmer: Schüler, Lehrer, UDI |
| 6. Modul **Mini-Kongress** | - Präsentation der Projekt-arbeit, Bewertung durch die Jury<br>- gemeinsames Abschlussessen | Termin: Ende Juli<br>Dauer: 4 Stunden<br>Ort: Universität Würzburg<br>Teilnehmer: Schüler (2-3 pro Klasse), Lehrer, UDI, Vertreter der Robert Bosch Stiftung |

**Dokumentation im Würzburger Sendbrief vom Dialektforschen**

Modulübersicht Konzept: Almut König
Grafik: Katharina Kilian, Judith Koberstein

Abbildung 3: Projektübersicht zum Schulprojekt ‚Fränki'.

daten, die sie im weiteren Projektverlauf auswerten und interpretieren. Wie die Erfahrungsberichte der Schüler_innen und Lehrer_innen zeigen, wirkt besonders dieses Modul äußerst motivierend auf den weiteren Projektverlauf. Zudem berichten die Schüler_innen von positiven Auswirkungen im Hinblick auf ihre soziale Kompetenz, wie etwa den Umgang mit (fremden) Menschen oder die Stärkung ihrer Selbstsicherheit.

Das fünfte Modul führt die Schüler_innen wieder zurück in die Klassenzimmer zur zweiten Unterrichtseinheit an den Schulen, die sich mit der Auswertung ihrer Erhebungen und der Aufbereitung ihrer Ergebnisse für eine Präsentation beim abschließenden Mini-Kongress beschäftigt. In welcher Form die Schüler_innen ihre Ergebnisse präsentieren wollen, ist ihnen freigestellt. Auch in dieser Phase findet ein UDI-Schulbesuch statt, um die Klassen bei der Auswertung ihrer Befragungsergebnisse zu unterstützen. Nachdem die Klassen zunächst auf mögliche Probleme bei der Überprüfung ihrer Hypothesen aufmerksam gemacht werden, erledigen sie anschließend in kleineren Gruppen Arbeitsaufträge: Sie zeichnen Dialektkarten, Kreis- und Balkendiagramme und trainieren und vertiefen so das zuvor erläuterte Methodenwissen zur Datenauswertung. Der Schulbesuch endet mit Hinweisen zu den Inhalten ihres Forschungsberichts und mit Tipps für die Präsentationen auf dem Mini-Kongress. Für die Schüler_innen und Lehrer_innen beginnt danach die wohl arbeitsintensivste Projektphase, die nicht nur während des regulären Unterrichts, sondern vor allem in der Freizeit der Schüler_innen stattfindet.

Die Ergebnisse ihrer Forschungsarbeiten präsentieren Vertreter_innen der einzelnen Klassen in einem ca. 15-minütigen Vortrag jeweils im sechsten Modul, dem Mini-Kongress, der wieder an der Universität Würzburg stattfindet. Eine Jury bewertet die Vorträge und Präsentationen nach einem festgelegten Kriterienkatalog. Den mit Spannung erwarteten Abschluss der Projektarbeit bildet für die Schüler_innen und Lehrer_innen sicherlich die Prämierung der besten Forschungsarbeiten. In sogenannten Sondersendbriefen[11] werden die Forschungsberichte der Klassen veröffentlicht und über die UDI-Homepage zugänglich gemacht.

## 3.3 Kinderuni und Schulbesuche

Basierend auf den drei Vorlesungen im Rahmen der Kinderuni der Universität Würzburg, an denen das UDI 2007, 2010 und 2015 mitgewirkt hat, bieten wir auf Anfrage auch Grundschulbesuche für die dritte und vierte Jahrgangsstufe an. Abgestimmt auf den jeweiligen Schulort und den dort verwendeten Dialekt

---

11  Zu finden unter http://udi.germanistik.uni-wuerzburg.de/wp/category/sendbrief-archiv (10.04.2019).

sollen die Grundschüler_innen zunächst durch das Vorlesen eines kurzen Mund-arttextes erkennen, in welchen Merkmalen sich der Dialekt von der Standard-sprache unterscheidet. Da Dialekte in der Regel zur Ebene der gesprochenen Sprache gehören, kommen wir hier auch auf die Schwierigkeiten bei der Ver-schriftlichung von Dialekt zu sprechen.

Die regionale Gebundenheit von Dialekt wird den Schüler_innen durch das Sammeln unterschiedlicher dialektaler Begriffe für das ‚Brötchen' und ihre Ver-ortung auf einer Deutschlandkarte vermittelt. Mit Hilfe von Hörproben sollen die Kinder einzelne Dialekte erkennen und verstehen, was umso schwieriger wird, je weiter es in Richtung Norden geht. Anhand von Fotos verschiedener Personen-gruppen und Situationen reflektieren die Kinder anschließend über ihren eigenen und den Sprachgebrauch anderer. Zum Abschluss der Unterrichtsstunde geht es noch einmal genauer um die Dialekte in Unterfranken: In einem Quiz sollen die Grundschüler_innen die Bedeutung einiger unterfränkischer Dialektwörter erraten. Anhand von Sprachkarten können die Grundschüler_innen dann sehen, dass in den einzelnen Dialektgebieten in Unterfranken unterschiedliche Wörter für die gleiche Sache verwendet werden und wie groß die Vielfalt der Dialekte in Unterfranken ist.

Mit seinen meist doppelstündigen Grundschulbesuchen strebt das UDI immer drei Lernziele an: Die Vermittlung von Wissen darüber, dass es 1. in Deutschland drei große Dialektgebiete gibt, 2. der Dialektgebrauch abhängig von Situation und Gesprächspartner_in ist sowie 3. Dialekte regional gebunden sind. Aufkom-mender Langeweile wird durch die kindgerechte und spielerische Vermittlung der Lerninhalte vorgebeugt, zudem sind die Grundschüler_innen stets aktiv in das Unterrichtsgeschehen eingebunden. Bei einem längeren Schulbesuch kann das Programm beliebig erweitert und ergänzt werden, beispielsweise mit einer kleinen Dialektbefragung von einheimischen Dialektsprecher_innen oder mit einer Lesung eines einheimischen Mundartdichters oder einer einheimischen Mundartdichterin.

Generell bietet das UDI auf Nachfrage Schulbesuche für alle Schularten und Jahrgangsstufen sowie für W-/P-Seminare an.[12] Die Inhalte gestalten wir dabei variabel je nach Schulart, Jahrgangsstufe, Seminartyp oder Interessensschwer-punkten. Behandelt werden aber bei Schulbesuchen in weiterführenden Schulen in der Regel folgende Themenbereiche: Was ist Dialekt? Wer spricht Dialekt? Wann spricht man Dialekt? Welche Dialekte gibt es in Deutschland und in Bayern? Was

---

12  Schulbesuche fanden bereits auch an Mittel- und Realschulen statt, meist sind es jedoch Lehr-kräfte von Grundschulen und Gymnasien, die um einen Schulbesuch bitten. Auch bei Enrich-mentkursen (Kurse für besonders leistungsstarke und begabte Schüler_innen) oder Ferienseminaren wurden bereits ‚Schulbesuche' durchgeführt. W- und P-Seminare haben in der gymnasialen Oberstufe in Bayern seit dem Schuljahr 2009/10 die Leistungskurse ersetzt. W-Seminare dienen der wissenschaftspropädeutischen Bildung und P-Seminare sind Projekt-seminare zur Studien- und Berufsorientierung.

Abbildung 4: Das UDI auf Schulbesuch in der Grundschule Gerbrun.

sind Merkmale der Dialekte in Unterfranken? Wie kann man Dialekt erforschen? Was findet man rund um das Thema Dialekt im Internet? Ziel der Doppelstunde ist es, die Schüler_innen mit dem eigenen Dialekt vertraut zu machen und ihr Wissen über Dialekt zu vergrößern.

## 3.4 Lehrerhandreichung

Die vom UDI erstellte und herausgegebene Lehrerhandreichung ‚Dialekt und …'[13] geht auf einen Vorschlag von Lehrer_innen zurück, die sich mehr Material speziell zum Dialekt in Unterfranken wünschten. Daher ist sie nicht als Konkurrenz, sondern als Ergänzung zur Handreichung aus dem ISB zu verstehen.[14] Die UDI-Lehrer-

13 Claudia Blidschun u. a. (Hg.): Lehrerhandreichung „Dialekt und …". Typoskript. Würzburg 2005ff.
14 Siehe hierzu Monika Fritz-Scheuplein/Almut König: Eine Lehrerhandreichung aus dem Unterfränkischen Dialektinstitut (UDI). In: Ulrich Kanz/Alfred Wildfeuer/Ludwig Zehetner (Hg.): Mundart und Medien. Beiträge zum 3. dialektologischen Symposium in Walderbach, Mai 2008 (Regensburger Dialektforum; 16). Regensburg 2009, S. 87-92; Bayerisches Staatsministerium

handreichung liefert zwar Material, das speziell auf die Dialekte in Unterfranken abgestimmt ist, allerdings zeigt die bayern- und deutschlandweite Nachfrage unter anderem auch von universitären Instituten, dass sie sich nicht nur für den Einsatz in Unterfranken und nicht nur für den Einsatz an Schulen eignet.

Die Inhalte der UDI-Lehrerhandreichung basieren weitgehend auf den Vorträgen und Forschungsaufträgen der UDI-Schülertage (siehe Kapitel 3.1). Diese Forschungsaufträge bearbeiteten die Schüler_innen im Unterricht als Vorbereitung auf den Schülertag mit großem Erfolg. Da wir an den Schülertagen bereits eine Vielzahl von Themen aufgegriffen haben, bietet die Handreichung den Lehrer_innen die Möglichkeit, das Thema Dialekt unter verschiedenen Gesichtspunkten mit ihren Schüler_innen zu betrachten und zu erarbeiten.

Derzeit findet man in der UDI-Lehrerhandreichung folgende Themengebiete: Dialekt/Dialekte in Unterfranken (Kapitel 1), Medien (Kapitel 2), Dialekt und Medien (Kapitel 3), Werbung (Kapitel 4), Dialekt und Werbung (Kapitel 5), Dialekt und Theater (Kapitel 6), Dialekt und Lyrik (Kapitel 7), Dialekt und Film (Kapitel 8), Dialekt und Musik (Kapitel 9), Dialekt und Soziale Medien (Kapitel 10) sowie Dialekt und Humor (Kapitel 11). 2020 wird die Handreichung mit Kapitel 12 zum Thema Dialekt und Comics ergänzt.

Die einzelnen Themenblöcke sind jeweils in Material für Lehrer_innen und Material für Schüler_innen unterteilt. Im Material für Lehrer_innen stehen Hintergrundinformationen, genaue Definitionen, Beispielkarten oder -texte, von Lehrer_innen erstellte und erprobte Unterrichtseinheiten sowie weiterführende Hinweise. Das Material für Schüler_innen umfasst einfache Definitionen, vereinfachte Dialektkarten und etliche Fragebogen und Arbeitsaufträge, anhand derer die Schüler_innen verschiedene Untersuchungen selbst durchführen können. Jeweils am Kapitelbeginn stehen die angestrebten Lernziele, Unterrichtsvorschläge und eine Auflistung der vorhandenen Materialien.

Die Lehrerhandreichung, deren gesamtes Inhaltsverzeichnis auf der UDI-Homepage eingesehen werden kann, wird auf Nachfrage kostenlos als PDF-Dokument zur Verfügung gestellt.[15]

---

für Unterricht und Kultus (Hg.): Dialekte in Bayern. Handreichung für den Unterricht. Erstellt im Auftrag des Bayerischen Staatsministeriums für Unterricht und Kultus in Zusammenarbeit mit dem Bayerischen Rundfunk von einem Arbeitskreis am Staatsinstitut für Schulqualität und Bildungsforschung (ISB) unter der Leitung von Hermann Ruch. 2., erw. u. aktual. Auflage. München 2015.

15   Weitere Informationen unter http://udi.germanistik.uni-wuerzburg.de/wp/materialien/lehrerhandreichung (10.04.2019).

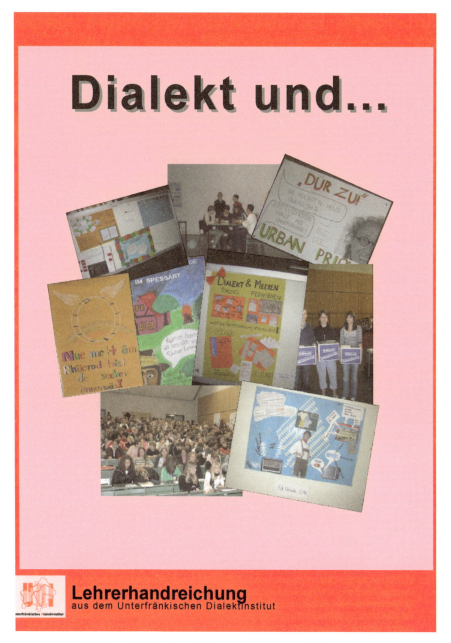

Abbildung 5: Titelblatt der UDI-Lehrerhandreichung ‚Dialekt und …'.

## 3.5 Lernzirkel

In Zusammenarbeit mit Gymnasiallehrer_innen wurde 2007 ein Lernzirkel mit neun Stationen – darunter auch zwei Hörstationen – zum Thema ,Methoden der Dialektforschung' erarbeitet. Der Lernzirkel gehört zu den Unterrichtsformen, die seit einiger Zeit neu- oder vielmehr wiederentdeckt werden, da diese Unterrichtsform bereits auf reformpädagogische Impulse Ende des 19. und Anfang des 20. Jahrhunderts zurückgeht.[16] Für die erfolgreiche Bearbeitung eines Lernzirkels nennt die Fachliteratur[17] einige wichtige Bedingungen, die wir mit unserem Lernzirkel erfüllt haben: Selbständiges Arbeiten muss an jeder Station möglich sein, das Material darf nicht zu umfangreich sein und darf das Sprachvermögen der Schüler_innen nicht übersteigen und das Material muss gut strukturiert sein, etwa mit einer Einführung, Hinweisen oder einer knappen, aber klaren Aufgabenstellung.

Es handelt sich um einen offenen Lernzirkel, das heißt, die Stationen bauen nicht aufeinander auf und die Schüler_innen können deshalb die Reihenfolge der Stationen frei wählen. Alle Stationen sind Pflichtstationen, da die Schüler_innen nach ihrer Bearbeitung und Lösung der Fragen einen Lösungssatz auf ihrem Antwortbogen, dem so genannten Laufzettel, eintragen sollen. Es besteht zudem die Möglichkeit, noch Sonderstationen einzubauen, wie Außenstationen (z. B. in einer Bibliothek), Kontrollstationen (Station mit Materialien, anhand derer die Schüler_innen ihre Ergebnisse überprüfen können) oder Servicestationen (Hier können sich Schüler_innen selbst mit Wissen versorgen, z. B. über Info-Karten, Karteien, Bücher etc.). Ziel dieses Lernzirkels ist es, die Schüler_innen für das Thema Dialekt zu sensibilisieren, Methodenkompetenz zu trainieren und sich mit der Arbeit von Dialektforscher_innen vertraut zu machen. Die erste Station ist auf der UDI-Homepage zu sehen, der gesamte Lernzirkel kann von Lehrer_innen per E-Mail angefordert werden.[18]

---

16  Vgl. Akademie für Lehrerfortbildung und Personalführung Dillingen (Hg.): Freies Arbeiten am Gymnasium, Band 1. Materialien mit Anregungen für die Durchführung im Fach Deutsch. Teil A. Akademiebericht 329 (1999), S. 10.
17  Vgl. Ralf Hepp/Willy Potthoff (Hg.): Lernen und üben mit allen Sinnen. Lernzirkel in der Sekundarstufe. 3., überarb. Auflage (Reformpädagogik an öffentlichen Schulen; 3). Freiburg 1996, S. 149f.
18  Weitere Informationen unter http://udi.germanistik.uni-wuerzburg.de/wp/materialien/lernzirkel (10.04.2019).

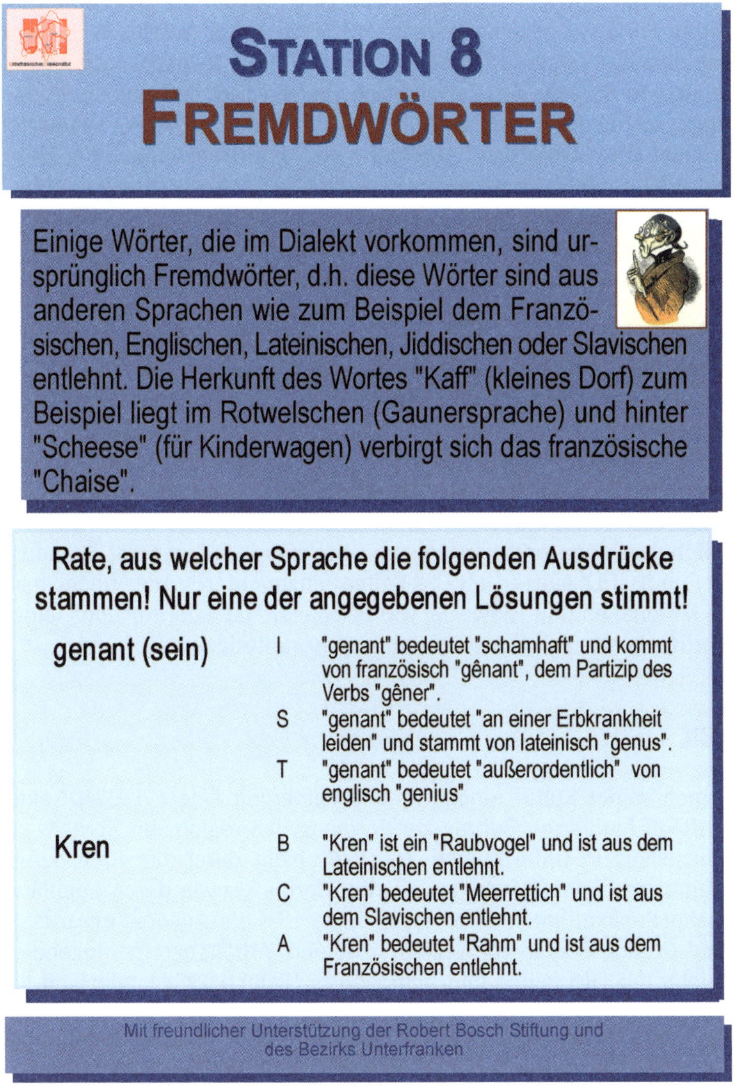

# STATION 8
# FREMDWÖRTER

Einige Wörter, die im Dialekt vorkommen, sind ursprünglich Fremdwörter, d.h. diese Wörter sind aus anderen Sprachen wie zum Beispiel dem Französischen, Englischen, Lateinischen, Jiddischen oder Slavischen entlehnt. Die Herkunft des Wortes "Kaff" (kleines Dorf) zum Beispiel liegt im Rotwelschen (Gaunersprache) und hinter "Scheese" (für Kinderwagen) verbirgt sich das französische "Chaise".

## Rate, aus welcher Sprache die folgenden Ausdrücke stammen! Nur eine der angegebenen Lösungen stimmt!

**genant (sein)**

I — "genant" bedeutet "schamhaft" und kommt von französisch "gênant", dem Partizip des Verbs "gêner".

S — "genant" bedeutet "an einer Erbkrankheit leiden" und stammt von lateinisch "genus".

T — "genant" bedeutet "außerordentlich" von englisch "genius"

**Kren**

B — "Kren" ist ein "Raubvogel" und ist aus dem Lateinischen entlehnt.

C — "Kren" bedeutet "Meerrettich" und ist aus dem Slavischen entlehnt.

A — "Kren" bedeutet "Rahm" und ist aus dem Französischen entlehnt.

Mit freundlicher Unterstützung der Robert Bosch Stiftung und des Bezirks Unterfranken

Abbildung 6: Station 8 des UDl-Lernzirkels ‚Fremdwörter im Dialekt'.

## 3.6 Sonstiges

Das UDI hat für Unterrichtszwecke drei Poster erstellt, die sich mit dem Thema Sprache und Dialekt auseinandersetzen.[19] Das Poster ‚Kulturgut Sprache' widmet sich dem wichtigsten Kommunikationsmittel der Menschen. Es erläutert die Bedeutung von Sprache für die menschliche Gemeinschaft und somit auch ihre Bedeutung als nicht-materielles Kulturgut. Das Poster ‚Dialekt auf Karten' veranschaulicht am Beispiel des Sprachatlas von Unterfranken, wie ein Sprachatlas entsteht. Es beschreibt kurz und anschaulich die Arbeitsschritte von der Befragung bis zur fertigen Atlaskarte. Das dritte Poster thematisiert ‚Dialektgrenzen in Unterfranken'. Es erläutert zwei bekannte Sprachgrenzen in Unterfranken und informiert über die Entstehung von Dialektgrenzen und über dialektale Übergangsgebiete.

Für Schüler_innen der gymnasialen Oberstufe, die sich im Rahmen von Seminararbeiten mit dem Thema Dialekt beschäftigen, gerne empirisch arbeiten und dialektologisch forschen möchten, bietet das UDI den Seminararbeiten-Service. Wir beraten bei der Suche nach einem geeigneten Thema, weisen die Schüler_innen in das dialektologische Arbeiten ein und betreuen sie während ihrer Arbeit. Zudem haben die Schüler_innen die Möglichkeit, ihre Ergebnisse auf der UDI-Homepage zu veröffentlichen.

Für Schüler_innen und Lehrer_innen haben wir auf unserer Homepage unter der Rubrik ‚UDI-Nutzer' eigene Seiten eingerichtet[20]. Hier findet man noch weitere Materialien und Hinweise, wie beispielsweise Literaturtipps, eine kleine Lautschriftenkunde und Dialektkarten zum Herunterladen.

## 4. Fazit

Im Rahmen seiner Kultur- und Öffentlichkeitsarbeit liefert das UDI einen wissenschaftlich fundierten Beitrag zur Formung des regionalen Sprach- und Kulturbewusstseins in Unterfranken. Dies geschieht durch die Archivierung und Dokumentation regionaler Kommunikationsformen sowie durch populärwissenschaftliche Publikationen. Zudem dient das UDI als Ansprechpartner für alle sprachbezogenen Fragen zur Region. In seinem Arbeitsbereich ‚Jugend und Bildung' bietet das UDI neben Informationen zu Dialekten für Kinder und Jugendliche sowie Lehr- und Lernmaterialien zum Thema Dialekt auch Kooperationen mit Schulen im gesamten Regierungsbezirk Unterfranken. Es leistet somit einen Bei-

---

19  Sabine Krämer-Neubert: Posterreferat „Sprache als Kulturgut". 3 DIN A0-Poster. Würzburg 2004.
20  Julius-Maximilians-Universität Würzburg - Institut für deutsche Philologie - Unterfränkisches Dialektinstitut. URL: http://udi.germanistik.uni-wuerzburg.de/wp/udi-nutzer/das-udi-fuer-lehrer (10.04.2019).

trag zur Ausbildung eines regional fundierten Sprach- und Dialektbewusstseins. Wie uns die mittlerweile über 15-jährige Zusammenarbeit mit den Lehrerinnen und Lehrern sowie mit den Schülerinnen und Schülern besonders bei unseren Veranstaltungsangeboten zeigt, führt eine vertiefte Auseinandersetzung mit Dialekt – neben dem Wissenserwerb – auch zu einer intensiveren Beschäftigung mit dem eigenen Sprechen, sie fördert das Sprachgefühl und darüber hinaus die Wertschätzung des eigenen Dialekts.

## Literatur

Bayerisches Staatsministerium für Unterricht und Kultus (Hg.): Dialekte in Bayern. Handreichung für den Unterricht. Erstellt im Auftrag des Bayerischen Staatsministeriums für Unterricht und Kultus in Zusammenarbeit mit dem Bayerischen Rundfunk von einem Arbeitskreis am Staatsinstitut für Schulqualität und Bildungsforschung (ISB) unter der Leitung von Hermann Ruch. 2., erw. u. aktual. Auflage. München 2015.

Blidschun, Claudia u. a. (Hg.): Lehrerhandreichung „Dialekt und …". Typoskript. Würzburg 2005ff.

Blidschun, Claudia u. a.: Unterfränkisches Dialektinstitut (UDI). In: Ludwig Schießl/Siegfried Bräuer (Hg.): Dialektpflege in Bayern. Ein Handbuch zu Theorie und Praxis. Regensburg 2012, S. 121-129.

Diehm, Verena/Fritz-Scheuplein, Monika: Populäre Dialektologie – Zur Vermittlung von Dialektwissen in der Öffentlichkeit. In: Mechthild Habermann/Sebastian Kürschner/Peter O. Müller (Hg.): Methodik moderner Dialektforschung. Erhebung, Aufbereitung und Auswertung von Daten am Beispiel des Oberdeutschen. Hildesheim 2019, S. 539-557.

Akademie für Lehrerfortbildung und Personalführung Dillingen (Hg.): Freies Arbeiten am Gymnasium, Band 1. Materialien mit Anregungen für die Durchführung im Fach Deutsch. Teil A. Akademiebericht 329 (1999).

Fritz-Scheuplein, Monika: Das Schulprojekt *Fränki* – Schüler in Unterfranken erforschen ihren Dialekt. In: Anica Betz/Angelina Firstein (Hg.): Schülerinnen und Schülern Linguistik näherbringen. Perspektiven einer linguistischen Wissenschaftspropädeutik. Baltmannsweiler 2019, S. 235-261.

Fritz-Scheuplein, Monika: Das Schulprojekt *Fränki*. In: Heinz Dieter Pohl (Hg.): Klagenfurter Beiträge zur Sprachwissenschaft. Jahrgang 34-36. Akten der 10. Arbeitstagung für bayerisch-österreichische Dialektologie in Klagenfurt, 19.-22. September 2007. Wien 2008-2010, S. 77-85.

Fritz-Scheuplein, Monika/König, Almut: Eine Lehrerhandreichung aus dem Unterfränkischen Dialektinstitut (UDI). In: Ulrich Kanz/Alfred Wildfeuer/Ludwig Zehetner (Hg.): Mundart und Medien. Beiträge zum 3. dialektologischen Symposium in Walderbach, Mai 2008 (Regensburger Dialektforum; 16). Regensburg 2009, S. 87-92.

Hepp, Ralf/Potthoff, Willy (Hg.): Lernen und üben mit allen Sinnen. Lernzirkel in der Sekundarstufe. 3., überarb. Auflage (Reformpädagogik an öffentlichen Schulen; 3). Freiburg 1996.

Krämer-Neubert, Sabine: Posterreferat „Sprache als Kulturgut". 3 DIN A0-Poster. Würzburg 2004.

## Abstract

The Lower Franconian Dialect Institute (*Unterfränkisches Dialektinstitut*, UDI) provides since its beginnings in 2003 a link between science and the public. With the publication of popular-scientific papers on the one hand and the organisation of workshops and lectures on the other, our work plays a crucial role in building both educational and cultural bridges between the scientific discourse and the public. Our main focus lies on youth education, staying in close contact to various schools and school types in the administrative district of Lower Franconia (*Unterfranken*). This paper presents the UDI's latest digitally accessible research findings. Moreover, detailed descriptions of our educational activities and supplies are presented; these include our projects at schools and universities as well as classroom materials and teacher's manuals. With its wide range of activities and contributions to the public, the UDI helps to create sensitivity in regional language use; not only does it nurture language awareness but also regional identity.

# Das Arno-Ruoff-Archiv als Quelle für Untersuchungen zum Registerwechsel

Hubert Klausmann

## 1. Einleitung

Der Tübinger Sprachforscher Arno Ruoff hat bekanntlich zwischen 1955 und 2005, anfangs noch von Hermann Bausinger unterstützt, über 2000 Interviews mit einer Gesamtdauer von über 800 Stunden durchgeführt. Darin erzählen Menschen von ihrem Alltag, vom Wandel der Zeit oder auch vom Krieg, wobei die frühesten Erzählabschnitte bis zum Ende des 19. Jahrhunderts zurückreichen.[1] Seit 2015 wird dieses Erzählarchiv im Rahmen des Projekts Sprachalltag II digitalisiert, wobei alle Erzählungen in die Schriftsprache übersetzt werden, damit man die Texte durchsuchbar machen kann. Gleichzeitig hat Mirjam Nast auch eine thematische Verschlagwortung ausgearbeitet, so dass inzwischen den Erzählungen 35 Themen zugeordnet werden können. Diese Verschlagwortung ermöglicht es bei späteren Forschungsarbeiten, in Sekundenschnelle Interviews zu einem bestimmten Thema bereitzustellen. Für die kulturwissenschaftliche Seite des Digitalisierungsprojekts ist dies von großem Vorteil.

Arno Ruoff hatte sein Archiv ausschließlich für sprachwissenschaftliche Untersuchungen angelegt und auswerten lassen. Alle diese Auswertungen sind dann in der Reihe „Idiomatica" publiziert worden, wobei es um Themen wie „Satzkonjunktionen", „Vergangenheitstempora", „Wortbildungen", „Präpositionen" oder „Richtungsadverbien" ging.[2] Was bislang überhaupt nicht ausgearbeitet wurde, ist der Wechsel von einer Sprachebene auf eine andere, der in vielen Interviews zu beobachten ist, teils bei ein und demselben Sprecher, teils von einem zum anderen Sprecher innerhalb derselben Ortschaft. Im Folgenden soll dieser Registerwechsel im südwestdeutschen Sprachalltag an einigen Beispielen illustriert werden.

1   Genaueres zu den Aufnahmen siehe: Arno Ruoff: Die Geschichte der Tübinger Arbeitsstelle „Sprache in Südwestdeutschland" 1955-1995. Mit einer Bibliographie. In: Arno Ruoff/Peter Löffelad (Hg.): Syntax und Stilistik der Alltagssprache. Beiträge der 12. Arbeitstagung zur alemannischen Dialektologie (Idiomatica; 18). Tübingen 1997, S. 283-296.
2   Siehe ebd.

## 2. Der Wechsel zwischen Grundmundart und Standardsprache beim Erzählen eines Theaterstückes (Beispiel 1)

Das erste Beispiel für den Varietätenwechsel in den Interviews des Arno-Ruoff-Archivs stammt aus Bondorf im Kreis Böblingen aus dem Jahr 1955.[3] Es zeigt zunächst einmal, wie völlig unverkrampft und sprachsicher eine 14jährige Schülerin im Basisdialekt von ihrer täglichen Arbeit berichtet. Die einleitende Frage des Interviewers, hier ist es Hermann Bausinger, lautete:

*„Was musst du überhaupt so tun den ganzen Tag?"*

Die Schülerin antwortet:

*„Ha, morgäds Fuätter hoolä. Un nòò, we'mär des tao hån, nòò gòò mär hoam. On nòò gòò mär jetzt ge Riibä verrupfä. On nòò gòò mär wiider hoam zom Mittag ässä, oamòòl bleibt mär duss, wie's grad ischt, we'mer kåå, nòò gòòt mär – am Òòbäds gòòt mär wiider hoam on nòò tuä mär väschbärä, on nòò gang i geliifärä, en d'Molke.»*

Anmerkung: Hier wie auch im Folgenden werden die mundartlichen Belege in einer einfachen Schreibweise wiedergegeben, die sich an der Schriftsprache orientiert. Als Besonderheiten werden lediglich lange Vokale durch Doppelschreibung, die offenen e- und o-Laute durch Akzent (ò, è) und der verdumpfte a-Laut mit dem Zeichen å notiert.

Übersetzung:

Ha, morgens Futter holen. Und (da)nach, wenn wir das getan haben, (da)nach gehen wir heim, und (da)nach gehen wir jetzt Rüben verrupfen. Und (da)nach gehen wir wieder heim zum Mittagessen, einmal bleibt man draußen, wie es gerade ist. Wenn man kann, (da)nach gehen wir - Am abends geht man wieder heim und (da)nach tun wir vespern, und (da)nach gehe ich liefern, in die Molke.[4]

Allein schon dieser kleine Interviewausschnitt zeigt zahlreiche basisdialektale Elemente einer schwäbischen Sprachlandschaft: *nòò* „danach", *tao* „getan", *gòòt* „geht", *verrupfä* „zerrupfen", *duss* „draußen", *ischt* „ist", *kåå* „kann", *väschbärä*

---

3   Universität Tübingen, Ludwig-Uhland-Institut für Empirische Kulturwissenschaft, Arbeitsstelle Sprache in Südwestdeutschland, Arno-Ruoff-Archiv, Aufnahme Bondorf, Signatur I-175.
4   Sämtliche Übersetzungen der Interviewausschnitte in diesem Beitrag sind dankenswerterweise von Dr. Rudolf Bühler und Dr. Mirjam Nast durchgeführt worden, die auch bei der Digitalisierung des Arno-Ruoff-Archivs die Übersetzungen anfertigen.

„vespern", *geliifärä* „liefern", *Molke* „Molkerei". Dass wir im Westschwäbischen sind, erkennt man am *oa*-Diphthong in *hoam* „heim" und *oamòòl* „einmal".

Später erzählt die Schülerin, dass sie auch schon bei Theaterstücken mitgespielt hat. Da Arno Ruoff und Hermann Bausinger in ihren Interviews immer wieder nach Theaterspielen fragen, greift Hermann Bausinger diesen Faden sofort auf und fragt nach dem Inhalt des zuletzt aufgeführten Stückes. Diese Frage führt wie auch in vielen anderen Interviews zu einem sehr langen Erzählbeitrag, bei dem die Schülerin souverän und konsequent die Originalzitate des Theaterstückes in Standardsprache (hier **fettgedruckt**) in ihre basisdialektale Erzählung (hier *kursiv*) einbettet.[5]

> *„[...] ond ii bee's Määdlä gwääa, mir händ aos verklaidet ghet, oinä dr Puppäwaagä ghet. On nòò isch drenn kummä on nòò sen d' Wanderer kummä, un die hän gsungä:* „**Was hab ich viil nach Gäld und Guut, wenn ich zufriiden bin.**" *Nòò häm mer gsait, sii sollet ruich sai, unser durchlauchtigschter Firscht, ischt unzufriiden. On nòò sen' d' Räät kummä, drai Schtuck, on' hän gsait:* „**Höört, höört, unser Fürst ist gehailt!**" *Nòò hau i' gsait:* „**Gehailt, na, das wär ain sältenes Glück!**" *Nòò håt der gsait, hait Moorgä sei ä' alter Maa kummä. On' nòò häm mer gsait:* „**Håt der 's verròòdä?**" *Nòò håt er gsait:* „**Ja, wenn er 's Hemd vom'ä Zufriidenä aaziit.**" *Nòò häm mer jeedes gfròògät, nòò hän sä mii gfròògät, ob i' zfriidä sei.* „**Den gan-, den Lust- und La- Den ganzen Taag lustig und vergnüügt singen, tanzen, Tralala, kaine Sorgen um Mann und Kinder!**" *Nòò hao i' gsait:* „**Aa' daas ist jaa geraade main Kummer. Ich möchte doch geraade Kinder haaben. Oone dii gääbe ich mich gaar nicht erst zufriiden.**" *Nòò isch dr Wanderbursch häärkumma:* „**Daa musst du ainen Mann ha- kaufen**" *oder wiä. Nòò han i' gsait:* „**Nuu, wenn scho**", *Nòò håt er gsait:* „**Na, wii wääre es mit miir?**" *Nòò han i' gsait:* „**Ain Mann? Du bist doch ain Naasewais!**" *Ond soo isch fortgangä. Nòò häm mer jeedes ä paar Mòòl gfròòget. "*

Übersetzung:

*[...] und ich bin das Mädchen gewesen, wir haben uns verkleidet gehabt, die eine hat den Puppenwagen gehabt. Und (da)nach ist drinnen gekommen und (da)nach sind die Wanderer gekommen, und die haben gesungen:* „Was habe **ich viel nach Geld und Gut, wenn ich zufrieden bin.**" *(Da)nach haben wir gesagt, sie sollen ruhig sein, unser durchlauchtigster Fürst ist unzufrieden. Und (da)nach sind die*

*Räte gekommen, drei Stück, und haben gesagt:* „Hört, hört, unser Fürst ist geheilt!" *(Da)nach habe ich gesagt: „Geheilt, na, das wäre ein seltenes Glück!" (Da)nach hat der gesagt, heute Morgen sei ein alter Mann gekommen. Und (da) nach haben wir gesagt: „Hat der es erraten?" (Da)nach hat er gesagt: „Ja, wenn er das Hemd von einem Zufriedenen anzieht." (Da)nach hat man jedes gefragt, (da)nach haben sie mich gefragt, ob ich zufrieden sei.* „Den gan-, den Lust- und La- - Den - Den ganzen Tag lustig und vergnügt singen, tanzen, Tralala, keine Sorgen um Mann und Kinder!" *(Da)nach habe ich gesagt:* „Aber das ist ja gerade mein Kummer. Ich möchte doch gerade Kinder haben. Ohne die gebe ich mich gar nicht erst zufrieden." *(Da)nach ist der Wanderbursche hergekommen:* „Da musst du einen Mann ha- kaufen" *oder wie. (Da)nach habe ich gesagt:* „Nu, wenn schon", *hat er gesagt:* „Na, wie wäre es mit mir?" *(Da)nach habe ich gesagt:* „Ein Mann? Du bist doch ein Naseweis!" *Und so ist es fortgegangen. (Da)nach hat man jedes ein paar Mal gefragt.*

## 3. Wechsel zwischen standardsprachlichem Vortragsstil und basisdialektalen Antworten zum Aufnahmeort (Beispiel 2)

Das zweite Beispiel stammt aus Merklingen, nahe Ulm. Aufgenommen wurde im Jahre 1968 ein damals 62-jähriger Kreisobstbauinspektor, der den Explorator Arno Ruoff mit einem siebenminütigen Vortrag über den Obstanbau im Kreis empfing, von dem er sich zunächst durch keinerlei Zwischenfragen abbringen ließ. Hier ein kleiner Ausschnitt:[6]

*„Ond diise Oufgaabe beschteet hauptsächlich, diise Obstbouern zu beraaden in der Pfleege, in der Sordenwahl, welche Sorde, dass sie am beschtä ääpflanzä sollet ond oufpfropfä und so weiter. Dann, dii jungä Leit und auch dii älderä Leit unterrichdä in dr Pflääge, dass sii selber auch iire Baim schneidä kännät und ouslichdä. Un' nòò unterrichdä in dr Dingung und in dr Bekempfung där Krankhaiden und Schädlinge, des jaa heit ain ganz besonderes Problem ischt. Wail, oone, oone, oone dingä und schpritzä kaa mär heit kaine regelmääßige Erträg ärziilä. Also, des isch bei uns durchous net soo. Ma kann bei uns, in unser Geegend kaa' mer seer guutes Obst ärzeigä. [....]"*

---

6    Universität Tübingen, Ludwig-Uhland-Institut für Empirische Kulturwissenschaft, Arbeitsstelle Sprache in Südwestdeutschland, Arno-Ruoff-Archiv, Aufnahme Merklingen, Signatur XI-171.

Übersetzung:

Und diese Aufgabe besteht hauptsächlich, diese Obstbauern zu beraten in der Pflege, in der Sortenwahl, welche Sorten, dass sie am besten anpflanzen sollen und aufpfropfen und so weiter. Dann, die jungen Leute und auch die älteren Leute unterrichten in der Pflege, dass sie selber auch ihre Bäume schneiden können und auslichten. Und (da)nach, unterrichten in der Düngung und in der Bekämpfung der Krankheiten und Schädlinge, das ja heute ein ganz besonderes Problem ist. Weil, ohne, ohne, ohne düngen und spritzen kann man heute keine regelmäßigen Erträge erzielen. Also, das ist bei uns durchaus nicht so. Man kann bei uns, in unserer Gegend kann man sehr gutes Obst erzeugen. [....]

Schon dieser kleine Ausschnitt zeigt typische Elemente der Redeweise des aufgenommenen Kreisobstbauinspektors. Es ist ein an der Standardsprache orientierter Stil, der neben den sprechsprachlichen auch noch zahlreiche regionalsprachliche und dialektale Elemente aufweist, so zum Beispiel den typisch schwäbischen *ei*-Diphthong in *Leit* „Leute" und *heit* „heute" (mhd. *iu*) sowie in *schneidä* „schneiden" (mhd. *î*), den schwäbischen ou-Diphthong in *Oufgabe* „Aufgabe", *ouslichtä* „auslichten" und *Bouern* „Bauern", die schwäbische Pluralendung bei *sollet* „(sie) sollen", ferner die süddeutschen Entrundungen in *Baim* „Bäume", *ärzeigä* „erzeugen" und *dingä* „düngen", den Nasalausfall in *kaa* „(man) kann" und *ääpflanzä* „anpflanzen".

Erst durch die eingeschobene Frage, dass Merklingen doch ziemlich abgelegen sei, gelingt es Arno Ruoff, die interviewte Person vom Vortrag abzubringen. Gleichzeitig schaltet unser Kreisobstbaumeister jetzt sprachlich radikal um:[7]

*„Jaa, durch, doch, mir hen also, neizeehondertsechs håt mer dòò so ä Klaibåå bouät von Loichingä bis nach Amschtettä. On' dòò hòt mer also scho an Ääschluss gheet an die Schtaatsbåå, die also von Friidrischhaafä bis Schtuägärt gangä ischt ond heit no gòòt. Un' dòò hòt ma' also -, abgläägä isch' des Märklingä aigentlich et gwää, ka' mer net saagä. On nòò isch' d' Audobåå bouät wore. On' etz isch' es nadiirlich bei uns ganz ginschdig durch die Audobåå. Dòò isch jòò blooß en Kilomeeder wäg vom Ort. On' dòò isch' ä Ousfart, sodass also Märklingä zentraal ligt. Ond mir kenndät-n-au' ganz guät ä Induschtrie brouchä, s'gangät seer viil, gangät nòch, nòch Ulm ond nòch Geislingä on' nòch Loichingä en's Gschäft, die mer älle hiir beschäfdigä kenndä.*

*[....]*

---

*Ja, on' wenn nòò ä Markt isch', also ischt ä Kiiweihmarkt, on nòò ischt An-dreasmarkt. Beim Andreasmarkt, dòò kauft mer nòò die Krischtkindla ãi fir die Weiber ond, ond, ond die Jongä nòò fir iire Breidä. Ond, ja, nòò, on' nòò, em, em Friahleng isch ä Auschtermarkt on', on' dòò isch nòò au' ä Viimarkt, Soumarkt....''*

Übersetzung:

Ja, durch doch wir haben also, 1906 hat man da eine so eine Kleinbahn ge-baut von Laichingen bis nach Amstetten. Und da hat man also schon einen Anschluss gehabt an die Staatsbahn, die also von Friedrichshafen bis Stutt-gart gegangen ist und heute noch geht. Und da hat man also -, abgelegen ist das Merklingen eigentlich nicht gewesen, das kann man nicht sagen. Und (da) nach ist die Autobahn gebaut worden. Und jetzt ist es natürlich bei uns ganz günstig durch die Autobahn. Die ist ja bloß einen Kilometer weg vom Ort. Und da ist eine Ausfahrt, sodass also Merklingen zentral liegt. Und wir könnten auch noch ganz gut eine Industrie brauchen. Es gehen, sehr viele gehen nach, nach Ulm und nach Geislingen und nach Laichingen ins Geschäft, die wir alle hier beschäftigen könnten.[....]
Ja, und wenn (da)nach ein Markt ist, also ist ein Kirchweih-Markt, und (da)nach ist der Andreas-Markt. Beim Andreas-Markt, da kauft man (da)nach die Christkindlein ein für die Weiber und, und, und die Jungen (da)nach für ihre Bräute. Und, ja, (da)nach, und (da)nach, im, im Frühling ist ein Oster-Markt und, und da ist (da)nach auch ein, ein Viehmarkt, Saumarkt.

Neben den typisch sprechsprachlichen Elementen, die auch schon im Vor-tragsstil vorhanden waren, finden wir nun zahlreiche basisdialektale Kennzei-chen dieser Gegend, so u. a. die Nasalierungen bei den Komposita mit -bahn wie in *Klaibãã* „Kleinbahn", *Schtaatsbãã* „Staatsbahn" und *Autobãã* „Autobahn", den typisch schwäbischen *ei*-Diphthong in *Weiber* „Weiber" und den *ou*-Diph-thong in *brouchä* „brauchen", die klassische schwäbische Pluralendung *gan-gät* „gehen (3. Pl.)", die Entrundung bei mhd. ü (*nadiirlich* „natürlich") und die südschwäbische Verneinung *it* „nicht". Während einige dieser Erscheinungen schon beim vorangegangen Abschnitt zu beobachten waren, treten in diesem basisdialektalen Erzählabschnitt auch noch Besonderheiten auf, die für das Zen-tralschwäbische charakteristisch sind, so die Formen *hen* „haben" und *gheet* „gehabt", die Partizipendung auf *-et* bei *bouät* „gebaut" und der *au*-Laut in *Auschter-* „Oster-", wobei die beiden zuletzt genannten Phänomene den Sprecher nach den Karten des „Sprachatlas von Nord Baden-Württemberg" im östlichen Schwäbischen verorten lassen.[8]

# 4. Standard und Dialekt in der Landeshauptstadt Stuttgart

## 4.1 Stuttgarter „Honoratiorenschwäbisch" zwischen Standard und Schwäbisch (Beispiel 3)

Die Stuttgarter Interviews aus dem Jahre 1955 wurden von Hermann Bausinger durchgeführt. Durch die Vermittlung von Helmut Dölker gelang es, Personen aus verschiedenen sozialen Gruppen vor das Mikrofon zu bekommen, von einem Straßenbahnführer und Banklehrling über einen Gemüsegärtner und einen Bankkaufmann bis zu einer Studienrätin und einem Universitätsprofessor.

In einer der Aufnahmen erzählt ein 1906 geborener Schuhhändler, der mehrere Jahre im gehobenen Verwaltungsdienst tätig war, von seinen Aktivitäten im Stuttgarter Weingärtnerverein.[9]

*„Früüär schtaand natüürlich bai diisem V'rain das Fachliche im Vordergrund. Es war ain wirtschaftlicher V'rain. Das ischt aaber bai d'r Entwicklung d'r hoitig'n V'rhältnisse als iberhoolt ããzusääa. Und man muss deshalb der Gesellichkait mär Raom lass'n. Und da habe ich nun in den letz'n Jaaren von d'n alten Waingärtnern immer, wem-mer 'n Ousfluug gemacht haabä a' d' Moosel od'r Süüdtirool od'r Schwaiz, gee mär immer ä baar Taag fort od'r au ä Woch'. D Wai'gärtner sin' bekanntlich jò nit klainlich, gäll. Se schaffät 's ganz Jòòr, aber ä' paar Daag lass si nåå dä Rappä laofä, gäll. Und da hab' ich dann die Idee gehabt, mòòl ain' Fil'mann mitzuneemä und das ischt natirlich ain voller Ärfolg. Nòò sään die Enk'l und Urenk'l und dii schpäät'r Naachkommendä ao, wie där Grooßvatt'r on' dr Urgrooßvat'r net blooß*

---

8   Vgl. Hubert Klausmann (Hg.): Sprachatlas von Nord Baden-Württemberg (SNBW). Band III - Formengeographie. Kartenband. Bearbeitet von Hubert Klausmann und Rudolf Bühler unter Mitarbeit von Andreas Ganzenmüller. Tübingen 2018c, Karte III/1.9.1. URL: http://dx.doi. org/10.15496/publikation-27780 (25.07.2019) sowie Hubert Klausmann (Hg.): Sprachatlas von Nord Baden-Württemberg (SNBW). Band II - Langvokalismus, Diphthonge, Quantitäten, Konsonantismus. Kartenband. Bearbeitet von Hubert Klausmann und Rudolf Bühler unter Mitarbeit von Andreas Ganzenmüller. Tübingen 2018b, Karte I/10.1. URL: http://dx.doi. org/10.15496/publikation-31116 (25.07.2019).

9   Universität Tübingen, Ludwig-Uhland-Institut für Empirische Kulturwissenschaft, Arbeitsstelle Sprache in Südwestdeutschland, Arno-Ruoff-Archiv, Aufnahme Stuttgart, Signatur I-222. Dieser Ausschnitt ist auch als Aufnahme 23 auf einer von Arno Ruoff publizierten Ton-Kassette „Mundarten in Baden-Württemberg" zu hören: Arno Ruoff: Mundarten in Baden-Württemberg. Landesbildstelle Baden-Württemberg. Mit einem Beiheft. Stuttgart 1983.

*ousgsääa hat, sondern wie är sich benommä hat, wie är g'lacht hat, wie är 's Glääslä g'lupft hat.*"

<u>Übersetzung</u>:

Früher stand natürlich bei diesem Verein das Fachliche im Vordergrund. Es war ein wirtschaftlicher Verein. Das ist aber bei der Entwicklung der heutigen Verhältnisse als überholt anzusehen. Und man muss deshalb der Geselligkeit mehr Raum lassen. Und da habe ich nun in den letzten Jahren von den alten Weingärtnern immer, wenn wir einen Ausflug gemacht haben an die Mosel oder Südtirol oder Schweiz, gehen wir immer ein paar Tage fort oder auch eine Woche. Die Weingärtner sind ja bekanntlich ja nicht kleinlich, gell. Sie schaffen das ganze Jahr, aber ein paar Tage lassen sie (da)nach den Rappen laufen, gell. Und da habe ich dann die Idee gehabt, mal einen Filmmann mitzunehmen und das ist natürlich ein voller Erfolg. (Da)nach sehen die Enkel und Urenkel und die später Nachkommenden auch, wie der Großvater und der Urgroßvater nicht bloß ausgesehen hat, sondern wie er sich benommen hat, wie er gelacht hat, wie er das Gläslein gelupft hat.

In diesem Ausschnitt bemüht sich der Sprecher darum, ein sehr gewähltes „Hochschwäbisch", wie es Arno Ruoff in seinem Kommentar zur Aufnahme nennt, zu sprechen. Der größte Teil des Ausschnitts ist in der Tat recht standardnah, doch rutschen neben typisch sprechsprachlichen Elementen auch süddeutsche und gar schwäbische Elemente immer wieder in seine Rede hinein, so der Nasalschwund beim Präfix *an-* und die Nasalierung des Vokals zu *ääzusääa* „anzusehen", die Diminutivendung *-lä* in *Glääslä* „Gläslein" oder der offene *o*-Laut in *Jòòr* „Jahr", wobei interessant ist, dass an anderer Stelle nicht von *Jòòrä*, sondern von *Jaaren* die Rede ist, ein Schwanken, das für die Register auf der umgangssprachlichen Ebene geradezu typisch ist. Dieses Sich-Bewegen zwischen den beiden Polen Dialekt und Standard zeigt auch die Bezeichnung *Wai'gärtner*, die kurz zuvor in *Waingärtner* noch ihren Nasal bewahrt hatte. Die basisdialektale Bezeichnung *Wengerter* ist unserem Sprecher aber offenbar für seinen Vortragsstil zu bodenständig. Man hat übrigens den Eindruck, dass die Zunahme an Regionalität in diesem kleinen Abschnitt mit der Zunahme von Emotionalität parallel verläuft.

## 4.2 Stuttgarter Schwäbisch im Stadtteil Münster (Beispiel 4)

In diesem ebenfalls im Jahr 1955 von Hermann Bausinger durchgeführten Interview (Nr. I-224) spricht ein damals 50jähriger Behördenangestellter über seinen Wohnort Münster, der schon zu dieser Zeit ein Stadtteil von Stuttgart war und heute fast schon zur Stadtmitte zu zählen ist.[10]

> „*I' bee' geboorä in Minschdär, drundä. Des ischt e' Voorort vo' Schduägärt. Isch aber heit beinåå zammäbout. Un' friijer, wo i' no' in d' Schuäl gangä bẽẽ, bis naetseehondertaoisäzwanzich, dåå häm mer en scheenä Waase ghet. Und ä' Turnhalle. Und dåå war's äbä no schee. Des isch heit älles nimmä. Net wåår, heit isch Menschder induschtrialisiirt, des isch für d' Fabrikä drundä und Zeigs. Dåå, dåå kennt man des nemme, dåå gòòt älles en d'Fabrik. Bourä häm mer, glaub i, no oin drundä, alles and're ischt wäg. Des isch der [PN], där haltet no' den alde Boureschtand hooch. Aber sonscht, im grooße Ganzä isch z' Minschder gaar nigs mee' loos.*"

Übersetzung:

Ich bin geboren in Münster, drunten. Das ist ein Vorort von Stuttgart. Ist aber heute beinahe zusammengebaut. Und früher, als ich noch in die Schule gegangen bin, bis 1921, da haben wir einen schönen Wasen gehabt. Und eine Turnhalle. Und da war es eben noch schön. Das ist heute alles nicht mehr. Nicht wahr, heute ist Münster industrialisiert, das ist für Fabriken drunten und Zeugs. Da, da kennt man das nicht mehr, da geht alles in die Fabrik. Bauern haben wir, glaube ich, noch einen drunten, alles andere ist weg. Das ist der [PN], der hält noch den alten Bauernstand hoch. Aber sonst, im großen Ganzen ist zu Münster gar nichts mehr los.

Der Unterschied zum ersten Stuttgarter Sprecher ist deutlich. War jener darauf bedacht, der Standardsprache möglichst nahezukommen, so spricht dieser völlig unverkrampft in seiner Stuttgarter Ortsmundart, die sich nur wenig von der ländlichen Umgebung unterscheidet. Typisch basisdialektal schwäbisch sind zum Beispiel die Lautformen *i bee* „ich bin", *gòòt* „(es) geht" und *ghet* „gehabt", der Umlaut in *älles* „alles" und der *oi*-Laut (mhd. *ei*) in *oisäzwanzich* bei *1921* und bei *oin* „einen". Das Weglassen der schwäbischen Senkungen in *Minschter* „Münster" (statt *Menschter*) und in *und* „und" (statt *ond*) sowie die mundartli-

---

10   Universität Tübingen, Ludwig-Uhland-Institut für Empirische Kulturwissenschaft, Arbeitsstelle Sprache in Südwestdeutschland, Arno-Ruoff-Archiv, Aufnahme Stuttgart, Signatur I-224. Dieser Ausschnitt ist auch als Aufnahme 25 auf einer von Arno Ruoff publizierten Ton-Kassette „Mundarten in Baden-Württemberg" zu hören: Ruoff 1983.

chen Realisierungen in *Zeig* „Zeug" (statt *Zuig*) und *mee* „mehr" (statt *mae*) machen gleichzeitig deutlich, dass wir es mit einer regionalsprachlicheren Variante des Zentralschwäbischen zu tun haben.[11]

## 5. Registerwechsel von Fränkisch auf Schwäbisch (Beispiel 5)

Das folgende, in der hohenlohischen Stadt Öhringen aufgenommene Interview stammt aus dem Jahr 1970.[12] Gesprächspartner ist ein damals 46jähriger Gymnasiallehrer, der aus Öhringen stammt und nach seinem Studium in Erlangen in seine Heimatstadt zurückgekehrt ist.

Zu dieser Aufnahme schreibt Arno Ruoff in seinem nicht veröffentlichten Protokoll: „Ungezwungene, nur gelegentlich leicht befangene Unterhaltung. GP hat leicht schwäbische, keinesfalls hohenlohische Anklänge." Da es uns in diesem letzten Kapitel nur um Einstellungen und Einschätzungen zum Öhringer Dialekt geht, wird im Folgenden auf eine phonetisch genauere Transkription verzichtet.

> „Ja, äs isch' märkwirdig, g'rad bei d'r Vernainung baischbiilswaise, miir saagä, i' saag ja noi. Des schaint mir mööglicherwaise so 'ne Mischform z'sain zum Schwääbischä hin, net also die – lange Zeit waar im Nachbarhaus, 'n, a' Zuffähausener – saine Feeriän verbracht, da, da där [PN], där da beim Lehn jetz' als Saxofonischt da hoifig zu höörä isch', nit, und där hat immer nui odder so etwas g'sagt, des war fir uns dann des Schwääbische, während hier unsere, die Ööhringer, die saagä nòò und auch hiir auf'm Land sagt mer nòò, I' gee hòòm. I' saag, i' saag in mai'm Dialekt i gee hoim. Äs schaint doch wohl soo zu sain, dass, dass das etwas oberschichtliche, aber dialäktisch gefäärbte Ööringerisch, des isch' dann waarschainlich doch schtärker schwäbisch gefärbt, gepräägt."

Übersetzung:

Ja, es ist merkwürdig, gerade bei der Verneinung beispielsweise. Wir sagen, ich sage ja „noi". Das scheint mir möglicherweise eine Mischform zu sein zum Schwäbischen hin, nicht. Also die, lange Zeit, da hat im Nachbarhaus ein, ein Zuffenhausener, seine Ferien verbracht, da, da. Der Fritz Dautel, der da beim

---

11   Siehe hierzu: Hubert Klausmann (Hg.): Sprachatlas von Nord Baden-Württemberg (SNBW). Band I - Kurzvokalismus. Kartenband. Bearbeitet von Hubert Klausmann und Rudolf Bühler unter Mitarbeit von Andreas Ganzenmüller. Tübingen 2018a. URL: http://dx.doi.org/10.15496/publikation-27775 (25.07.2019).

12   Universität Tübingen, Ludwig-Uhland-Institut für Empirische Kulturwissenschaft, Arbeitsstelle Sprache in Südwestdeutschland, Arno-Ruoff-Archiv, Aufnahme Öhringen, Signatur XI-245.

Lehn jetzt als Saxophonist da häufig zu hören ist, nicht. Und der hat immer „nui" oder so etwas gesagt. Das, das war für uns dann das Schwäbische. Während, hier unsere, die Öhringer, die sagen „nòò". Und auch hier auf dem Land sagt man „nòò". Und „ich geh hòòm". Jetzt, ich sage, ich sage in meinem Dialekt: „Ich geh hoim." Es scheint doch wohl so zu sein, dass, dass das etwas oberschichtliche, aber di-, dialektisch gefärbte Öhringerisch, das ist dann wahrscheinlich doch stärker schwäbisch gefärbt, geprägt."

In dieser Aufnahme kommt die gut ausgeprägte Sprachbeobachtung der Gewährsperson deutlich heraus. Besonders bemerkenswert hierbei ist, dass die Realisierung von mhd. *ei* als *oi*-Laut klar dem Schwäbischen zugeordnet wird, während der Monophthong als hohenlohisch charakterisiert wird. Diese subjektive Beobachtung stimmt mit der objektiven, sprachgeografischen Beobachtung überein, was in Untersuchungen zu subjektiven Sprachräumen eigentlich nur für Ortschaften nachgewiesen werden konnte, die direkt an größeren Dialektgrenzen liegen.[13] Öhringen liegt aber nicht an der fränkisch-schwäbischen Sprachgrenze, sondern sogar schon einige Kilometer nördlich des fränkisch-schwäbischen Übergangsgebiets mitten im fränkischen, von den Einheimischen als „hohenlohisch" bezeichneten Dialektraum.

Dass die Übernahme des schwäbischen *oi*-Diphthongs keine individuelle Übernahme eines Gymnasiallehrers ist, zeigen weitere Interviews, die Arno Ruoff in Öhringen mit anderen Akademikern durchgeführt hat. Das nächste Interview wurde ebenfalls im Jahre 1970 aufgenommen. Geführt wurde es mit einer damals 29jährigen Sprecherin, die aus Öhringen stammt und nach ihrer Ausbildung im schwäbischen Kirchheim/Teck zur Hauswirtschaftslehrerin wieder an ihre alte Schule in Öhringen zurückgekehrt ist.[14]

Zur Aufnahme schreibt Arno Ruoff: „Spricht bei der Aufn. ganz ungezwungen wie auch in der Schule und zu Fremden in der Öhringer Stadtsprache mit charakteristischer Mischung aus Hohenlohischem und Schwäbischem, was sich z. B. an Varianten (braait:broit) oder an Ausgleichsformen (brooit) zeigt."[15] Den Wechsel zwischen *ai*- und *oi*-Diphthong für mhd. *ei* zeigt auch der folgende Interviewausschnitt:

*„Also da hat mer au bai uns scho' in d'r Schuul' en Underschiid g'märkt zwischä dene, dii zum Baischpiil von Michlbach kummä sin' un' zwischä*

---

13   Vgl. Nina Kim Leonhardt: Dialektgrenzen als soziokulturelle Konstrukte. Subjektive Sprachräume in Nord-Baden-Württemberg. Tübingen 2015. URL: http://hdl.handle.net/10900/58665 (21.11.2018).

14   Universität Tübingen, Ludwig-Uhland-Institut für Empirische Kulturwissenschaft, Arbeitsstelle Sprache in Südwestdeutschland, Arno-Ruoff-Archiv, Aufnahme Öhringen, Signatur XI-250.

15   Arno Ruoff: Alltagstexte I. Transkriptionen von Tonbandaufnahmen aus Baden-Württemberg und Bayerisch-Schwaben (Indiomatica; 10). Tübingen 1984, S. 78.

*däne Ööringer, dass mer doch von Ööringä a bisslä määr nach d'r Schrift,
also in Ååfüürungszaichä, schpricht wie vom Land. Villaicht gilt's nimmer
ganz soo, aber des beobacht' i' also au bai Kinder, vor allem bai kloinä so
bis virzeen, da reedä also di Landkinder, dii soo hinder Pfäädelbach härkommä, doch noch viil, viil braaider wii dii, dii von Ööringä härkommä. Und
isch's nadüürlich, dii Landkinder sin', sin' a' wirklichä Landkinder, also aus
Bauernfamiliä, un' dii, dii aus Ööringä sin, des sin doch zum Tail aus Aka-
deemikär- odder aus G'schäftshaushalt', des macht sicher au' was aus,
scho' vom Miliöö heer, au' vom Schpròòchschatz heer, dass dii dåå ä' bisslä
määr nach der Schrift reedä. "*

Übersetzung:

Also das - Da hat man auch bei uns schon in der Schule einen Unterschied
gemerkt zwischen denen, die zum Beispiel von Michelbach gekommen sind und
zwischen den Öhringern. Äh, dass man doch von Öhringen bisschen mehr nach
der Schrift, also in Anführungszeichen, spricht wie auf dem Land. Vielleicht
jetzt nicht mehr ganz so, aber das beobachte ich als auch bei Kindern vor allem
bei Kleinen, so bis 14. Da reden also die Landkinder, die so hinter Pfedelbach
herkommen, doch noch viel viel breiter wie die, die von Öhringen herkommen.
Und mit ist es natürlich, sind, die Landkinder sind, äh, sind auch wirkliche Landkinder, also aus Bauernfamilien und die, die aus Öhringen sind, das sind doch
zum Teil aus Akadem-, -demiker- oder aus Geschäftshaushalten. Das macht
sicher auch was aus. Schon vom Milieu her, auch, vom Sprachschatz her. Dass
die da bisschen mehr nach der Schrift reden.

Dass man in der hohenlohischen Stadt Öhringen Hohenlohisch mit Schwäbisch
gleichsetzt und dem Schwäbischen damit auch psychologisch die Tür öffnet,
zeigt das letzte Beispiel aus Ruoffs Aufnahmen von 1970. Es stammt aus einem
Interview mit einem damals 31jährigen Zahnarzt, der von drei Semestern in Tübingen abgesehen das ganze Leben stets in fränkischer Umgebung (Öhringen,
Crailsheim, Erlangen, Dinkelsbühl) verbracht hat. Als ihn der Interviewer Arno
Ruoff nach seinem Dialekt fragt, kommt es zu folgenden Aussagen:[16]

*„GP: Also, ich bin mir kain Underschiid bewusst, irgendwii. Aber, ich gl-,
ha, villaicht noch määr Schwääbisch oder Hoälooisch als jetzt. Und jetz
bemüü ich mich ab und zu e'mål so ä bisselä Hochdoitsch zu reedä, obwohl mer 's nit g'lingt, aber soo, saagä mer, nit die ganzä schwääbischä
Ausdrick irgendwii mit 'nai'zuneemä, sondern auch måål en hochdaitschen*

16   Universität Tübingen, Ludwig-Uhland-Institut für Empirische Kulturwissenschaft, Arbeitsstelle
Sprache in Südwestdeutschland, Arno-Ruoff-Archiv, Aufnahme Öhringen, Signatur I-246.

dazwischä oder graad wie mir vorhin „ghabt" und „ghett" und, dass man dåå eher nåå „ghabt" secht wie „ghett". Ja, soo.

EX:  Ja, ja, ja. Ja, und wenn Sii Patiändä vom Land hen, wie schwätzä Sii mit deenä? Genauso? Mhm.

GP:  Ha, soo wie, normaal, ja. Also, jaa, Schwääbisch, nä, Hoälooisch. Ich waiß ja nit, was ich red, isch des Schwääbisch oder Hoälooisch?

EX:  Ja, de'sch aigentlich Schwääbisch. "

Übersetzung:

GP:    Also, ich bin mir keinen Unterschied bewusst, irgendwie. Aber, ich gl-, ha, vielleicht noch mehr Schwäbisch oder Hohenlohisch als jetzt. Und jetzt bemühe ich mich ab und zu einmal so ein bisschen Hochdeutsch zu reden, obwohl mir es nicht gelingt, aber so, sagen wir, nicht die ganzen schwäbischen Ausdrücke irgendwie mit hineinzunehmen, sondern auch einmal einen hochdeutschen dazwischen oder gerade wie wir vorhin „ghabt" und „ghett" und, dass man da eher (da)nach „ghabt" sagt wie „ghett". Ja, so.

EX:    Ja, ja, ja. Ja, und wenn Sie Patienten vom Land haben, wie schwätzen Sie mit denen? Genauso? Mhm.

GP:    Ha, so wie, normal, ja. Also, ja, Schwäbisch, nicht, Hohenlohisch, nicht. Ich weiß ja nicht, was ich rede, ist das Schwäbisch oder Hohenlohisch?

EX:    Ja, das ist eigentlich Schwäbisch.

Die von der Gewährsperson gemachten Äußerungen zum Sprachgebrauch in Öhringen sind nun in zweifacher Hinsicht interessant:

1. Für unsere Gewährsperson ist hohenlohisch = schwäbisch, eine Gleichsetzung, die auf dem Hohenloher Land vehement abgelehnt wird. Diese bewusste Abgrenzung bewirkt unter anderem, dass die auf dem Land zwischen Ellwangen und Crailsheim bestehende Dialektgrenze auch heute noch so stabil ist. Die Öhringer Aussage ist allerdings ebenfalls nicht ganz ungewöhnlich, denn auch bei unseren Erhebungen zum Sprachatlas von Nord Baden-Württemberg bezeichneten die Gewährspersonen im benachbarten Heilbronner Raum ihren Dialekt immer wieder als „Dachtraufschwäbisch".[17]

---

17    Siehe hierzu die Karte 3 in: Leonhardt 2015, S. 48.

2.  Unsere Gewährsperson zeigt im weiteren Verlauf des Interviews ein für Stadtsprachen im Übergang offenbar typischen Wechsel zwischen Dialekt und regionalen Varianten bis hin in Richtung Standard, andererseits aber auch ein Schwanken zwischen schwäbischen und hohenlohischen Besonderheiten. So ist für unseren Zahnarzt die Lautform *ghett* „gehabt" offenbar zu dialektal, so dass er sie durch *ghabt* ersetzt. Wie der „Sprachatlas von Nord Baden-Württemberg" allerdings zeigt, ist *ghett* die klassische schwäbische Form des Partizip Perfekts von „haben", die hohenlohische wäre *ghatt*.[18] Unserem Gewährsmann ist also die auch regionalsprachliche schwäbische Form *ghett* immer noch zu dialektal, so dass er auf eine „höhere" Stufe, nämlich *ghabt* als Variante zu standardsprachlichem *gehabt* ausweicht. Interessanterweise verwendet er aber im gleichen Satz das für den dortigen Basisdialekt, nach Fischer aber auch für die von ihm so genannte „Halbmundart"[19] typische *secht* „sagt" (= 3. Pers. Sg. Ind. Präs. von *sagen*). An anderen Stellen des Interviews wiederum taucht der für den ganzen Heilbronner Raum typische „fränkische" Langdiphthong *braait* „breit" auf, andererseits notiert Arno Ruoff in seinem Kommentar zur Sprache der Gewährsperson die schwäbische Senkung.

## 5. Fazit

Arno Ruoff hat seinen Aufnahmen stets eine Art Aufnahmeprotokoll beigefügt, in dem wir Angaben zum Aufnahmeort, zu den Personen (Aufnahmeleiter, Gewährsperson), zu den Themen und zum sprachlichen Register, welches er „Sprachschicht" nennt, finden. Diese Sprachschichten unterteilt er in vier Stufen:[20] I Grundmundart; II Regionalmundart; III Umgangssprache; IV Hochsprache

Bei der Digitalisierung des Arno-Ruoff-Archivs werden diese sprachlichen Charakterisierungen ebenfalls in die Datei aufgenommen, so dass man nun für Untersuchungen zu den einzelnen sprachlichen Registern in Sekundenschnelle die Interviews zusammengestellt bekommt, in denen die gewünschte Ebene realisiert wird. Da mit der Fertigstellung des „Sprachatlas von Nord Baden-Württemberg" gleichzeitig die Grundmundart im südwestdeutschen Sprachraum abschließend beschrieben ist, sind jetzt die Voraussetzungen gegeben, um auf sicherer Basis und mit umfangreichem Material Untersuchungen zu den einzelnen sprachlichen Registern durchführen zu können. Allein schon dieser kleine Beitrag hat gezeigt, welche sprachlichen Erscheinungen beim Varietä-

---

18   Siehe Klausmann 2018c, Karte III/ 1.7.1.8.
19   Hermann Fischer: Schwäbisches Wörterbuch. Auf Grund der von Adelbert v. Keller begonnenen Sammlungen und mit Unterstützung des württembergischen Staates bearbeitet von Hermann Fischer, zu Ende geführt von Wilhelm Pfleiderer. Band 5. Tübingen 1920, Sp. 534.
20   Arno Ruoff: Grundlagen und Methoden der Untersuchung gesprochener Sprache (Idiomatica; 1). Tübingen 1973, S. 281.

tenwechsel im Schwäbischen eine wichtige Rolle spielen. Beim Weg von der Grundmundart zu den großräumigeren Varietäten bewegt man sich weg von den Diphthongen zum Beispiel bei mhd. *uo* (*guut* statt *guät* „gut"), weg von den Senkungen bei mhd. *i* und *o* vor Nasal (*uns* statt *ons* „uns") und schwankt bei den „schwäbischen" Diphthongen bei mhd. *û* und mhd. *î*/*iu*. Anderes wird relativ lange beibehalten, so die Entrundungen bei mhd. *öu* (*Baim* „Bäume") und mhd. *ü* (*iberhoolt* „überholt"), der offene *o*-Laut (*Jòòr* „Jahr"), der Nasalausfall beim Präfix *an-* (*ããpflanzä* „anpflanzen"), die Diminutivendung *-lä* (*Glääslä* „Gläslein") und natürlich der *sch*-Laut (*isch* „ist"). In der Literatur über das Schwäbische ist immer wieder vom Honoratiorenschwäbisch die Rede. Mit diesem Beitrag sollte gezeigt werden, dass das Material jetzt bereitsteht, um dieses „Honoratiorenschwäbisch" genauer beschreiben zu können.

## Literatur

Fischer, Hermann: Schwäbisches Wörterbuch. Auf Grund der von Adelbert v. Keller begonnenen Sammlungen und mit Unterstützung des württembergischen Staates bearbeitet von Hermann Fischer, zu Ende geführt von Wilhelm Pfleiderer. Band 5. Tübingen 1920.

Klausmann, Hubert (Hg.): Sprachatlas von Nord Baden-Württemberg (SNBW). Band I - Kurzvokalismus. Kartenband. Bearbeitet von Hubert Klausmann und Rudolf Bühler unter Mitarbeit von Andreas Ganzenmüller. Tübingen 2018a. URL: http://dx.doi.org/10.15496/publikation-27775 (25.07.2019).

Klausmann, Hubert (Hg.): Sprachatlas von Nord Baden-Württemberg (SNBW). Band II - Langvokalismus, Diphthonge, Quantitäten, Konsonantismus. Kartenband. Bearbeitet von Hubert Klausmann und Rudolf Bühler unter Mitarbeit von Andreas Ganzenmüller. Tübingen 2018b. URL: http://dx.doi.org/10.15496/publikation-31116 (25.07.2019).

Klausmann, Hubert (Hg.): Sprachatlas von Nord Baden-Württemberg (SNBW). Band III - Formengeographie. Kartenband. Bearbeitet von Hubert Klausmann und Rudolf Bühler unter Mitarbeit von Andreas Ganzenmüller. Tübingen 2018c. URL: http://dx.doi.org/10.15496/publikation-27780 (25.07.2019)

Leonhardt, Nina Kim: Dialektgrenzen als soziokulturelle Konstrukte. Subjektive Sprachräume in Nord Baden-Württemberg. Tübingen 2015. URL: http://hdl.handle.net/10900/58665 (21.11.2018).

Ruoff, Arno: Grundlagen und Methoden der Untersuchung gesprochener Sprache (Idiomatica; 1). Tübingen 1973.

Ruoff, Arno: Mundarten in Baden-Württemberg. Landesbildstelle Baden-Württemberg. Mit einem Beiheft. Stuttgart 1983.

Ruoff, Arno: Alltagstexte I. Transkriptionen von Tonbandaufnahmen aus Baden-Württemberg und Bayerisch-Schwaben (Idiomatica; 10). Tübingen 1984.

Ruoff, Arno: Die Geschichte der Tübinger Arbeitsstelle „Sprache in Südwestdeutschland" 1955-1995. Mit einer Bibliographie. In: Arno Ruoff/Peter Löffelad (Hg.): Syntax und Stilistik der Alltagssprache. Beiträge der 12. Arbeitstagung zur alemannischen Dialektologie (Idiomatica; 18). Tübingen 1997.

## Abstract

Between 1955 and 2005, the Tübingen-based language researcher Arno Ruoff carried out interviews with a total duration of over 800 hours in the south-west German language area. So far, these interviews have mainly been evaluated linguistically, with a focus on the field of morphology, syntax and stylistics. An evaluation regarding the different linguistic levels that occur repeatedly in the interviews has not yet been undertaken. Using several examples, the author shows how some speakers switch their language level within a narrative, for example when they are quoting or while changing the subject. Apart from that, phonetical changes in the interviews can be observed in transition from the style of lecture to spontaneous conversation. Since the extensive archive contains numerous recordings from Stuttgart, it is now also possible to show special features for the Stuttgart City Swabian and the so-called „Honoratiorenschwäbisch", a kind of standard high German with regional accent used by local notables.

# Gestylter Dialekt oder wie ein Medienschaffender den Erwartungen seines Publikums gerecht wird

Helen Christen

Im nachfolgenden Aufsatz wird der dialektale Sprachgebrauch eines Deutschschweizer Sprechers in den Blick genommen, der einerseits als Radiomitarbeiter, andererseits als Sitzungsleiter agiert. Dabei sollen als erstes die Sprachformenwahl in den Deutschschweizer Medien und die massenmediale Sprecher-/Hörerkonstellation kurz skizziert werden, um anschließend anhand von ausgewählten Variablen die Variantenwahl des Sprechers als akkommodierendes Verhalten gegenüber unterschiedlichen Erwartungen der Adressatinnen und Adressaten zu erklären.

## 1. Dialekt in den elektronischen Deutschschweizer Medien

Die Diglossie, wie sie in der Deutschschweiz als soziale Konvention etabliert ist, sieht für den mündlichen Sprachgebrauch fast uneingeschränkt den Dialekt als unmarkierte Sprachform vor. Der mündliche Gebrauch des Hochdeutschen[1], der mit der *default*-Regel des Dialektgebrauchs bricht, ist an drei Gegebenheiten gebunden: Hochdeutsch kann in formellen Situationen Verwendung finden (situationsinduzierter Hochdeutschgebrauch); Hochdeutsch kommt gegenüber Adressaten zum Zuge, die kein Schweizerdeutsch verstehen (adressateninduzierter Hochdeutschgebrauch) und schließlich kann Hochdeutsch die Form von begrenzten Insertionen annehmen, die zu kommunikativen Zwecken in die dialektale Rede eingebaut werden (diskursinduzierter Hochdeutschgebrauch).[2] Der situationsinduzierte Hochdeutschgebrauch hat seinen festen und weitgehend unangefochtenen Platz in den elektronischen Deutschschweizer Medien:

---

1   Unter *Hochdeutsch* wird nachfolgend die deutschschweizerische Realisierung der Standardsprache verstanden, die den mentalen und formulierungsstrategischen Gegenpart zu *Dialekt* bildet und von den Sprecherinnen und Sprechern auch als *Schriftsprache* bezeichnet wird.
2   Vgl. Christen 2010.

Bei den öffentlich-rechtlichen Sendern verfügt Hochdeutsch über eigentliche ‚Reservate‘[3], da bei den Programmen von Radio SRF 2 Kultur sowie generell bei Nachrichten und nachrichtenartigen Sendungen Hochdeutsch institutionalisiert ist.[4] Mit diesem Hochdeutschgebrauch erfüllt die Schweizerische Radio- und Fernsehgesellschaft (SRG) eine der Bedingungen, die der Bundesrat, die eidgenössische Exekutive, an die Sendekonzession stellt: „In wichtigen, über die Sprach- und Landesgrenzen hinaus interessierenden Informationssendungen ist in der Regel die Hochsprache zu verwenden".[5] Freilich stellt der Dialektgebrauch auf allen anderen Sendern resp. in allen anderen Sendegefäßen von Radio und Fernsehen nichts Außergewöhnliches dar, sondern die außermediale mündliche Sprachformenwahl wird gleichermaßen für Mikrofon und Kamera vor allem für die sog. Begleitprogramme übernommen und stellt damit für das Publikum eine aus dem Alltag vertraute Konstellation her. Diese ist gekennzeichnet dadurch, dass man sich im Deutschschweizer Kontext – in Ermangelung eines ‚Gemeinschweizerdeutschen‘ – auf die Perzeption verschiedener Dialekte einlassen muss. Die „passive Polydialektalität"[6], die dafür vorausgesetzt werden kann, verdankt sich gerade auch dem Sachverhalt, dass die Deutschschweizerinnen und Deutschschweizer über ihren Medienkonsum Dekodierungsroutinen im Umgang mit zunächst unvertrauten Varietäten entwickeln.[7]

---

3     Diese ‚Reservate‘ werden teilweise als adressateninduziert legitimiert: ‚Wichtiges‘ muss – im Gegensatz zu reiner Unterhaltung – von ‚allen‘ verstanden werden.

4     Bei den Nachrichtensendungen von Radio SRF haben sich in den letzten Jahren eher Verschiebungen zugunsten des Hochdeutschen ergeben: „Während z. B. im Mittags-Nachrichtenmagazin 2005 noch eine artifizielle Abfolge von standardsprachlichen und mundartlichen Blöcken (Moderation, Nachrichten, Korrespondenten-Berichte, Interviews, Wetter, Verkehrsmeldungen) zu beobachten war, ist gegenwärtig der gesamte redaktionelle Teil des Magazins (inklusive Service-Meldungen) standardsprachlich" (Harald Burger/Martin Luginbühl: Mediensprache. Eine Einführung in Sprache und Kommunikationsformen der Massenmedien. Berlin/Boston, 4. Auflage 2014, S. 395). Mit diesem Sprachformengebrauch wird ein deutlicher Unterschied zu den mundartlichen Begleitprogrammen markiert, bei denen die Musik im Vordergrund steht. Zudem heben sich die hochdeutschen Nachrichtensendungen von den entsprechenden Sendegefäßen in den privaten Lokalmedien ab: „In den Lokalradios wird (nahezu) ausnahmslos Mundart gesprochen. Selbst die Nachrichten werden vielerorts in Mundart geboten, auch wenn sie internationale oder nationale Themen betreffen. Dies ist umso signifikanter, als die Texte weitgehend auf – hochdeutschen – Agenturmeldungen basieren, also in Mundart übersetzt werden müssen" (Vgl. ebd.).

5     Vgl. Artikel 24 des Bundesgesetzes über Radio und Fernsehen, Stand 1. Januar 2017. URL: https://www.admin.ch/opc/de/classified-compilation/20001794/index.html (31.05.2019).

6     Elvira Glaser: Wandel und Variation in der Morphosyntax der schweizerdeutschen Dialekte. In: Taal en Tongval. Tijdschrift voor Taalvariatie 66/1 (2014), S. 21-64.

7     Vgl. Rudolf Schwarzenbach: Die Stellung der Mundart in der deutschsprachigen Schweiz (Beiträge zur schweizerdeutschen Mundartforschung; XVII). Frauenfeld 1969, S. 96-112. Schwarzenbach führt in seiner Monographie zur Stellung der Mundart in der deutschsprachigen Schweiz an Beispielen aus, dass früher etwa der Militärdienst für Begegnungen mit (männlichen) Sprechern unterschiedlicher Dialekte sorgte. Zudem spielte seines Erachtens auch die Niederlassungsfreiheit, die seit der Bundesverfassung von 1848 (damals Artikel 41) mehr oder weniger gewährleistet war, eine wichtige Rolle: „Jede Fahrt in einem Zürcher Strassenbahnwagen, jeder Gang durch die Besucherscharen der Wädenswiler ‚Chilbi‘ wird zu einem Beispiel

## 2. Die massenmediale Sprecher/Hörer-Konstellation

Die massenmediale Kommunikation unterscheidet sich hinsichtlich verschiedener Aspekte vom *basic setting* der *face-to-face*-Kommunikation, der laut Clark folgende, wertungsfreie Charakteristik eignet: „face-to-face conversation is the basic setting for language use. It is universal, requires no special training, and is essential in acquiring one's first language".[8] Bell macht die Unterschiede zwischen *face-to-face*-Kommunikation und massenmedialer Kommunikation vor allem an der räumlich-zeitlichen Trennung zwischen den massenmedialen Kommunikationspartnern fest: "It involves a disjunction of place, and often also of time, between communicator and audience."[9] Dass die Hörerseite in der massenmedialen Kommunikation zu einem Publikum (*audience*) wird, ist nur ein Aspekt dieser komplexen Konstellation, der offenkundig macht, dass Kommunikationsmodelle mit einer monodimensionalen Sprecher- und Hörerrolle aufgegeben werden müssen zugunsten von Modellierungen, die beide Rollen ausdifferenzieren. Goffman schlägt auf der Sprecherseite eine Unterscheidung von *animator* (jene Instanz, die den Text äußert), *author* (jene Instanz, auf die der Inhalt und die formale Ausgestaltung zurückgeht) und *principal* (jene Instanz, die die Verantwortung für die Äußerung trägt) vor. Während diese Sprecherrollen bei alltäglichem *face-to-face*-Austausch zumeist in einer einzigen Person zusammenfallen, ist dies gerade in der medialen Kommunikation nicht zwingend der Fall: Selbst wenn die Rollen von *animator* und *author* häufig von einem oder einer einzigen Medienschaffenden wahrgenommen werden, liegt die Gesamtverantwortung (*principal*) für das Gesendete bei einer Redaktion oder einem Sender.[10]

In Bezug auf Hörerrollen ist gemäß Bell zu unterscheiden, ob die Adressierten Teil einer Dyade sind, dabei selbst in die Sprecherrolle wechseln und somit gleichzeitig *feedback*-Geber sind, oder ob diese Möglichkeit – wie zumeist in massenmedialer Kommunikation – nicht besteht: „mass communication is very different from a situation where speakers are continuously adjusting their language production as they monitor their interlocutors' reactions and production and evaluate their own production".[11] Obwohl die Rezipientinnen und Rezipienten massenmedialer Kommunikation ‚nicht antworten' und es damit weder zu gemeinsamem Handeln noch zu einem Aufeinander-Eingehen im Sinne einer „joint action" (Clark) kommt, spielt das – imaginierte – Publikum für die sprach-

---

dafür, welche sprachlichen Folgen die Einführung der Freizügigkeit im ganzen Gebiet der Eidgenossenschaft gehabt hat" (ebd., S. 97).

8    Herbert H. Clark: Using Language. Cambridge 1996, S. 11.

9    Allan Bell: Audience Accommodation in the Mass Media. In: Howard Giles/Nikolas Coupland/Justine Coupland (Hg.): Contexts of Accommodation: Developments in Applied Sociolinguistics. Cambridge 1991, S. 69-101, hier S. 70.

10   Vgl. Erving Goffman: Forms of Talk. Philadelphia 1981.

11   Bell 1991, S. 72.

liche Ausgestaltung medialer Beiträge dennoch eine bedeutende Rolle.[12] Es sind zum einen die „beliefs and stereotypes about recipients and their speech patterns"[13], dann aber zum anderen auch die gesteigerte Sorgfalt, die Medienleute angesichts des abwesenden Publikums ihrem eigenen Output zukommen lassen.[14]

Wenn nachfolgend die sprachliche Äußerungsweise eines Mitarbeiters der SRG in den Blick genommen wird, so geschieht dies vornehmlich aus der Perspektive von Akkommodation, wie diese etwa in der Modellierung der *Communicative Accommodation Theory* (CAT) konzipiert ist.[15] Es wird davon ausgegangen, dass Sprecherinnen und Sprecher ihr kommunikatives Verhalten vornehmlich auf ihre Adressatinnen und Adressaten hin zuschneiden, wobei konvergente und divergente Strategien zu unterscheiden sind: „‚Convergence' has been defined as a strategy whereby individuals adapt to each other's communicative behaviors in terms of a wide range of linguistic-prosodic-nonverbal features including speech rate, pausal phenomena and utterance length, phonological variants, smiling, gaze and so on [...] ‚Divergence' was the term used to refer to the way in which speakers accentuate speech and nonverbal differences between themselves and others".[16] Dieser *audience*-zentrierte Zugang auf intrapersonale Variation schließt sowohl responsives als auch initiatives Verhalten ein: „That is, speakers

---

12 Vgl. Burger/Luginbühl 2014, S. 23-26. Die allenfalls sehr komplexen Kommunikationssituationen, wie sie sich in den Medien ergeben, erfassen Burger/Luginbühl begrifflich als unterschiedliche „Kommunikationskreise". Diese ergeben sich dadurch, dass ein „innerer" Kommunikationskreis dadurch konstituiert werden kann, dass sich zwei und mehr Sprecherinnen und Sprecher vor Kamera und/oder Mikrofon unterhalten. Dies wird von einem „äußeren" Kreis der Medienkonsumierenden rezipiert. Noch komplexer wird die Konstellation, wenn ein Studiopublikum – ohne Rederecht – einen ersten äußeren Kreis und das Publikum vor den Empfangsgeräten einen zweiten äußeren Kreis bildet. Die Mehrfachadressierung, die aus solchen Arrangements erwächst, stellt für professionelle Medienschaffende – im Unterschied zu Laien – in der Regel kein Problem dar, hat aber zweifellos Auswirkungen auf das sprachliche Handeln.

13 Bell 1991, S. 73.

14 Dass dieselben Nachrichtensprecher sich sprachlich je nach Zielpublikum des Radiosenders unterschiedlich verhalten, zeigt eine Studie von Allan Bell (Language Style as Audience Design. In: Language in Society 13 (1984), S. 145-204): Vier Sprecher, die für zwei oder mehr neuseeländische Radiosender (im demselben Studio) Nachrichten verlesen, variieren systematisch in Bezug auf fünf untersuchte lautliche Variablen.

15 Vgl. Howard Giles/Nikolas Coupland/Justine Coupland: Accommodation Theory: Communication, Context, and Consequence. In: Giles/Coupland/Coupland 1991, S. 1-68.

16 Giles/Coupland/Coupland 1991, S. 7f.
Die Akkommodation in Form von Konvergenz oder Divergenz ist einerseits als „objektive" Akkommodation der direkten Beobachtung und „Messung" zugänglich, andererseits werden Sprecher als konvergierend oder divergierend „gehört", was als „subjective accommodation" bezeichnet wird. Objektive und subjektive Akkommodation müssen nicht übereinstimmen, da die Wahrnehmung von verschiedenen sozialen und kognitiven Faktoren beeinflusst ist. Außerdem gilt es, nebst sprachlicher auch psychologische Akkommodation in Betracht zu ziehen, die wie folgt definiert wird: „individuals' beliefs that they are integrating with and differentiating from others respectively, while objective linguistic convergence and divergence can be defined as individuals'

often respond to their audience primarily in the language they produce. But they also, on occasion, take more initiative and use language to redefine their relationship to their audiences. [...] Response always has an element of speaker initiative, and initiative is invariably in part a response to one's audience".[17] Mit dem initiativen Stil, der sich in vermindertem Maße an der Sprechweise des Gegenübers orientiert, nimmt Bell bereits teilweise vorweg, was Coupland anmahnen wird, dass nämlich bei ausschließlich *audience*-orientierten Zugriffen die ebenso relevanten, identitätsbezogenen Aspekte des Sprechers, der Sprecherin aus dem Blick geraten könnten: „we need to treat identity and audience approaches together."[18]

# 3. Sitzungsleitung und Radiobeitrag: Die sprachliche Ausgestaltung von zwei sozialen Kontexten

Beat Schmid (Name verändert) ist Redaktor beim Schweizer Radio SRF. Schmid wuchs in Nunningen (Kanton Solothurn, Schweiz) auf, besuchte in einem Nachbartal das Gymnasium und studierte an der Universität Basel, wo er auch promovierte und heute seinen Wohnsitz hat. Als Radiomitarbeiter verfügt er aktuell über ein Büro sowohl in Basel als auch in Zürich, wobei er beruflich in der ganzen Deutschschweiz unterwegs ist. Da Schmid eine Leitungsfunktion innehat, werden unter seinem Vorsitz hausinterne Sitzungen abgehalten.

## 3.1 Zwei soziale Kontexte und ihre Charakteristik

Für die vorliegende Studie liegen Sprachdaten aus zwei unterschiedlichen Kontexten vor, die Schmid sprachlich (mit)gestaltet. Zum einen handelt es sich um neun schweizerdeutsche Kurzbeiträge, die als vorproduzierte Aufnahmen in ein Live-Morgenmagazin von Radio SRF 1[19] eingespeist werden. Die exakt drei Minuten dauernden Beiträge haben informativ-unterhaltenden Charakter und decken

speech shifts towards and away from others respectively" (Thakerar et al. 1982: 222, zit. nach Giles/Coupland/Coupland 1991, S. 32).

17    Bell 1991, S. 77.

18    Nikolas, Coupland: Style. Language Variation and Identity. Cambridge 2007, S. 81.

19    Die Schweizerische Radio- und Fernsehgesellschaft SRG schreibt zur Funktion des Programmbereichs: „Radio SRF 1 steht für die moderne Schweiz, ist zeitgemäß, aktuell, relevant und unterhaltend. Radio SRF 1 ist das mit Abstand meistgenutzte Generalistenprogramm der Deutschschweiz, primär für die Generationen ab 45 Jahren: Als Referenzradio für Information spiegelt Radio SRF 1 die Schweizer Wirklichkeit wider und informiert seine Hörerinnen und Hörer zuverlässig und zeitnah über das aktuelle Geschehen im In- und Ausland." URL: https://www.srgd.ch/media/cabinet/cc/6b/cc6b107d-d0e8-46b4-ba97-401ce4f65605/radio_srf_1.pdf (12.02.2020).

eine breite Palette an Sachthemen ab: Konkret geht es in den Beiträgen etwa um Sprach- und Sachgeschichte (am Beispiel von Ingwer), um Literatur (eine Neuerscheinung zu Bäumen in der Schweiz wird vorgestellt) und Kultur (Jakobswege in der Schweiz). Von den drei von Goffman veranschlagten Sprecherrollen hält der Radiomitarbeiter hier deren zwei inne, handelt er doch als *author* und *animator*, während jene des *principals* beim Radiosender liegt.

Zum anderen steht die Aufzeichnung einer radiointernen Redaktionssitzung mit fünf Teilnehmenden zur Verfügung. Schmid leitet die Sitzung, in der erwartungsgemäß Dialekt gesprochen wird. Aus der Perspektive von Beat Schmid beschränkt sich der Adressatenkreis auf die vier Sitzungsteilnehmenden, die unterschiedliche Dialekte sprechen: Die Teilnehmenden lassen sich sprachlich erkennen als Freiburger (zwei Personen), St. Galler und Zürcher (je eine Person). Entweder sind alle gemeinsam von Schmid als Adressierte angesprochen, oder es ergeben sich Arrangements, bei denen nur ein Teil der Anwesenden angesprochen ist und die anderen bloße Zuhörerin oder Zuhörer sind, aber jederzeit wieder ins Spiel kommen können.[20] Dem Sitzungsleiter selbst – er agiert hier in allen drei der oben genannten Sprecherrollen – kommt eine besondere Stellung zu, da er das Gespräch strukturiert, Antworten einfordert, Rückmeldungen gibt, Entscheidungen trifft usw. Bis auf einen der Teilnehmer, der die Aufnahme durchführte, wussten die Beteiligten und insbesondere Schmid vorgängig nichts von der rund 70-minütigen Tonaufzeichnung. Das Einverständnis zur anonymen Auswertung wurde nachträglich bei allen eingeholt.

Die beiden Datentypen stammen aus sozialen Kontexten, die sich vornehmlich in Bezug auf die Sprecher/Hörer-Beziehung unterscheiden: Während die neun kurzen Radiobeiträge – isoliert von einem anonymen Zielpublikum – in einem Aufnahmestudio des Radios entstanden sind, findet in der Redaktionssitzung eine *face-to-face*-Kommunikation unter Arbeitskolleginnen und -kollegen statt. Als zusätzlicher Unterschied ist der Umstand zu nennen, dass die Radiobeiträge bis ins kleinste Detail vorbereitet sind resp. angesichts der rigiden zeitlichen Vorgabe bis ins Detail vorbereitet sein müssen. Anders ist die Sitzung angelegt, für die es zwar eine inhaltlich festgelegte Agenda gibt, die jedoch relativ spontan abgewickelt werden kann.

20  Da nur eine Ton-, jedoch keine Bildaufzeichnung vorliegt, sind die vom Sitzungsleiter Angesprochenen nicht in jedem Falle sicher zu ermitteln.

## 3.2 Sprachgebrauch in zwei unterschiedlichen sozialen Kontexten

Für den Vergleich des Sprachgebrauchs in den zwei unterschiedlichen sozialen Kontexten soll ein quantitatives Verfahren zum Zuge kommen, wie es seit Labov Tradition hat.[21] Dieses hat zwar den entschiedenen Nachteil, dass bei der Auswertung der Daten aus der Redaktionssitzung die sprachliche Interaktion und damit der allenfalls funktionale Gebrauch von Varianten auf der Mikroebene ausgeblendet wird. Vielmehr wird mit einem quantitativen Zugang insinuiert, dass die relativ stabile Beteiligtenkonstellation auch ein konstantes und damit ‚messbares‘ Sprachverhalten hervorrufe. Eine solche Annahme verfügt zumindest bei den vorproduzierten Radiobeiträgen, bei denen sich ein bestimmtes Sprachverhalten habitualisiert haben könnte, über eine gewisse Plausibilität. Einem quantitativen Vorgehen wird hier aber insbesondere deswegen der Vorzug gegeben, weil dieses erlaubt, das Auftreten von Varianten gleich mehrerer Variablen vergleichend auf quantitative und arealbezogene Regelmäßigkeiten hin zu besehen. Diese angestrebte Vergleichbarkeit ist nur bei wenigen Variablen gegeben, da diese die Voraussetzung erfüllen müssen, nicht nur in beiden sozialen Kontexten mehrfach vorzukommen, sondern zudem variabel realisiert zu werden. Im Folgenden werden die Realisierungen der drei Variablen /nd/ (Lautung), *auch* (Lautung des Kurzwortes) und ‚(wir) haben‘ (Personalform des Auxiliarverbs) in den Blick genommen (zu deren arealen Gegebenheiten vgl. Sprachatlas der deutschen Schweiz [SDS]):

| Variable | Soziale Kontexte | |
|---|---|---|
| Varianten von Beat Schmid | Radiobeiträge | Redaktionssitzung |
| /nd/<br>[ŋ] und [nd] (z. B. [xɪŋ]/[xɪnd]<br>‚Kind‘) (SDS II, 94) | 22 [ŋ] – 8 [nd] | 4 [ŋ] – 17 [nd] |
| *auch*<br>[oː] und [aʊ]) (SDS IV, 151) | 25 [oː] – 0 [aʊ]) | 8 [oː] – 17 [aʊ] |
| ‚(wir) haben‘<br>*(mir) häi* und *(mir) hän(d)*<br>(SDS III, 47) | 3 *häi* – 0 *hän(d)* | 5 *häi* – 5 *hän(d)* |

Tabelle 1: Variantenwahl in den Radiobeiträgen und der Redaktionssitzung[22]

---

21    Vgl. William Labov: Sociolinguistic Patterns. Philadelphia 1972.
22    Da je nach lautlicher Umgebung und Sprechtempo nicht immer zweifelsfrei entschieden werden kann, ob ein Dental vorliegt oder nicht, werden hän und händ in eine Kategorie zusammengelegt.

Als erstes zeigt sich, dass für die drei Variablen intersituative Variation ausgewiesen werden kann, die als Indiz für ihren Status als soziolinguistische Marker gelten kann[23], da nebst ihrer sozialen Variation, die hier eine sozial-räumliche ist, auch eine stilistisch-situative Variation feststellbar ist.[24] Einzig in Bezug auf die /nd/-Realisierung zeigt sich in beiden Kontexten auch intrasituative Variation. Die beiden Variablen *auch* und *(wir) haben* nämlich werden in den Radiobeiträgen – anders als in der Redaktionssitzung – kategorisch als [oː] resp. *häi* realisiert. Überdies fällt auf, dass sich in den beiden Kontexten die Präferenzen quasi überkreuzen: Die stärker präferierte Variante in den Kurzbeiträgen ist die weniger präferierte Variante in der Redaktionssitzung, während die stärker präferierte Variante in der Redaktionssitzung die weniger präferierte oder gar nicht vorkommende Variante in den Kurzbeiträgen ist.

Zum zweiten lässt sich fragen, welche Sprachräume die gewählten dialektalen Varianten überhaupt indizieren. Dazu werden die Mehrheitsvarianten aus den beiden Kontexten auf ihre räumliche Verbreitung hin besehen, wobei die Daten des Sprachatlas der deutschen Schweiz (SDS) als Messlatte dienen. Ob die ‚historischen' SDS-Werte genau den sozial gefestigten aktuellen Sprache-Raum-Verknüpfungen entsprechen, die auch als raumbezogene Bedeutungen in die Interaktionen ‚eingebracht' werden, muss dabei jedoch offenbleiben. Es zeigt sich nun, dass es für beide Kontexte räumliche Schnittmengen gibt, d. h. Areale, in denen die Kookkurrenz der drei jeweiligen Mehrheitsvarianten basisdialektal ausgewiesen ist. Im Falle der Mehrheitsvarianten der Kurzbeiträge beschreibt die Schnittmenge der Gültigkeitsgebiete für die Varianten der drei Variablen ein Areal, das im äußersten Nordwesten der Deutschschweiz liegt. Dasselbe Verfahren, angewandt auf die Mehrheitsvarianten aus der Redaktionssitzung, ergibt ein – deutlich größeres – Areal, das vom Aargau bis in die Walensee-Gegend, vom Kanton Zürich zum östlichen Kanton Luzern reicht. Auf den ersten Blick ‚passt' das räumliche Verweispotential der Mehrheitsvarianten in den Kurzbeiträgen zur nordwestschweizerdeutschen Herkunft von Beat Schmid, jenes der Mehrheitsvarianten in der Redaktionssitzung zu dessen großräumiger beruflicher Orientierung.

Wie in Abschnitt 2 ausgeführt, werde ich nachfolgend erwägen, inwiefern sich die Variantenwahl als Ausrichtung auf eine je unterschiedliche Hörerschaft erklären lässt. Dabei werden der Sprachgebrauch in den Radiobeiträgen und jener in der Sitzung als prinzipiell gleichrangig betrachtet, d. h. der Sprachgebrauch in dem einen Kontext wird nicht als unmarkierte ‚Normallage' festgelegt, von der

---

23  Labov 1972.

24  Die Verknüpfung von sozialer und stilistischer Variation, die in der Nachfolge von Labov gemeinhin postuliert wird und stilistische Variation als Echo sozialer Variation konzeptualisiert (vgl. z. B. Bell 1984; Peter Trudgill: Dialects in Contact. Oxford/New York 1986), wird von einer interpretativ-konstruktivistisch ausgerichteten Soziolinguistik teilweise in Frage gestellt: „stylistic ‚strata' are to some extent artefacts of the empirical methods used" (vgl. Coupland 2007, S. 39).

sich der andere Sprachgebrauch als markiert abhebt, wie dies in soziolinguisti-schen Studien Tradition hat(te): „These studies, building on Labov's insights into stylistic variation, were concerned mainly with what are usually considered to be speakers' ‚normal' or ‚primary' speech-style repertoires. Indeed, sociolinguistics has come to see style-shifting as normal, competent monolingual practice".[25] Stil wird dabei verstanden als "a way of doing something"[26], und er kann de-finiert werden als "Menge interpretierter, kookkurrierender sprachlicher und/ oder nichtsprachlicher Merkmale, die (Gruppen/Rollen) von Personen, Text-sorten, Medien etc. zugeschrieben werden".[27] Einer derartig holistischen Stil-konzeption wird hier allerdings nicht Genüge getan, sondern die auf wenige Variablen beschränkte Analyse steht quasi metonymisch für die Untersuchung einer Gesamtheit von Aspekten, die die *performances* ausmachen, mit denen Beat Schmid unterschiedlichen Zuhörerschaften begegnet.

Nachfolgend wird so vorgegangen, dass die Mehrheitsvarianten des einen Kon-textes daraufhin in den Blick genommen werden, inwiefern diese – im Unterschied zu den Mehrheitsvarianten des anderen Kontextes – als konvergierende resp. di-vergierende objektive Akkommodation an die Hörerschaft erklärt werden können.

---

25  Nikolas Coupland: Dialect Stylization in Radio Talk. In: Language in Society 30 (2001), S. 345-375, hier S. 349.
Vor diesem Hintergrund ist auch das Konzept der Authentizität, wie es in der Soziolinguistik verwendet wurde, nicht unproblematisch. Der eigentliche, authentische Sprachgebrauch, den die Linguistinnen und Linguisten in ‚natürlichen' Kontexten erheben und im Vernakular zu fin-den trachten, ist als Ideologie zu hinterfragen (vgl. Coupland 2001 und Mary Bucholtz: Socio-linguistic Nostalgia and the Authentication of Experience. In: Journal of Sociolinguistics 7 (2003), S. 398–416).

26  Coupland 2007, S. 1.

27  Peter Auer: Natürlichkeit und Stil. In: Margret Selting/Volker Hinnenkamp (Hg.): Stil und Stili-sierung. Tübingen 1989, S. 27-60, hier S. 29.

## 3.3 Die Variablenrealisierungen in der Redaktionssitzung

In der Tabelle 2 ist verzeichnet, ob Beat Schmids Mehrheitsvariante mit dem tatsächlichen oder postulierten Sprachgebrauch[28] der vier Sitzungsteilnehmenden konvergiert (kon) oder divergiert (div).

| Variantenwahl Sitzungsleiter | Sitzungsteilnehmende mit Dialekt aus | | |
|---|---|---|---|
| Mehrheitsvariante (Minderheits- variante) | Zürich (1) | St. Gallen (1) | Freiburg (2) |
| [nd] (> [ŋ] ) | kon | kon | div |
| [aʊ] (> [oː]) | kon | kon | div |
| *mir hän(d) (= mir häi)* | kon | div | div |

Tabelle 2: Mehrheitsvarianten in der Redaktionssitzung: Adressatenzuschnitt
(> mehr als; = gleich viel)

Die Mehrheitsvarianten führen zu einer Konvergenz zur Person aus Zürich und, in vermindertem Ausmaß, zu jener aus St. Gallen. Gegenüber den beiden Freiburgern ist Divergenz zu konstatieren, mit unterschiedlichen sprachlichen Ausgangslagen: In Bezug auf die Variablen /nd/ und *(wir) haben* stimmen sowohl Mehr- als auch Minderheitsvariante von Beat Schmid nicht mit den Freiburger Varianten überein; anders dagegen die Minderheitsvariante [oː] (,auch'), die jener aus Freiburg weitgehend entspricht.[29]

Bemerkenswert ist nun, dass der Sitzungsleiter, der insgesamt am meisten Redezeit beansprucht, sein Wort am häufigsten an die beiden Freiburger richtet, gegenüber denen sich Beat Schmid in Bezug auf die drei Variablen divergent verhält, während er konvergentes Verhalten gegenüber jenen zwei Teilnehmern zeigt, die in der Sitzung eher im Hintergrund bleiben. Stellt sich damit der *audience*-Ansatz als gescheitert heraus? Zieht man in Betracht, dass als Richtschnur für konvergentes oder divergentes Sprachverhalten nicht nur das reale sprachliche Verhalten des Gegenübers in Frage kommt, sondern auch stereotype Vor-

---

28  Es sind nicht alle Variablen für alle Sitzungsteilnehmenden belegt. In diesem Falle wird die jeweilige basisdialektale Variante als Zielgröße angesetzt.

29  Der Öffnungsgrad des Velarvokals dürfte in Freiburg größer sein als bei Schmids Realisierungen.

stellungen, so können die Mehrheitsvarianten auch in anderem Lichte betrachtet werden. Auffällig ist nämlich, dass es sich bei diesen ausnahmslos um Varianten handelt, die in der Deutschschweiz erstens großräumige Verbreitung zeigen und zweitens von sehr vielen Sprecherinnen und Sprechern benutzt werden.[30] Die Mehrheitsvarianten, die Beat Schmid im Rahmen der Redaktionssitzung präferiert, sind also gleichzeitig Deutschschweizer Mehrheitsvarianten. Dies lässt in Erwägung ziehen, dass die Variantenwahl, die Schmid in der Sitzung bevorzugt, als Konvergenz hin zu einem stereotypischen Deutschschweizer gesehen werden könnte, der einen Dialekt mit Mehrheitsvarianten spricht.

Dieses ‚Mehrheitsschweizerdeutsch' ist zum einen ein mentales Konstrukt, das auf individueller Erfahrung mit Schweizer Dialekten fußt, und es verfügt zum anderen in den sog. zentralen Dialekten sogar über ein objektives Gegenstück. Zentrale Dialekte, wie sie die Dialektometrie errechnet, sind Dialekte, die viel Gemeinsamkeit mit allen anderen Dialekten eines Bezugsareals aufweisen und die bei Befragungen etwa wie folgt charakterisiert werden: „Das ist so ein bisschen Durchschnitt [...] das ist jetzt nichts Spezielles".[31]

Die von Beat Schmid in der Redaktionssitzung favorisierten Varianten kommen nicht nur, aber auch in den Deutschschweizer Dialekten mit dem höchsten Zentralitätsgrad vor (s. Abb. 1), wobei sich das *mir-hän(d)*-Gültigkeitsareal sogar weitgehend mit dem Vorkommensareal der Dialekte mit dem höchsten Zentralitätsgrad deckt.

Der „polydialektale Dialog"[32], wie er für die Deutschschweiz als charakteristisch gehalten wird und wie er sich in der Redaktionssitzung auch tatsächlich entfaltet, könnte sich als ein Kontext erweisen, in dem die Konvergenz gegebenenfalls darin besteht, schweizerische Mehrheitsformen anzustreben. Den dialektalen Ausprägungen der Kommunikationspartnerinnen und -partner würde bei dieser Art von Konvergenz nicht durch die simple Übernahme von deren Varianten Rechnung getragen, sondern dadurch, dass mit verbreiteten Varianten, die auf Kosten von selteneren Minderheitenvarianten realisiert werden, ein relativ großes sprachliches Terrain indiziert wird. Dadurch besteht die Chance, dass im polydialektalen Dialog niemand aus dem Adressatenkreis brüskiert wird, weil mit den bevorzugten Varianten ein ‚Durchschnittsdeutschschweizer' an

---

30  Die Arealgröße und die Sprecherzahl sind (relativ) unabhängig voneinander: Während in einem kleinen Areal wie der Stadt Zürich und deren Agglomeration viele Sprecher_innen leben, ist der verhältnismäßig große Alpenraum dünn besiedelt.

31  Helen Christen u. a.: Länderen: Die Urschweiz als Sprach(wissens)raum. In: Roland Kehrein/ Alfred Lameli/Stefan Rabanus (Hg.): Regionale Variation des Deutschen. Projekte und Perspektiven. Berlin 2015, S. 619-641, hier S. 634. Zu dialektometrischen Karten zur Deutschschweiz vgl. Yves Scherrer/Sandra Kellerhals: Digitalisierte Auswahl an Karten des Sprachatlas der deutschen Schweiz (SDS): URL: http://www.dialektkarten.ch (2007-2014) (18.06.2019).

32  Vgl. Ulrich Ammon: Die deutsche Sprache in Deutschland, Österreich und der Schweiz. Das Problem der nationalen Varietäten. Berlin/New York 1995.

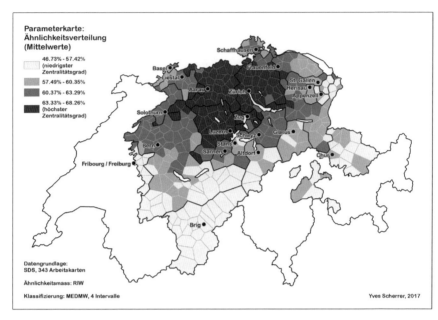

Abbildung 1: Ähnlichkeitsverteilung von Deutschschweizer Dialekten[33].

gesprochen ist. Durch die Wahl von Varianten, die „nichts Spezielles" sind (siehe oben), wird zudem die sozialräumliche Identität des Sprechers nicht in den Vordergrund gerückt, was eine sachbezogene Kommunikation begünstigen könnte.

## 3.4. Die Variablenrealisierungen in den Kurzbeiträgen

Auch die Kurzbeiträge am Radio SRF 1 werden nachfolgend daraufhin analysiert, inwiefern die Mehrheitsvarianten als konvergierendes oder divergierendes Sprachverhalten auf eine Zuhörerschaft hin betrachtet werden können, wobei in Bezug auf die Sprecherstrategien zu bedenken ist: „They focus on an absent reference group [...] They are therefore always directed toward a stereotyped rather than an actual recipient".[34] In einer früheren Publikation unterstellt Bell den Medienschaffenden einen Stil, der diese und die Hörerschaft zu einer *ingroup* formt resp. letztere als *ingroup* anspricht: „They use style as an expressive

---

33   Helen Christen: Alemannisch in der Schweiz. In: Joachim Herrgen/Jürgen Erich Schmidt (Hg.): Language and Space. An International Handbook of Linguistic Variation. Vol. 4: Deutsch. Berlin/New York 2019, S. 247–280, hier S. 251.
34   Bell 1991, S. 77.

instrument, a declaration of identity, saying to the audience ‚you and I are in-group'".[35]

Die sprachliche Ausrichtung auf das anonyme Radiopublikum, das man als *ingroup* anspricht, lässt nun – angesichts der überregionalen Reichweite des Radiosenders – erwarten, dass wiederum ein Stil gewählt wird, der sich durch zahlreiche binnenschweizerische ‚Mehrheits-Formen' auszeichnet und damit einen maximalen sprachlichen Überschneidungsbereich mit ‚allen' Deutsch-schweizer Zuhörerinnen und Zuhörern hat. Freilich laufen Beat Schmids Mehr-heitsvarianten in den Radiobeiträgen einer derartigen Erwartung gerade zuwider. Die Variablenrealisierungen im Radiobeitrag entsprechen nämlich denjenigen eines relativ basisdialektalen Sprechers, dessen Werte eine kleine Region in der Nordwestschweiz indizieren. Dieser Variantengebrauch macht Beat Schmid zu einem Mitglied einer kleinen lokalen *ingroup*. Die gewählten Varianten führen – im Unterschied zu den Mehrheitsvarianten in der Redaktionssitzung – zu einer Divergenz mit dem allergrößten Teil der Zuhörerschaft. Wie verträgt sich dies mit dem massenmedialen Anspruch, ein Publikum für sich einzunehmen, das nicht nur aus den Bewohnerinnen und Bewohnern von ein paar wenigen Dörfern be-steht? Es braucht also eine Erklärung dafür, warum Beat Schmid offenbar gerade divergentes Dialektverhalten – gemessen am Gesamtpublikum – für adressaten-adäquat hält.

Nachfolgend soll im Unterschied zum *audience*-bezogenen Zugang der Fokus vermehrt auch auf identitäre Sprecheraspekte gelegt werden. So betrachtet Coupland *styling* als strategisches Verfahren, mit dem soziale und identitäre As-pekte in unterschiedlichen Kontexten mit sprachlichen Mitteln ‚bewirtschaftet' werden. Dabei steht *style* resp. *styling* gemäß Coupland in den Medien unter Sonderbedingungen, könne doch dort nämlich vermehrt Stilisierung (*stylization*) erwartet werden: „Broadcast talk is a natural environment for stylization".[36] Die soziale Praktik der Stilisierung besteht dabei darin, dass Sprecherinnen und Sprecher ihr ‚eigenes' Repertoire verlassen, das Facetten ihrer eigenen Identität kodiert, und mit ihrem (auch sprachlichen) Verhalten quasi in eine andere Person schlüpfen. Diese Praktik ist dann erfolgreich, wenn sprachliche und außersprach-liche Mittel gewählt werden, bei denen man davon ausgehen kann, dass sie von den Rezipierenden zuverlässig mit einer anderen Person oder einer anderen So-zialgruppe assoziiert und damit interpretierbar werden. Dass Medienschaffende zur Praktik der Stilisierung neigen, liegt nach Coupland darin begründet, dass sich diese unter einem Erwartungsdruck fühlen, vor Kamera und/oder Mikrofon eine bestimmte Person abgeben zu müssen, die nicht zwingend ihnen selbst ent-

---

35 Bell 1984, S. 192.
36 Coupland 2001, S. 351.

spricht.[37] Oder aber sie wollen durch Parodien zur Unterhaltung beitragen. Freilich passen diese beiden Aspekte medialer Stilisierungen nicht vollumfänglich zu den nachfolgend angeführten Charakteristika, die Coupland für Stilisierung anführt: Stilisierung ist metaphorisch, d. h. sie verknüpft einen Sprecher mit ‚unpassenden' Identitäten; sie ist metakommunikativ, da sie die Aufmerksamkeit auf sich lenkt; sie setzt ein Gegenüber voraus, das in der Lage ist, den verbalen/nonverbalen Stil zu interpretieren; sie kann mit Übertreibung und Theatralik verbunden sein; sie ist von den Fertigkeiten des Sprechers abhängig. Stilisierung kann – zusammenfassend – als „strategic inauthenticity" betrachtet werden: Man spricht erkennbar mit einer fremden statt der eigenen Stimme.[38]

Diese genannten Charakteristika treffen allesamt auf Parodien zu, nicht aber auf einen Sprachstil, bei dem Medienleute einem Erwartungsdruck meinen nachgeben zu müssen und dabei wohl alles daransetzen, dass ihre allfällige Inauthentizität beim Publikum gerade als Authentizität ‚durchgeht'. Beat Schmids Variantenwahl in den belehrenden und in ernsthaftem Modus vorgetragenen Radiobeiträgen darf weder übertrieben noch theatralisch wirken, sie darf keine unpassende Identität des Radiomitarbeiters indizieren – all dies würde nicht nur vom Inhalt ablenken, sondern seine Glaubwürdigkeit (und jene des Senders) aufs Spiel setzen. Freilich kann gefragt werden, ob die von Beat Schmid in seiner Rolle als Radiosprecher verwendeten Varianten mutmaßlich zu seinem individuellen Repertoire gehören und welchen projizierten Publikumserwartungen Beat Schmid mit seiner Variantenwahl gerecht wird.

Die Erwartungserwartungen, die der Radiomitarbeiter in Bezug auf sein Zielpublikum hat, betreffen die Qualität der Sprache, im vorliegenden Falle ‚guten Dialekt': Was aber wird von Deutschschweizerinnen und Deutschschweizern – und damit auch von Beat Schmid als einem Mitglied dieses Kollektivs – mutmaßlich für ‚guten Dialekt' gehalten? Wie sozio- und wahrnehmungsdialektologische Arbeiten der letzten Jahre erbracht haben, gibt es ein alltagsweltliches Qualitätskonzept und eine damit einhergehende Vertikalisierung von koexistierenden dialektalen Varietäten und Varianten.[39] ‚Guter Dialekt' als Ethnokategorie zeichnet sich durch spezifische Kookkurrenzen von Varianten aus, die möglichst viele der folgenden Eigenschaften auf sich vereinen: Die Varianten heben sich stark vom Hochdeutschen ab (und werden deswegen auch gerne zu Recht oder zu Unrecht

---

37  Coupland bezieht sich explizit auf die kultur-/literaturwissenschaftlichen Arbeiten von Michail Bachtin, der Stilisierung als „a subversive form of multi-voiced utterance" konzeptualisiere (Coupland 2001, S. 345).

38  Coupland 2007, S. 154.

39  Vgl. Christen u. a. 2015; Helen Christen: Dialekt im Alltag. Tübingen 1998; Helen Christen: Was Dialektbezeichnungen und Dialektattribuierungen über alltagsweltliche Konzeptualisierungen sprachlicher Heterogenität verraten. In: Christina Ada Anders/Markus Hundt/Alexander Lasch (Hg.): Perceptual Dialectology. Berlin 2010, S. 269-290; Walter Haas: Reine Mundart. In: Harald Burger u. a. (Hg.): Verborum amor. Studien zur Geschichte und Kunst der deutschen Sprache. Berlin 1992, S. 578-610.

für alt gehalten); sie sind wenig verbreitet, werden von wenigen Sprecherinnen und Sprechern gesprochen und erlauben eine klare örtliche Zuweisung.[40] Periphere Dialekte entsprechen diesem Ideal eher als zentrale Dialekte; die ‚guten‘ Ausprägungen zentraler Dialekte haben zumindest die Anforderung zu erfüllen, einem älteren Sprachgebrauch zu entsprechen. Darüber hinaus besteht die Erwartung, dass der Dialekt, den jemand spricht, seine ‚eigentliche‘ räumliche Herkunft anzeigen soll.[41]

Den Erwartungen nach ethnolinguistisch ‚gutem Dialekt‘ kommt Beat Schmid mit der Realisierung der drei untersuchten Variablen entgegen:

| | ≠ Standard (= „alt") | kleines Areal | wenig Sprecher_innen | Lokalisierbarkeit |
|---|:---:|:---:|:---:|---|
| [ŋ] | ✔ | ✔ | ✔ | Kookkurrenz der Varianten indiziert Areal ✔ |
| [oː] | ✔ | ✔ | ✔ | |
| *mir häi* | ✔ | ✔ | ✔ | |

Tabelle 3: Mehrheitsvarianten in den Radiobeiträgen: Charakteristik der Varianten

Mit der Wahl der drei Varianten (zwei davon mit kategorischer Ausprägung) zeigt sich Beat Schmid als Sprecher aus einer bestimmten Gegend. Seine Sprechweise dürfte wohl für ‚authentischen Dialekt‘ gehalten werden, der aus ethnolinguistischer Sicht zu einem Ort ‚gehört‘ und essentialistisch mit ihm verbunden wird.[42] Radiohörerinnen und -hörer aus der Nordwestschweiz können Beat Schmid als jemanden identifizieren, der so spricht, wie man sich den sozialen Typ des ‚richtigen‘ Nunningers vorstellen mag. Den Radiohörerinnen und -hörern aus anderen Gegenden und ohne besondere Fertigkeiten in der Verortung von Dia-

---

40  Vgl. Coupland zu den Dimensionen *consensus* und *value,* die den herkömmlichen Vorstellungen von Authentizität innewohnen. Nikolas Coupland: Sociolinguistic Authenticities. In: Journal of Sociolinguistics 7 (2003), S. 417-431, hier S. 418.

41  Die Erwartungen nach der ‚eigentlichen‘ Herkunft eines Individuums speisen sich aus der – romantischen – Vorstellung, wonach Menschen einen (räumlichen) Ursprung haben, mit dem sie in besonderer Weise verbunden sind. Dazu passt auch die in der traditionellen Dialektologie gepflegte Ideologie eines „Sedentarismus", der ‚authentische Sprecher‘ als immobile Individuen konzeptualisiert, die ihr Leben an einem einzigen Ort verbringen. Vgl. David Britain: Sedentarism and Nomadism in the Sociolinguistics of Dialect. In: Nikolas Coupland (Hg.): Sociolinguistics. Theoretical Debates. Cambridge 2016, S. 217–241.

42  Vgl. Bucholtz 2003; Nikolas Coupland: Language, Society and Authenticity: Themes and Perspectives. In: Véronique Lacoste/Jakob Leimgruber/Thiemo Breyer (Hg.): Indexing Authenticity. Berlin/Boston 2014, S. 14-39.

lekten mögen allenfalls gewisse Varianten auffallen, von denen sie aufgrund ihrer Deutschschweizer Sprachsozialisation annehmen, dass sie zu einer bestimmten Region gehören müssen und damit über eine Qualität sui generis verfügen.[43] Die sprachliche Divergenz hinsichtlich der realen Dialekte der Mehrheit der Zuhörerschaft könnte unter diesen Voraussetzungen als Konvergenz gegenüber deren Erwartungen nach ‚gutem Dialekt' angesehen werden.

Schlüpft Beat Schmid nun – quasi dem Publikum zuliebe – in die fremde Rolle eines ‚authentischen' Nordwestschweizers oder wählt er einen Stil, der keine ihm ‚fremde', sondern eine ihm ‚eigene' sozialräumliche Identität kodiert? Dass die Mehrheitsvarianten in den Radiobeiträgen nicht ‚fremde' Varianten sind, zeigt sich daran, dass sie allesamt im Vergleichskontext auch vorkommen, dort jedoch in weit geringerem Ausmaß.

Bei der notabene schriftlichen Vorbereitung[44] der Radiobeiträge haben jene Varianten den größeren Zuspruch, die ihn punktgenauer in seine Herkunftsregion verorten und ihn quasi zu einem authentischen Abkömmling dieser Region machen. Als jemand, der in Nunningen aufgewachsen ist, hat er aber auch Anspruch auf diese Varianten, sie ‚gehören' ihm, deren extensive Nutzung ist nicht nur sozial legitimiert und glaubwürdig, sondern sie erfüllt auch die Erwartung, dass eine Sprechweise verraten soll, woher jemand ‚eigentlich' kommt (vgl. Fußnote 41).

## 4. Ausblick

In einer früheren Studie wurde am Beispiel von Sprechern aus dem Wallis aufgezeigt, dass zwei Walliser, die als Studiogäste in die Sendung Arena eingeladen waren, in dieser komplexen medialen Konstellation spezifische Walliser Varianten sehr unterschiedlich ins Spiel brachten.[45] Es zeigte sich, dass der innere Kommunikationskreis – mehrere eingeladene Diskutanten stritten über die Präsenz religiöser Symbole in der Öffentlichkeit – zumindest bei einem der beiden Walliser die Variantenwahl zu steuern schien. Je nach Maßgabe der direkt Adressierten setzte dieser spezifische Walliser Varianten ein – dann nämlich, wenn er sein Wort an einen anderen Walliser richtete. Der andere Walliser dagegen zeigte

---

43   Nicht ausgeschlossen ist freilich, dass Vorlieben oder Abneigungen gegenüber bestimmten Dialekten oder Dialektmerkmalen bestehen. Diese Haltungen münden aber nicht in eine generelle Infragestellung lokaler Sprachformen, sondern die Wertschätzung der Dialektvielfalt scheint unangefochten, zumal sie auch die Ideologie der in jeglicher Hinsicht kleingekammerten, föderativen Schweiz bedient.

44   Die kategorischen Werte, die in den Radiobeiträgen zu verzeichnen sind, verdanken sich allenfalls dem homogenisierenden Effekt einer Verschriftlichung.

45   Vgl. Helen Christen: Minoritätendialekt vor Kamera und Mikrophon: Vom unterschiedlichen Umgang mit sprachlicher Varianz im polydialektalen Medienkontext. In: Dominik Huck (Hg.): Alemannische Dialektologie: Dialekte im Kontakt. Stuttgart 2014, S. 13-27.

insofern keinerlei Konvergenz, als er unabhängig von Adressierten seine Walliser Varianten durchgehend verwendete. Derselbe soziale Kontext kann also dialektal durchaus unterschiedlich bewältigt werden, was eher gegen einen durch außersprachliche Faktoren determinierten Sprachgebrauch, sondern eher für Stile spricht, von denen Individuen unterschiedlich Gebrauch machen (können).

Bei einem Walliser Fernsehmoderator, dessen Sportberichterstattung ebenfalls in den Blick genommen wurde[46], zeigen sich in der Variantenwahl nun allerdings Ähnlichkeiten mit jener von Beat Schmid: Abhängig davon, ob er den inneren Adressatenkreis der Studiogäste oder den äußeren Adressatenkreis der Fernsehzuschauerinnen und -zuschauer direkt ansprach, veränderte sich der Einsatz bestimmter Walliser Varianten: Dem äußeren Adressatenkreis begegnete der Moderator mit einem deutlicheren Zuspruch zu ‚Minoritätenformen‘, die ein kleinräumiges Dialektareal indizieren. Auch Beat Schmid wird vom anonymen Publikum, dem äußeren Kommunikationskreis, veranlasst, seine räumliche Herkunft deutlicher zu kodieren, als er dies im Austausch mit Berufskolleginnen und -kollegen tut. Diese Konvergenz hin zu sprachlichen Varianten, die ein kleines Areal indizieren, macht aber nur vor dem Hintergrund Sinn, als es sich dabei gleichzeitig um die Erfüllung von Erwartungserwartungen nach dem ‚guten‘, ‚authentischen‘ Dialekt handelt. Diese Erwartungen werden kaum explizit an die Medienleute herangetragen, sondern es ist vielmehr von einem geteilten sprachlichen Wertesystem auszugehen, so dass die Variantenwahl vor dem Mikrofon auch verstanden werden kann als Bemühen des Sprechers, vor sich selbst als ‚guter‘ Dialektsprecher bestehen zu können, der seine räumliche Herkunft erkennen lässt. Dafür muss sich Beat Schmid jedoch keinen fremden Dialekt zulegen, sondern es ist ausreichend, seinen Dialekt dergestalt ‚herauszuputzen‘, dass aus dem ihm eigenen Repertoire an Varianten die ‚guten‘ präferiert werden. Diese Wahl führt zu Konvergenz in Richtung ‚authentischem‘ Dialekt, die trotz objektiver Divergenz zur Mehrheit der medialen Hörerschaft keinen Affront darstellt und wohl auch nicht als subjektive Divergenz rezipiert wird.

In der Sitzung dagegen steht nicht qualitätvolle Sprache, ‚guter‘ Dialekt, im Fokus, sondern eher effiziente Kommunikation. Hier zeigt sich in Bezug auf die drei Variablen Konvergenz hin zu einem stereotypischen Durchschnittsdeutschschweizer, der als eine Art von demokratischem *hyperaddressee* fungiert.[47] In Bezug auf die realen Adressaten werden dadurch Gemeinsamkeiten erhöht oder aber auch vermindert, je nach individuellem Dialekt des Zuhörers oder der Zuhörerin.

Während sich in anderen soziolinguistischen Sprachformenkonstellationen das Mikrofon – als Metapher für einen großen, anonymen Adressatenkreis – da-

---

46   Vgl. Christen 2014 und Marina Petkova: Multiples Code-switching: ein Sprachkontaktphänomen am Beispiel der Deutschschweiz. Heidelberg 2016.
47   Vgl. Bell 1991, S. 78.

hingehend auswirkt, dass der Stil ‚hochdeutscher' wird, kann er in einem sozialen Kontext, der (ausschließlich) Dialekt für die Mündlichkeit vorsieht, aus ethnolinguistischer Warte ‚dialektaler' werden. Der Adressatenzuschnitt besteht dabei darin, dass Beat Schmid den Dialekt für sein Radiopublikum quasi ‚stylt' – aber keineswegs ‚stilisiert'.

## Literatur

Ammon, Ulrich: Die deutsche Sprache in Deutschland, Österreich und der Schweiz. Das Problem der nationalen Varietäten. Berlin/New York 1995.

Auer, Peter: Natürlichkeit und Stil. In: Margret Selting/Volker Hinnenkamp (Hg.): Stil und Stilisierung. Tübingen 1989, S. 27-60.

Bell, Allan: Language Style as Audience Design. In: Language in Society 13 (1984), S. 145-204.

Bell, Allan: Audience Accommodation in the Mass Media. In: Giles/Coupland/Coupland 1991, S. 69-101.

Britain, David: Sedentarism and Nomadism in the Sociolinguistics of Dialect. In: Nikolas Coupland (Hg.): Sociolinguistics. Theoretical Debates. Cambridge 2016, S. 217-241.

Bucholtz, Mary: Sociolinguistic Nostalgia and the Authentication of Experience. In: Journal of Sociolinguistics 7 (2003), S. 398-416.

Burger, Harald/Luginbühl, Martin: Mediensprache. Eine Einführung in Sprache und Kommunikationsformen der Massenmedien. Berlin/Boston, 4. Auflage 2014.

Christen, Helen: Dialekt im Alltag. Tübingen 1998.

Christen, Helen: Was Dialektbezeichnungen und Dialektattribuierungen über alltagsweltliche Konzeptualisierungen sprachlicher Heterogenität verraten. In: Christina Ada Anders/Markus Hundt/Alexander Lasch (Hg.): Perceptual Dialectology. Berlin 2010, S. 269-290.

Christen, Helen: Minoritätendialekt vor Kamera und Mikrophon: Vom unterschiedlichen Umgang mit sprachlicher Varianz im polydialektalen Medienkontext. In: Dominik Huck (Hg.): Alemannische Dialektologie: Dialekte im Kontakt. Stuttgart 2014, S. 13-27.

Christen, Helen: Alemannisch in der Schweiz. In: Joachim Herrgen/Jürgen Erich Schmidt (Hg.): Language and Space. An International Handbook of Linguistic Variation. Vol. 4: Deutsch. Berlin/New York 2019, S. 247-280.

Christen, Helen u. a.: Länderen: Die Urschweiz als Sprach(wissens)raum. In: Roland Kehrein/Alfred Lameli/Stefan Rabanus (Hg.): Regionale Variation des Deutschen. Projekte und Perspektiven. Berlin 2015, S. 619-641.

Clark, Herbert H.: Using Language. Cambridge 1996.

Coupland, Nikolas: Dialect Stylization in Radio Talk. In: Language in Society 30 (2001), S. 345-75.

Coupland, Nikolas: Sociolinguistic Authenticities. In: Journal of Sociolinguistics 7 (2003), S. 417-431.

Coupland, Nikolas: Style. Language Variation and Identity. Cambridge 2007.

Coupland, Nikolas: Language, Society and Authenticity: Themes and Perspectives. In: Véronique Lacoste/Jakob Leimgruber/Thiemo Breyer (Hg.): Indexing Authenticity. Berlin/Boston 2014, S. 14-39.

Glaser, Elvira: Wandel und Variation in der Morphosyntax der schweizerdeutschen Dialekte. In: Taal en Tongval. Tijdschrift voor Taalvariatie 66/1 (2014), S. 21-64.

Giles, Howard/Coupland, Nikolas/Coupland, Justine (Hg.): Contexts of Accommodation: Developments in Applied Sociolinguistics. Cambridge 1991.

Giles, Howard/Coupland, Nikolas/Coupland, Justine: Accommodation Theory: Communication, Context, and Consequence. In: Dies. 1991, S. 1-68.

Goffman, Erving: Forms of Talk. Philadelphia 1981.

Haas, Walter: Reine Mundart. In: Harald Burger u. a. (Hg.): Verborum amor. Studien zur Geschichte und Kunst der deutschen Sprache. Berlin 1992, S. 578-610.

Labov, William: Sociolinguistic Patterns. Philadelphia 1972.

Petkova, Marina: Multiples Code-switching: ein Sprachkontaktphänomen am Beispiel der Deutschschweiz. Heidelberg 2016.

Scherrer, Yves/Kellerhals, Sandra: Digitalisierte Auswahl an Karten des Sprachatlas der deutschen Schweiz (SDS). URL: http://www.dialektkarten.ch (2007-2014) (18.06.2019).

Schwarzenbach, Rudolf: Die Stellung der Mundart in der deutschsprachigen Schweiz (Beiträge zur schweizerdeutschen Mundartforschung; XVII). Frauenfeld 1969.

Sprachatlas der deutschen Schweiz (SDS). Begründet von Heinrich Baumgartner und Rudolf Hotzenköcherle, in Zusammenarbeit mit Konrad Lobeck, Robert Schläpfer und Rudolf Trüb, unter Mitwirkung von Paul Zinsli, herausgegeben von Rudolf Hotzenköcherle, fortgeführt und abgeschlossen von Robert Schläpfer, Rudolf Trüb und Paul Zinsli. Bern 1962-1997.

Trudgill, Peter: Dialects in Contact. Oxford/New York 1986.

# Abstract

Against the background of the Swiss-German language situation, the realisation of three dialectal variables is examined, which a speaker makes different use of in two social contexts. On the one hand, the speaker acts as a session leader in a professional team; on the other hand, he writes contributions for Swiss Radio SRF, which he himself speaks in front of the microphone. While the variants preferred in the session are large-scale dialect variants, the speaker prefers small-scale variants in front of the microphone. This difference is explained as an addressee cut, with which the speaker does not accommodate himself to the actual variant use of his addressees, but to their presumed expectations. The choice of variants for directly addressed people with different dialects is based on an ‚average German Swiss'. However, the choice of variants in front of the microphone over an anonymous audience satisfies the requirements of the ethnolinguistic concept of a ‚good' dialect, which the speaker meets by preferring those variants from his own repertoire that clearly indicate his ‚actual' place of origin.

# Warum der Dialekt
# (jetzt) doch nicht verschwindet

## Zum Verhältnis von Zuschreibungen und Gebrauch des Dialekts im Sprachalltag von Bürgermeistern

Rudolf Bühler/Mirjam Nast

## 1. Einleitung: Vom ‚Aussterben' des Dialekts

„Stirbt der Dialekt?" – So lautet eine im Zusammenhang mit den Mundarten in Baden-Württemberg immer wieder so oder ähnlich gestellte Frage, die uns als Mitarbeiter_innen der „Tübinger Arbeitsstelle Sprache in Südwestdeutschland" in hoher Frequenz begegnet. Ob von Seiten der Gewährspersonen im Rahmen der Erhebungen zu unseren Sprachatlanten, im Kontext der Pressearbeit zum Thema Dialekt oder in informellen Gesprächen bei Vorträgen und Tagungen: Das Bezweifeln der Zukunftsfähigkeit des Dialekts scheint ein beliebter Topos zu sein, der mit unterschiedlichen Konnotationen und von verschiedenen Gruppen häufig vorgebracht wird. Dieser Eindruck bestätigt sich bei einem Blick auf die Presse der letzten Jahre zum Thema Mundart. Wenn Dialekte thematisiert werden, darf meist ein Hinweis auf deren Bedrohtsein nicht fehlen. Dies gilt sowohl für die Dialekte einzelner Regionen[1] als auch für die Dialekte des Deutschen insgesamt[2].

---

1   Vgl. z. B. dpa: Spitze Steine. Norddeutscher Dialekt verschwindet aus dem Sprachgebrauch. In: Hannoversche Allgemeine, 15.11.2010. URL: https://www.haz.de/Nachrichten/Wissen/Uebersicht/Norddeutscher-Dialekt-verschwindet-aus-dem-Sprachgebrauch (06.06.2019); Dirk Walter: Am Sonntag ist Tag der Muttersprache. „Der Dialekt verschwindet rasant". In: Münchner Merkur, 19.02.2016. URL: https://www.merkur.de/bayern/interview-muttersprache-der-dialekt-verschwindet-rasant-6140737.html (06.06.2019).

2   Vgl. z. B. Sabine Centner: Die Dialekte verschwinden zusehends. In: Schwäbische Zeitung, 21.02.2015. URL: https://www.schwaebische.de/landkreis/landkreis-ravensburg/wangen_artikel,-die-dialekte-verschwinden-zusehends-_arid,10179644.html (06.06.2019); dpa: Sprachforschung. Dialekte brauchen Artenschutz. In: ZEIT ONLINE, 25.09.2016. URL: https://www.zeit.de/wissen/2016-09/sprachforschung-lokale-dialekte-gleichen-sich-an (06.06.2019); Sebastian Kürschner, Liane von Billerbeck: Mundarten in Deutschland. Sterben unsere Dialekte aus? In: Deutschlandfunk Kultur, 28.09.2016. URL: https://www.deutschlandfunkkultur.de/mundarten-in-deutschland-sterben-unsere-dialekte-aus.1008.de.html?dram:article_id=367052 (06.06.2019);

Die Differenziertheit, in der das Thema beleuchtet wird, hängt dabei von den jeweiligen Journalist_innen ab. Wenige trauen sich zu, die Frage endgültig zu beantworten und einige schränken den proklamierten Bedeutungsverlust ein. So wird etwa ergänzt, der Dialektschwund betreffe vor allem Wachstumsregionen[3], oder es wird auf einen generellen Sprachwandel hingewiesen[4]. Insgesamt lässt sich aber beobachten, dass in den meisten Fällen, in denen es um Dialekt geht, die Frage nach dessen Verschwinden implizit oder ganz explizit präsent ist.

Was die Dialekte in Baden-Württemberg betrifft, so erlebte die Frage nach deren ‚Aussterben' im Dezember 2018 erhöhte mediale Aufmerksamkeit, als das Staatministerium Baden-Württemberg eine stark wahrgenommene Dialekttagung veranstaltete. Mit der Wahl des Tagungstitels „Daheim schwätzen die Leut'", der sich offenbar an das Sprichwort „Daheim sterben die Leut'" anlehnt und damit ein deutlicher Verweis in Richtung eines Dialektsterbens ist, wollte das Ministerium augenscheinlich die Brisanz der Dialektförderung in den Fokus rücken.[5] Das Medienecho fiel entsprechend aus. So fragten etwa die Badischen Neuesten Nachrichten: „Verkümmert die Mundart als Sprachnavi?"[6] und die Stuttgarter Nachrichten, deren Artikel allerdings unter dem Titel „Schwäbisch, ade? Nix do!" ein Dahinscheiden des Dialekts als vermeidbar betrachtete, gingen vom „gängigen Bild vom Aussterben der Dialekte"[7] aus.

Inwieweit die Verbreitung von Dialekten gegenüber früher abgenommen hat, beschäftigt in Baden-Württemberg auch das Parlament. Die Landesregierung verweist in ihrer Stellungnahme zu einem fraktionsübergreifenden Antrag vor dem Landtag von Baden-Württemberg im April 2019 auf die Unterschiede zwi-

---

Bayrischer Rundfunk, 10.11.2016. URL: https://www.br.de/mediathek/video/dialekte-das-ver-schwinden-der-dialekte-av:584f900b3b46790011a4f46c (06.06.2019); Doreen Reinhard: Dialekt. Das Sächsisch verschwindet! In: ZEIT ONLINE, 29.05.2017. URL: https://www.zeit.de/gesell-schaft/2017-05/sachsen-dialekt-saechseln-mundart-ueberland-d17 (06.06.2019); Mirko Smilja-nic: Zur Lage der deutschen Sprache. Dialekte, Jugendsprache, Hochdeutsch. In: Deutschlandfunk, 23.11.2017. URL: https://www.deutschlandfunk.de/zur-lage-der-deutschen-sprache-dialekte-ju-gendsprache.1148.de.html?dram:article_id=401491 (06.06.2019).

3    Vgl. z. B. Katharina Krenn: Dialekte in Deutschland: 7 Fakten zur Mundart. In: agrarheute, 20.03.2018. URL: https://www.agrarheute.com/land-leben/dialekte-deutschland-7-fakten-mund-art-543297 (06.06.2019).

4    Vgl. z. B. APA: Dialekte sind nicht vom Aussterben bedroht, aber.... In: Die Presse, 21.02.2019. URL: https://diepresse.com/home/kultur/feuilleton/5583158/Dialekte-sind-nicht-vom-Aussterben-bedroht-aber (06.06.2019).

5    Die Tagung „Daheim schwätzen die Leut' – Gegenwart und Zukunft der baden-württembergi-schen Dialekte" fand am 07.12.2018 im Neuen Schloss in Stuttgart statt. Das Tagungspro-gramm ist online zu finden unter: https://stm.baden-wuerttemberg.de/fileadmin/redaktion/dateien/PDF/181207_Dialektkongress_Programm.pdf (11.06.2019).

6    Badische Neueste Nachrichten (Rubrik: Südwestecho), Nr. 282, 06.12.2018.

7    Jan Sellner/Hubert Klausmann: Was wird aus dem Dialekt? „Die Schwaben sprechen richtig". In: Stuttgarter Nachrichten, 23.07.2018. URL: https://www.stuttgarter-nachrichten.de/inhalt. was-wird-aus-dem-dialekt-die-schwaben-sprechen-richtig.f3d734dc-6a20-419b-b9e3-3823b50e0e6d.html (06.06.2019). (Derselbe Artikel erschien auch in der Stuttgarter Zeitung Nr. 189 vom 17.08.2018.)

schen städtisch geprägten „Ballungszentren"[8] mit „bereits weitgehend dialekt-freie[n] Zonen"[9] und ländlichen Räumen, „in denen sich die Ortsdialekte zu einer großflächigeren und standardnäheren Regionalsprache gewandelt haben und noch weiterhin wandeln"[10]. Die gestiegene Mobilität der Dialektsprecher_innen und der daraus resultierende häufigere Kontakt mit „anderen Dialekten und mit der Standardsprache"[11] sowie die in weiterer Konsequenz „abnehmende Dialekt-kompetenz von Kindern"[12] führe letztlich zu einer abnehmenden Akzeptanz der süddeutschen Mundarten.[13] Die Landesregierung setze sich daher für den Erhalt der Mundarten ein.[14]

Neben den Initiativen von Seiten der Politik und der zitierten Presseberichter-stattung ist auch die Existenz mitgliederstarker Vereine wie des „Fördervereins Schwäbischer Dialekt", der „Mundartgesellschaft Württemberg", des Vereins „schwäbische mund-art" oder der „Muettersproch-Gsellschaft" ein Hinweis da-rauf, dass die Mundarten in der baden-württembergischen Öffentlichkeit als ‚be-droht' bzw. unterstützungsbedürftig betrachtet werden.

Die offenbar omnipräsente Frage nach dem Verschwinden des Dialekts begeg-nete uns auch im Rahmen einer kleinen qualitativ-empirischen Studie, die sich mit dem Verhältnis von Vorstellungen über den Dialekt und dessen Gebrauch im Alltag befasste. In narrativen, leitfadengestützten Interviews hatten wir neun Bürgermeister aus dem Landkreis Tübingen zu ihrem alltäglichen Sprach-gebrauch befragt, mit der Intention, etwas darüber zu erfahren, ob und wie sich der Dialektgebrauch der Befragten in ihrer öffentlichen Funktion als Bürgermeis-ter von ihrem Dialektgebrauch im privaten Bereich unterscheidet.[15] Neben der Dialektnutzung interessierte uns dabei auch, wie sich die Befragten gegenüber dem Dialekt positionieren. Gerade im Spannungsverhältnis von alltäglichem Dia-lektgebrauch und subjektiven Einstellungen lässt sich nun ein aufschlussreicher Blick auf die Frage nach dem Verschwinden des Dialekts werfen. Während die meisten unserer Interviewpartner nämlich dazu neigen, das Klischee vom ‚Aus-sterben' des Dialekts der Tendenz nach zu wiederholen bzw. implizit zu verwen-den, zeigt sich ein differenzierteres Bild, wenn sie über ihre eigenen Erfahrungen und ihren Dialektgebrauch im Alltag sprechen. Indem wir die Zuschreibungen des Dialekts in Beziehung setzen zu dessen Nutzung, können wir einen Einblick

---

8   Landtag von Baden-Württemberg: Drucksache 16/6102, S. 4. URL: https://www.landtag-bw. de/files/live/sites/LTBW/files/dokumente/WP16/Drucksachen/6000/16_6102_D.pdf (08.08.2019).
9   Ebd.
10  Ebd.
11  Ebd., S. 5.
12  Ebd.
13  Vgl. ebd.
14  Vgl. ebd.
15  Alle Interviews fanden im Zeitraum von Mai bis Juni 2018 im Rathaus des jeweiligen Ortes statt.

in die handlungsleitenden Orientierungsmuster gewinnen, die den Umgang mit dem Dialekt prägen.

Nach einer kurzen Vorstellung des Samples werden im Folgenden zwei alltägliche Erfahrungsbereiche betrachtet, an denen die Befragten ihre Beobachtungen des Dialektverschwindens festmachen: der Kontakt zu Nicht-Dialektsprecher_innen sowie der Umgang mit Vertreter_innen der ‚jüngeren Generation'. Dabei werden die Praktiken und Erklärungsmuster beleuchtet, die mit der Prognose des Dialektverlusts einhergehen, wobei sich deutliche Diskrepanzen von Einstellungen gegenüber dem Dialekt und den geschilderten sprachlichen Alltagspraktiken zeigen. In einem letzten Punkt soll schließlich geklärt werden, was die Befragten überhaupt unter „Dialekt" verstehen und welchen Einfluss ihr Dialektverständnis wiederum auf ihre Aussagen über ‚den Dialekt' nimmt. Vor diesem Hintergrund wird es möglich, die Bedeutung der Aussagen über einen Dialektschwund in einem Geflecht aus Praktiken, Zuschreibungen und emotionalen Beziehungen sichtbar zu machen, die die Nutzung der unterschiedlichen sprachlichen Varietäten bestimmen. Die in Bezug auf die befragten Bürgermeister vorgefundenen Handlungs- und Deutungsmuster werfen dabei Licht auf den medialen und gesellschaftlichen Diskurs zum Thema ‚Aussterben des Dialekts'.

Der vorliegende Beitrag befasst sich also mit der Frage nach dem ‚Aussterben' des Dialekts nicht, um sie abschließend zu klären, sondern um zu verstehen, welche Alltagsrelevanz diese Frage hat, die aktuell mit solcher Vehemenz gestellt wird.

## 2. Sample und Methode

Um ein in Aufgaben und Erfahrungen vergleichbares Sample zum Ausgangspunkt der Analyse machen zu können, befragten wir im Landkreis Tübingen ausschließlich Bürgermeister von Ortschaften, die keine eigenständigen Teilorte haben. In diesen Gemeinden gibt es als Gemeindevorstand nur einen Bürgermeister und keine weiteren Ortsvorsteher_innen. Die Zahl der Einwohner_innen liegt zwischen etwa 3.000 und etwa 6.000. Die Gemeinden liegen allesamt im ländlichen Raum, die Aussagen über den Dialekt im Ort müssen daher in diesem Kontext betrachtet werden.[16] Interviewt wurden neun männliche Gesprächspartner im Alter zwischen 41 und 66 Jahren, von denen acht eine Fachhochschulausbildung für den öffentlichen Dienst und einer ein Jurastudium absolviert haben.

---

16 Zur unterschiedlichen Beurteilung von Varietäten im ländlichen und urbanen Raum vgl. Markus Hundt: Einstellungen gegenüber dialektal gefärbter Standardsprache. Eine empirische Untersuchung zum Bairischen, Hamburgischen, Pfälzischen und Schwäbischen (ZDL, Beihefte; 78). Stuttgart 1992; Rudolf Bühler: Sprachwandeltendenzen in Baden-Württemberg. Eine diachrone Untersuchung am Beispiel der schwäbisch-fränkischen Dialektgrenze. Teil I: Textband. Tübingen 2016, S. 210–214.

In narrativen, leitfadengestützten Interviews, die zwischen 30 und 80 Minuten dauerten, fragten wir nach den individuellen Sprachkenntnissen und dem Vorkommen von Schwäbisch im Lebenslauf, nach dem Gebrauch von Dialekt in verschiedenen Lebensbereichen (etwa in der Familie, im Bekanntenkreis oder im Amt) sowie nach Erfahrungen mit Schwäbisch in der Öffentlichkeit (beispielsweise unangenehmen oder positiv erfahrenen Situationen). Einstellungen zum Dialekt versuchten wir mit eher allgemein gehaltenen Fragen zu erfassen (z. B. „Was gibt Ihnen der Dialekt, was das ‚Hochdeutsche' nicht zu bieten hat?"), aber auch mit Fragen zum konkreten Dialektgebrauch (z. B. „Sprechen Sie mit Ihren Kindern Dialekt?"). Die Auswertung des Interviewmaterials zum Thema ‚Verschwinden des Dialekts' war nicht im Voraus beabsichtigt, deshalb stellten wir keine Fragen, die explizit auf diesen Aspekt gerichtet waren. In den Gesprächen ergaben sich dennoch zahlreiche Bezüge hierauf.

Wenn nach dem Dialekt gefragt wurde, betraf dies meist das Schwäbische als den im Landkreis Tübingen gesprochenen Dialekt. Die Befragten kommen allerdings nicht alle gebürtig aus der Region des Ortes, in dem sie das Bürgermeisteramt bekleiden, und so unterscheiden sich auch die gesprochenen Dialekte. Sechs der Befragten sprechen schwäbischen, zwei alemannischen und einer südfränkischen Dialekt.

Die mittels der narrativen Interviews generierten Erzählungen bieten uns zwar keinen direkten Zugriff auf den tatsächlichen Sprachalltag der Befragten, wie dies etwa durch direkte Beobachtung möglich wäre. Sie enthalten aber, und dies ist hinsichtlich unseres Gegenstands weit wichtiger, auch subjektive Positionen und Bewertungen, sie geben individuelle Einstellungen und Emotionen wieder. Damit ermöglichen sie auch einen Zugriff auf die Vorstellungen der Interviewten über Sprache und ihr eigenes Sprechen. Sie erlauben es also, im Folgenden subjektive Zuschreibungen, die der Dialekt erfährt, in Beziehung zu setzen zum Dialektgebrauch und zu erörtern, wie sich die Vorstellung, der Dialekt gehe zunehmend verloren, zur dialektalen Praxis im Alltag verhält.

## 3. Dialektgebrauch und Dialektzuschreibungen

Die Sichtweise, der Dialekt werde zunehmend durch den Standard verdrängt und habe einen immer geringeren Anteil am Sprachalltag, ist in unserem Sample verbreitet. Viele der Befragten nennen hierfür Beobachtungen aus ihrem eigenen Erfahrungsbereich als Beispiele, und sie bedauern zugleich den von ihnen diagnostizierten Umstand. Ihre Einschätzung macht sich vor allem an zwei Erfahrungsbereichen fest: Zum einen betrifft sie den Sprachgebrauch in öffentlichen Räumen und insbesondere den Kontakt mit Nicht-Dialektsprecher_innen, von deren Seite Standardsprechen gewissermaßen erwartet bzw. eingefordert werde, zum anderen den Umgang mit jüngeren Menschen, unter denen der Dialekt vergleichsweise weniger verbreitet sei, und welche dabei als Vertreter_innen ‚der jüngeren Generation' betrachtet werden, die als Indikatoren auf eine allgemeine Entwicklung hinweisen.

## 3.1 Dialekt und Standard in der Öffentlichkeit

In unserem Sample herrscht die Ansicht vor, dass zur Verständigung in und mit der Öffentlichkeit der Standard das bessere Mittel sei. Der Dialektgebrauch der befragten Bürgermeister entspricht dem. So lässt sich ein Spektrum ausmachen, das von informellen Situationen im privaten Bereich (in der Familie oder mit Freunden), in denen tendenziell dialektnäher gesprochen wird, hinreicht bis zu stark formalisierten Sprechsituationen in öffentlichen Räumen (in der Ausübung des Amtes als Bürgermeister), in denen häufig standardnah gesprochen wird.[17]

Innerhalb des öffentlichen Raums ist dabei nochmals zu differenzieren. In informellen Situationen im Büro bzw. im Rathaus, beim Kontakt mit Kolleg_innen oder Besucher_innen, sprechen die meisten Interviewpartner ihren Angaben zufolge überwiegend Schwäbisch bzw. den Dialekt der näheren Umgebung.[18] In stärker reglementierten Bereichen wie etwa Sitzungen oder Ausschüssen werde der Tendenz nach Standard gesprochen. Dies gelte für die Mehrheit der Teilnehmer_innen sowie auch für die eigene Sprachpraxis.[19] Die sprachlichen Varietäten werden offenbar von vielen ganz bewusst eingesetzt. Ein Interviewpartner formuliert:

„Man spricht halt als Privatperson ein bisschen freier. Ja, als Bürgermeister dann schon eher [...] versucht man, die Worte etwas besser zu wählen. Ja. Weil man natürlich dann automatisch, äh, mehr dran gemessen wird. Also, da wird eher das Wort dann schon auf die Goldwaage gelegt."[20]

Wie ein anderer deutlich macht, wird über den Gebrauch der jeweiligen Sprachebene zwischen Dialekt und Standard je nach Situation entschieden:

---

17  Während drei unserer Interviewpartner ihren Aussagen nach beim Sprechen im privaten und öffentlichen Raum keine bzw. nur geringe Unterschiede machen, tendieren sechs der Befragten in privaten Situationen Richtung Dialekt und in öffentlichen Richtung Standard.

18  Hinzu kommen bei entsprechendem Publikumskontakt, etwa mit Flüchtlingen und Migrant_innen – einer der Bürgermeister berichtet, seine Gemeinde habe Einwohner_innen aus 87 Nationen – auch Fremdsprachen, in erster Linie Englisch.

19  Sechs sprechen, wie sie sagen, selbst in Sitzungen und Ausschüssen tendenziell Standard, zwei Schwäbisch und einer variiert, je nachdem, ob er im Gemeinderat spricht oder außerhalb des Ortes.

20  Interview Nr. 01_139.

„Wenn das etwas Förmliches ist, wo einfach einen, einen relativ förm-
lichen Rahmen hat, wenn jetzt ein Minister kommt oder ein Abgeordneter
oder der Herr Landrat, eher zu einem offiziellen Besuch, dann sprichst du
anders, weil es einfach auch – ja, die Gepflogenheiten anders sind, oder
bei einer Einweihung von etwas, wie wenn du auf ein Fest gehst, dort
ein kurzes Grußwort hältst oder bei einem Verein, je nachdem, bei einer
Hauptversammlung. Das ist halt immer anlassbezogen."[21]

Am standardnächsten sei die Sprache bei öffentlichen Reden. Diese, so ein Interviewpartner, seien sprachlich sein „höchstes Treppchen"[22]. Reden verfasse er
stets schriftlich und lese sie größtenteils ab, wobei er möglichst ‚Hochdeutsch'
spreche.[23] Der Interviewpartner ist sich seiner Repräsentationsfunktion offenbar
deutlich bewusst und versucht seine Aufgaben als Bürgermeister auch dadurch
ernstzunehmen, dass er die richtige sprachliche Form findet: „[H]ier und da kann
das natürlich auch mit einem Schwäbischen gespickt sein, aber an der Stelle
bin ich dann nicht der Schwabe, sondern ich bin dann der Bürgermeister der
schwäbischen Gemeinde."[24] Er berichtet auch von entsprechenden Ansprüchen
seitens der Bürger_innen. So erzählt er von einer Wählerin, die ihn aufgrund seiner Fähigkeit, standardnah zu sprechen, einem anderen Kandidaten vorgezogen
habe. Sie wolle „gerne einen Bürgermeister und keinen Dorfschultheiß"[25], habe
diese angegeben.
Dialektales Sprechen, so zeigt sich, erscheint offenbar vielen als dem öffentlichen Raum unangemessen. Einerseits ist hierfür das Ziel ausschlaggebend, vom
Gegenüber verstanden zu werden. Viele Interviewpartner äußern dies explizit
als Motiv. Man passe sich den Gesprächspartner_innen bzw. Zuhörer_innen aus
diesem Grund bewusst an. Ein Befragter formuliert dazu:

„[I]ch weiß […], dass man halt, um mit jemandem in Kontakt zu treten, vor
allem, wenn es dann um Sprache geht, einfach versuchen muss, auf ein
Level zu kommen, wo der andere auch sein kann, wo er einen wahrnehmen kann. […] Wenn man, was weiß ich, einen Ur-Dialekt redet, und der
andere dann reines Hochdeutsch oder eine andere Sprache, dann wird
man einfach nicht zusammenkommen."[26]

Einige Befragte berichten, dass sie grundsätzlich bei Vorträgen die sprachliche
bzw. Dialektebene so wählten, dass sie sichergehen könnten, vom – tatsäch-

---

21   Interview Nr. 02_56.
22   Interview Nr. 07_142-150.
23   Vgl. Interview Nr. 07_160f.
24   Interview Nr. 07_103.
25   Interview Nr. 07_170.
26   Interview Nr. 09_106.

lichen oder antizipierten – Publikum verstanden zu werden. Standardnah werde immer dann gesprochen, wenn unter den Zuhörer_innen Personen ‚von außerhalb' seien. Konkret werden hier genannt: Neubürger_innen aus anderen Dialektregionen (sogenannte „Reingeschmeckte"), Nicht-Ortsansässige, vor allem aus Norddeutschland, sowie Menschen ohne ausreichende Deutschkenntnisse. Außerdem bewirkt offenbar die Anwesenheit der Presse eine Standardorientierung beim Sprechen.

Neben dem Verstandenwerden geht es, wie bereits erkennbar wurde, um den Einsatz des Standards für repräsentative Zwecke. Wenn sie im öffentlichen Raum in repräsentativer Funktion tätig sind, wählen offenbar viele Bürgermeister ganz bewusst den Standard, der die administrative Ordnung darstellt und formale Korrektheit signalisiert. Standardsprecher_innen, dies ist ihnen dabei präsent, wird nicht nur sprachliche, sondern auch fachliche Kompetenz zugeschrieben. Dieser Gebrauch der Varietäten entspricht der von den Linguist_innen Péter Maitz und Monika Foldenauer beschriebenen „Standardideologie"[27]. Das damit zusammenhängende, gesellschaftlich weit verbreitete Narrativ verbindet die Standardsprache mit Bildung und Autorität, während der Dialekt demgegenüber abgewertet wird.[28] In unserem Sample ließ sich feststellen, dass die Bürgermeister diese Vorstellung in ihrer Repräsentantenfunktion gezielt nutzen, um von den positiven Zuschreibungen des Standards zu profitieren.

Für die Beurteilung des Standards als höherwertig und seinen Einsatz als Sprache der Repräsentation spielen dabei auch erfahrene Herabsetzungen des Dialekts durch Nicht-Dialektsprecher_innen eine Rolle. So äußern viele der Befragten den Eindruck, dass der eigene Dialekt bzw. die in Baden-Württemberg gesprochenen Dialekte stigmatisiert würden. Schwäbisch und Alemannisch besäßen aus der Sicht von Nichtsprecher_innen dieser Dialekte ein niedriges Prestige, würden mit Hinterwäldlertum bzw. Rückständigkeit und Ungebildetsein verbunden, den Dialektsprecher_innen würden dementsprechend mangelnde Intelligenz und fehlende Weltoffenheit unterstellt. In einigen Fällen verbinden sich mit dieser Wahrnehmung persönliche Erfahrungen, dass der eigene Dialekt von Außenstehenden als negativ bewertet bzw. das eigene Dialektsprechen sanktioniert wurde. Der Umgang mit dem schwäbischen Dialekt sowie mit bestimmten regionalen Varietäten wird von vielen als abwertend und gleichzeitig ignorant geschildert. So sei der Dialekt eng verknüpft mit Vorurteilen gegenüber Schwaben, wie etwa: „Von der Alb zu kommen hat geheißen, dümmlich zu sein"[29] oder

---

27  Vgl. Péter Maitz/Monika Foldenauer: Sprachliche Ideologien im Schulbuch. In: Jana Kiesendahl/Christine Ott (Hg.): Linguistik und Schulbuchforschung. Gegenstände – Methoden – Perspektiven (Eckert; 137). Göttingen 2015, S. 217-234, hier S. 219-221 und den Beitrag von Monika Foldenauer in diesem Band.

28  Vgl. ebd.; zum „Prestige" von Dialekten oder sprachlichen Merkmalen und dessen Einfluss auf die Akzeptanz der Sprache der Anderen; vgl. auch Bühler 2016, S. 191-197.

29  Interview Nr. 07_79.

„Schwaben werden ja immer irgendwie ein bisschen als duppelig [= dumm, töl-
pelhaft] gesehen"[30]. Gleichzeitig wird eine gewisse Ignoranz seitens auswärtiger
Sprecher_innen beschrieben: In anderen Gegenden Deutschlands falle es den
Gesprächspartner_innen oft schwer, den schwäbischen Dialekt geographisch
zuzuordnen. Diese Erfahrung wurde besonders in Norddeutschland gemacht.
Einer der befragten Bürgermeister gab an, er werde in Hamburg als Bayer wahrgenommen.[31]

Die erfahrenen Stigmatisierungen haben Folgen für den eigenen Dialektgebrauch: Als Reaktion verteidige man entweder den Dialekt mit Hinweis auf
die eigene erfolgreiche Wirtschaftsgeschichte[32] oder schäme sich und halte sich
„dann auch zurück in den Diskussionen und so weiter"[33]. Besonders als Min-
derheit in größeren Gruppen von Nicht-Dialektsprecher_innen sei Vorsicht geboten, und man warte zunächst ab, wie die Reaktionen der Gesprächspartner_innen
seien. Einige Befragte gaben an, dass sie in jungen Jahren als Reaktion auf Sanktionen von außen grundsätzlich nicht mehr oder nur noch wenig Dialekt sprechen
wollten. So erzählt ein Interviewpartner von einem „Schlüsselerlebnis"[34], bei dem
ein Lehrbeauftragter ihn bei einer Schulung auf seinen starken Dialekt hingewiesen habe:

„Und irgendwann brach es aus ihm heraus, vor der ganzen Klasse, indem
er sagte, wörtlich, ich werde den Satz nie vergessen: ‚Bei Ihnen ist es un-
verkennbar, dass Sie von der Schwäbischen Alb kommen.' [...] [I]ch habe
selber ab dem Zeitpunkt versucht, meine Sprache und das, was ich sagen
will, so zu schleifen, dass es teilweise sogar schon dann im Alltag ein bisschen, äh, kompliziert und verschachtelt wurde."[35]

Im Gebrauch des Standards vermischen sich folglich zwei Motive: Er wird einerseits, als scheinbar allgemeingültiges Kommunikationsmittel, zur Verständigung
verwendet. Andererseits dient er, da er im Vergleich zum Dialekt als höherwer-
tige Varietät gilt, repräsentativen Zwecken. Bei näherem Hinsehen ist jedoch
sowohl die Allgemeingültigkeit des Verständigungsanspruchs einzuschränken
als auch der Umstand, dass der Standard als ein dem Dialekt überlegenes Ausdrucksmittel betrachtet wird.

30   Interview Nr. 07_685.
31   Interview Nr. 07_276.
32   Interview Nr. 07_693; 08_278.
33   Interview Nr. 04_113.
34   Interview Nr. 07_30.
35   Interview Nr. 07_30-35.

### 3.1.1 Standard als notwendiges Mittel des Verstandenwerdens?

Die von den Befragten geäußerte Ansicht, der Standard sei das geeignetere Mittel, um in der Öffentlichkeit verstanden zu werden, relativiert sich, wenn die sprachlichen Praktiken der Bürgermeister genauer betrachtet werden. So gilt die schlechte Verständigung mittels Dialekt offenbar nur für räumlich eingeschränkte Bereiche. Die Erfahrung, dass man nicht verstanden werde, wurde von den meisten nur außerhalb der Region gemacht. Innerhalb des eigenen Ortes und der eigenen Region wird der Dialekt offenbar als angemessen betrachtet.

Schwäbisch bzw. Regionalstandard, das heißt Standard mit dialektaler Färbung zu sprechen, ist hier der ‚Normalfall'. Einerseits, weil hier erwartet wird, es mit Gesprächspartner_innen zu tun zu haben, die ähnlich sprechen, andererseits, weil entsprechende Erwartungen seitens der Kommunikationspartner_innen antizipiert werden. Ein Interviewpartner sagt in diesem Zusammenhang: „Die Leute würden ja fragen: ‚Was ist jetzt mit dem los? [...] Hat er jetzt einen Tick oder sonst was?'"[36]. Die Interviewpartner passen sich also der vorherrschenden Umgangssprache an.

Der Dialekt hat dabei eine Integrationsfunktion, die von den Befragten deutlich wahrgenommen wird. Ein Beispiel hierfür ist der Umgang mit den Zugezogenen in den Gemeinden. Für Neubürger, die aus anderen Dialektgebieten stammten, sei die Unkenntnis des Dialekts „schon ein Stück weit ein Hemmnis, [...] in die Gesellschaft hereinzukommen"[37], sagt einer der Bürgermeister. So erging es auch einem der Befragten selbst, der ohne vorherige Kenntnis des Ortsdialekts für das Bürgermeisteramt kandidierte. Einige Bürger wollten ihn, wie er sagt, „schon alleine wegen [seiner] Sprache nicht wählen"[38]. Den Ortsdialekt zu sprechen, wird wiederum als Zeichen geglückter Integration in die lokale Gemeinschaft betrachtet, wie es einer der Bürgermeister am Beispiel eines Schwäbisch schwätzenden Migrantenkindes schildert:

> „Ich habe einmal kürzlich ein Erlebnis gehabt, da ist einer gekommen, da hat es mich schier zerrissen, also der war anderer Hautfarbe, war offensichtlich, dass er kein Schwabe ist, aber der hat das im breitesten Schwäbisch dahergebracht. Mich hat es schier zerrissen. Also, ich fand das so toll [...] Das wäre ein positives Erlebnis. Wenn der das dann mit der [...] neuen, jungen Sprache machen täte, [...] wäre das mir so gar nicht aufgefallen."[39]

---

36  Interview Nr. 04_20-22.
37  Interview Nr. 06_183.
38  Interview Nr. 09_95.
39  Interview Nr. 02_173.

Wird also innerhalb der eigenen Region Dialektsprechen gewissermaßen vorausgesetzt, verhält sich dies außerhalb der Region unter umgekehrten Vorzeichen
ähnlich. So wird angenommen, in Norddeutschland habe man es eher mit Stan-
dardsprecher_innen zu tun, die kein Schwäbisch verstünden. Ein Interviewpartner berichtet beispielsweise, bei Besuchen in Norddeutschland passe er sich an,
um Verständigungsschwierigkeiten zu vermeiden. Berlin etwa bezeichnet er als
„eine ganz andere Welt, was die Sprache angeht. Wie gesagt, ich verstehe alles,
gar kein Problem, aber da kommst du automatisch an deine Grenzen. Also, wenn
du mit dem Dialekt die ganze Zeit sprichst, äh, verstehen die dich einfach nicht."
Ein anderer Befragter sagt, er empfinde es als „unhöflich"[40], vor Leuten, die kein
Schwäbisch verstünden, ‚breit' Dialekt zu sprechen. Dabei geht es offenbar nicht
nur darum, dass er sich sprachlich auf eine bestimmte Weise verhält, weil die
Mehrzahl der Gegenüber anders spricht. Vielmehr spielt auch der Raum, innerhalb dessen gesprochen wird, eine Rolle. So ist der Interviewpartner der Ansicht,
‚Einheimische' hätten die Definitionsmacht über die Sprache in ihrer ‚Heimat'
inne; wer von außen komme, müsse sich anpassen.[41] Innerhalb der eigenen Region wird es offenbar auch als weit unproblematischer empfunden, mit Nicht-
Dialektsprecher_innen zu kommunizieren.

Im Dialektgebrauch der Interviewpartner kommt damit die Vorstellung des
festen Verbundenseins von Dialekt und Region deutlich zum Ausdruck. Die
Variation zwischen Dialekt und Standard ist neben dem Grad an Öffentlichkeit
und Privatheit der Sprechsituation stark abhängig vom Dialektraum, in dem man
sich befindet. Standard ist also nicht immer Voraussetzung, um einen angemessenen Auftritt zu gewährleisten und als kompetent wahrgenommen zu werden.
Vielmehr hängt es vom jeweiligen Raum ab, was als adäquat angenommen
wird. Die jeweilige Ingroup der Sprecher_innen ist ausschlaggebend und hat
die Definitionsmacht über die geltende Sprachpraxis inne. Dialekt wird hier wie
selbstverständlich mit einem bestimmten Raum verbunden und auf diese Weise
naturalisiert.

In den Interviews wird eine solche Verbindung von Region bzw. Kultur und
Sprache häufig hergestellt, oft mit dem Verweis auf eine gemeinsame Geschichte, durch die ein „Zusammengehörigkeitsgefühl"[42] konstituiert werde und
auf die mit einem gewissen Stolz zurückgeblickt wird. Eine Region, so ein Interviewpartner, „präg[e] ihre Menschen und auch die Sprache"[43]. Hier zeigen
sich Übereinstimmungen mit einer Auffassung wie sie im 19. Jahrhundert unter
Sprachforscher_innen verbreitet war. Man nahm an, „daß sich in der Mundart
und Sprache wie in der Sitte das Charakteristische des Volksstamms nach sei-

---

40   Interview Nr. 08_68.
41   Vgl. z. B. Interview Nr. 01_216-221.
42   Interview Nr. 06_193.
43   Interview Nr. 07_326.

ner Denk- und Lebensweise spiegle"[44]. Diese Vorstellung eines in einem streng abgegrenzten geographischen Raum gewachsenen „Volksstammes" ist offenbar noch heute im Alltag der Befragten virulent. Aus ihr erwächst die Ansicht, der Dialekt gehöre „zu unserer Geschichte [...] und [...] zu unserer eigenen Identität"[45], wie ein Interviewpartner formuliert. Es findet sich in diesem Zusammenhang die Vorstellung von ‚Heimat' im Sinne geographischer Zugehörigkeit. Deren räumlicher Maßstab variiert dabei, mitunter wird „ganz Baden-Württemberg"[46] als ‚Heimat' betrachtet. Nicht alle unserer Interviewpartner sehen dabei die eigene Region und den eigenen Dialekt als unverzichtbar. Diese von vielen unserer Befragten geteilte Verbindung von Dialekt und Region bildet den Hintergrund für die sprachlichen Praktiken. Für eine regionale Öffentlichkeit ist der Dialekt ganz offenbar das als geeignet betrachtete und gängige Kommunikationsmittel.

Dieser Befund entspricht dem sprachlichen Stufenmodell von Hermann Bausinger (siehe Abb. 1), der die Wirkung der „kommunikativen Reichweite"[47], also des potenziellen Nutzungsbereichs des Dialekts und der in vertikaler Richtung darüber geschichteten Sprachstufen, beschreibt. Während der Dialekt „von begrenzter und dadurch minimaler kommunikativer Reichweite"[48] ist, können die Sprachstufen bis zur Hochsprache ein Niveau von „unbegrenzter und optimaler kommunikativer Reichweite"[49] erlangen. Wir konnten in diesem Zusammenhang zeigen, dass die Lebenswelt unserer Interviewpartner nicht nur auf die örtliche Umgebung ihres Wohnortes begrenzt ist „mit den dort eingeschränkten Möglichkeiten, sprachliche Register - etwa das Sprechen zu Hause, mit Nachbarn, bei der Arbeit, im Umgang mit Behörden - zu verwenden"[50], sondern dass sie sich auch in anderen Räumen bewegen, in denen sie zwischen dem Gebrauch der Varietäten Dialekt und Standard gezielt variieren.

### 3.1.2 Standard als überlegene Ausdrucksmöglichkeit?

Wie die Funktion des Standards als überlegenes Mittel der Verständigung, so muss auch seine Rolle als höherwertiges Ausdrucksmittel relativiert werden. So scheint

---

44 H. Halm: Skizzen aus dem Frankenland. Nach Vorträgen im fränkischen histor. Verein. Hall 1884, S. 2.
45 Interview Nr. 01_279.
46 Interview Nr. 05_255.
47 Hermann Bausinger: Deutsch für Deutsche. Dialekte, Sprachbarrieren, Sondersprachen. Frankfurt a. M. 1972, S. 35; vgl. auch Heinrich Löffler: Probleme der Dialektologie. Eine Einführung. Darmstadt 1974, S. 8; Werner König: dtv-Atlas Deutsche Sprache. Tafeln und Texte. Mit 138 farbigen Abbildungsseiten. München 1978, S. 132; Heinrich Löffler: Dialektologie. Eine Einführung. Tübingen 2003, S. 7; Werner König: Kommunikative Reichweiten. Ein Beitrag zur perzeptiven Dialektologie am Beispiel des Films „Wer früher stirbt, ist länger tot". In: ZDL 77 (2010), S. 1-18, hier S. 2.
48 Löffler 2003, S. 7.
49 Ebd.
50 Bühler 2016, S. 189f.

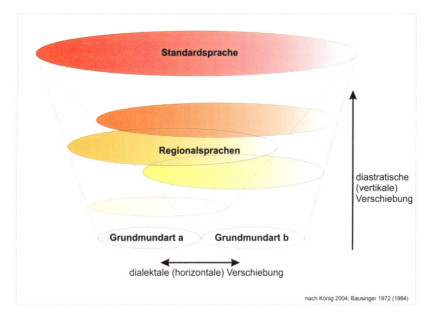

Abbildung 1: Das sprachliche Stufenmodell nach Bausinger und König.

der Standard nur für die sachlich orientierte Kommunikation angemessener zu sein. Der Dialekt hingegen wird als überlegene Varietät betrachtet und bevorzugt eingesetzt, wenn es um Verständigung auf emotionaler Ebene geht. Eine Zuschreibung des Schwäbischen, die in den Interviews auffällig häufig zur Sprache kommt, ist dessen Verbindung mit Vertrautheit. Nach Auffassung der Interviewpartner ermöglicht der schwäbische Dialekt Nähe und schafft Verbundenheit. Mit dem ‚Hochdeutschen' wird demgegenüber Distanz assoziiert. Ein Interviewpartner zieht hier einen Vergleich zum Duzen und Siezen von Personen. Eine sprach*ästhetische* Entsprechung scheint dieser Aspekt darin zu haben, dass der schwäbische Dialekt als klanglich weich bzw. „wärmer" und „runder", das „Schriftdeutsch" hingegen als „hart" und „stakkatomäßig" wahrgenommen wird.[51]

Während der Standard häufig als abstrakte und systematische Sprache konnotiert wird, wird Schwäbisch von den Befragten als sehr „bildhafte"[52] und dadurch reiche Sprache charakterisiert. Die Bildhaftigkeit wird als Besonderheit der eigenen Varietät wahrgenommen, die unübersetzbar sei.[53] So gebe es „Wörter oder Konstruktionen […], die nur im Dialekt funktionieren und außerhalb des

---

51  Vgl. Interview Nr. 01_258.
52  Interview Nr. 07_14.
53  Vgl. Interview Nr. 01_223-236; 09_125-141.

Dialekts nicht."[54] Oft wird davon ausgegangen, dass es im Falle einer Übersetzung einen Verlust oder eine Verschiebung auf semantischer Ebene gebe, ohne dass jedoch konkrete Beispiele genannt würden. Die Schriftsprache wird in diesen Fällen als unscharf oder umständlich wahrgenommen, etwa: „Da brauchst du ja einen halben Satz, bist du die Begrifflichkeiten erklärt hast."[55] Mit der Vorstellung der Unübersetzbarkeit des Dialekts wird immer auch Zugehörigkeit verhandelt, was sich in der Ansicht zeigt, die exakte Bedeutung des Schwäbischen könne nur von Eingeweihten ausgelegt werden. Außenstehende hätten hier nur schwer Zugang, aber der „Schwabe versteht sofort, was du damit meinst"[56].

Häufig wird versucht, die Bildhaftigkeit und Unübersetzbarkeit des Schwäbischen mit Beispielen aus dem Bereich der Emotionen zu ‚untermauern'. In vielen Fällen betreffen die genannten Beispiele das Schimpfen und Fluchen. Der Dialekt wird regelmäßig als ‚derb' oder ‚deftig' beschrieben. Neben eher negativ konnotierten Emotionen wie Ärger oder Wut[57] wird er auch mit positiv konnotierten Emotionen verbunden, etwa im Kontext von geselligem Zusammensein[58]. Dialekt werde dann gesprochen, „wenn man sich wohlfühlt"[59], und durch das Hören eines vertrauten oder geschätzten Dialekts können positive Emotionen ausgelöst werden. So äußert sich etwa ein Interviewpartner als ‚Fan' des oberschwäbischen Dialekts: „So dieser Singsang vom Oberland, den liebe ich. […] Sobald es Sigmaringen südlich geht, die schwätzen einfach anders. Und das finde ich herrlich, wenn ich die schwätzen höre."[60] Ein gemeinsam geteilter Dialekt ist, so lässt sich den Aussagen unserer Interviewpartner entnehmen, in der Lage, eine Verständnisebene mit „menschlicher Komponente"[61] zu schaffen. In diesem Zusammenhang wird er als „einfühlsamer"[62] beschrieben als der Standard.

Die Vorstellung vom Dialekt als einer ‚Sprache der Emotionen' korreliert mit dem Dialektgebrauch der Interviewpartner. Sprachliche Anpassung erfolgt nicht nur, um ein inhaltliches Verständnis zu ermöglichen, sie wird auch zur emotionalen Verständigung eingesetzt. Dass der Dialekt ganz gezielt genutzt wird, um positive Emotionen beim Gegenüber zu erzeugen, kommt beispielsweise in der folgenden Äußerung zum Ausdruck:

> „[J]e mehr du das natürlich auch merkst, dass dein Gegenüber, ich sage jetzt vielleicht auch einmal, Wert drauf legt auf seinen Dialekt, umso mehr versuchst du, ihm da natürlich auch entgegenzukommen. Oder, jetzt sage

---

54  Interview Nr. 08_379.
55  Interview Nr. 01_242.
56  Interview Nr. 08_83.
57  z. B. Interview Nr. 05_119; 01_266; 08_319.
58  Interview Nr. 01_268; 08_346.
59  Interview Nr. 02_62; 09_195.
60  Interview Nr. 08_315.
61  Interview Nr. 07_58.
62  Interview Nr. 06_200.

ich es einmal, hart gesagt, du versuchst, dich da ihm sympathisch zu machen auch durch die Sprache."[63]

In ihrer Eigenschaft als Bürgermeister machen sich die Interviewpartner die enge Verbindung von Dialekt und Emotion offenbar besonders dann zunutze, wenn sie zwischen Parteien zu vermitteln haben und ein „Vertrauensverhältnis zu vielen Leuten aufbauen"[64] müssen. Der Dialekt könne hier deeskalierend wirken und Verständnis erzeugen. Auch während Besuchen bei Altersjubilaren hilft offenbar das Dialektsprechen, Empathie zu schaffen. Ein Interviewpartner führt aus:

> „[W]enn dann jemand mal 80, 90 oder so ist und ein sehr, sehr ausgeprägtes, dörfliches Schwäbisch daherbringt [...], da steige ich dann auch mal gern drauf ein, und dann sage ich dann schon auch mal [...]: ,Ha, da haben Sie aber ein schönes Häfele [= Kaffeetasse].' Und das kommt dann einfach so: ,So, finden Sie auch? Ha ja.' Und so geht das dann, gell, dann merkt man sofort wie, äh, wie die Leute einfach, äh, sehen, man nimmt sie in ihrer Persönlichkeit wahr."[65]

Der Dialekt ist offenbar deshalb dazu in der Lage, emotionale Verständigung zu ermöglichen, weil er von vielen als unabdingbarer Teil der eigenen Identität erfahren wird. Schwäbisch wird gewissermaßen als die ,eigene', ,natürliche' Sprache betrachtet. Es „geh[e] wie von selber, [...] wo überhaupt es keines Nachdenkens bedarf, dass man jetzt sich auf Satzstellungen oder auf Sachzusammenhänge zu konzentrieren hat"[66], formuliert ein Interviewpartner. Zu dieser Wahrnehmung des eigenen Dialekts als quasi naturgegeben gehört auch die situationsabhängige, offenbar unbewusste Wahl von Sprachstufen. Die Variation zwischen Dialekt und Standard findet, vielen Interviewpartnern zufolge, „nicht bewusst"[67] bzw. auch „unterbewusst"[68] statt. „Ich spreche so, wie ich spreche, und habe mir gar keine Gedanken darüber gemacht, ehrlich gesagt"[69], sagt ein Interviewpartner.

Das Ablegen des Dialekts bzw. das Standardsprechen wird demgegenüber von vielen als etwas der eigenen Identität Fremdes, als Verstellung bzw. Verleugnung wahrgenommen.[70] Wenn er ,Hochdeutsch' spreche, höre sich dies „immer

---

63   Interview Nr. 06_59.
64   Interview Nr. 06_115.
65   Interview Nr. 07_134.
66   Interview Nr. 07_37.
67   Interview Nr. 01_33, 114.
68   Interview Nr. 01_34; vgl. auch Interview Nr. 09_87.
69   Interview Nr. 05_117.
70   Vgl. z. B. Interview Nr. 03_13, 22.

geschwollen an"[71], sagt etwa ein Interviewpartner. Der Versuch, einen fremden Dialekt „nachzuahmen"[72] könne zu einer Blamage führen, führt ein anderer aus. Die Annahme einer Natürlichkeit des Dialekts bzw. Dialektsprechens verbindet sich demnach immer mit einer entsprechenden Vorstellung vom ‚Hochdeutschen' als einer gewissermaßen unnatürlichen, konstruierten Schriftsprache, die wie eine Fremdsprache erst erlernt werden müsse.[73] Diese Zuschreibungen hängen auch mit dem Status des Dialekts als mündliche Sprache zusammen, die dem historisch auf Schriftlichkeit basierenden Standard entgegengesetzt ist. Hier zeigt sich ein gängiges Narrativ, das auch sprachwissenschaftlichen Modellen von Mündlichkeit und Schriftlichkeit entspricht, wie sie etwa Peter Koch und Wulf Oesterreicher vorstellen. Diese beschreiben einen engen Zusammenhang von Mündlichkeit mit Eigenschaften wie Nähe und Spontaneität. Der Standard zeigt sich demgegenüber als Sprache, die mit Distanz und Elaboriertheit assoziiert ist.[74] In den Reflexionen unserer Interviewpartner findet eine Unterscheidung in den Kategorien Schriftlichkeit und Mündlichkeit kaum statt. Oft ist den Befragten der Umstand nicht bewusst, dass es sich bei den Dialekten ausschließlich um gesprochene Sprache handelt. Der Aspekt der Mündlichkeit des Dialekts wird aber im alltäglichen Sprechen der Befragten deutlich sichtbar.[75]

Der Sprachgebrauch der Bürgermeister changiert in ihrem beruflichen Alltag zwischen den Polen Dialekt und Standard, die entsprechend ihren jeweiligen Zuschreibungen situativ eingesetzt werden. Die Wahl der angemessenen Sprachstufe erfordert dabei häufig einen Balanceakt: Einerseits haben viele den Wunsch, möglichst natürlich und authentisch zu wirken, was ihrer Ansicht nach am besten durch dialektales Sprechen erreicht werden kann, andererseits wird aus Prestigegründen und zur besseren Vermittlung ein standardnahes Sprechen angestrebt. Mit der Aufgabe, eine ihrem Amt angemessene Sprache zu finden, gehen die Bürgermeister offenbar sehr souverän um, wobei mitunter zwischen verschiedenen Sprachebenen gewechselt wird. Häufig haben sich die Bürgermeister den Gebrauch einer mittleren Sprachebene zwischen Dialekt und Standard angewöhnt, die sowohl dem Aspekt der Identität als auch dem der Vermittlung gerecht wird. Seine Sprache sei „weder in die noch in die andere Richtung extrem"[76], sagt ein Interviewpartner. Ein anderer gibt an, er bemühe sich, sich dem „Hochdeutschen sozusagen anzunähern, aber dabei das Schwäbische

---

71  Interview Nr. 03_13.
72  Interview Nr. 01_76, 119, 245.
73  Tatsächlich ist der schwäbische Dialekt die Erstsprache der meisten Befragten. Der Standard wurde in den meisten Fällen erst spät erlernt. Dialekt zu sprechen fällt vielen leichter als Standard zu sprechen.
74  Vgl. Peter Koch/Wulf Oesterreicher: Sprache der Nähe – Sprache der Distanz. Mündlichkeit und Schriftlichkeit im Spannungsfeld von Sprachtheorie und Sprachgeschichte. In: Romanistisches Jahrbuch 36 (1985), S. 15-43, hier z. B. S. 23.
75  Vgl. Fußnoten 22, 23.
76  Interview Nr. 01_191.

nicht zu vergessen."[77] Dabei habe er sich ein „Zwischending"[78] zwischen Schwäbisch und ‚Hochdeutsch' angewöhnt, das für ihn das Beste sei.

Wie sich zeigt, ist die Nutzung des Dialekts also sowohl hinsichtlich seines Gebrauchs in der Öffentlichkeit als auch im Hinblick auf seine Ausdrucksmöglichkeiten keineswegs so eingeschränkt, wie oberflächlich betrachtet angenommen werden könnte. Durch die genauere Analyse des Sprachgebrauchs der befragten Bürgermeister ergibt sich, dass der Dialekt in verschiedensten Situationen eingesetzt wird und erweiterte Möglichkeiten der sprachlichen Kommunikation neben dem Standard bietet.

## 3.2 Dialekt und Standard im Umgang mit der ‚jüngeren Generation'

Hinter der Vorstellung des Dialektverschwindens steht des Weiteren die alltägliche Wahrnehmung, Angehörige der ‚jüngeren Generation' sprächen weniger Dialekt als die Älteren, worin sich ein allgemeiner Rückgang des Dialekts manifestiere.[79] Als Beispiele werden hier Erfahrungen mit den eigenen Kindern oder jüngeren Einwohner_innen der Gemeinden angeführt. Den Jüngeren wird zugeschrieben, einen weniger ausgeprägten Dialekt zu verwenden, allgemein weniger Dialekt oder sogar „perfekt Hochdeutsch"[80] zu sprechen. Ein Interviewpartner gibt an, seine Tochter spreche durch ihr Studium „Schriftdeutsch"[81] und finde den Dialekt der Eltern „fast peinlich"[82]. Analog dazu wird der älteren Generation allgemein ein häufigerer Dialektgebrauch zugesprochen. Diese spreche zudem ein ‚breiteres' Schwäbisch als die jüngere, was sich für viele der Bürgermeister besonders während ihrer Besuche bei Altersjubilaren in der Gemeinde bestätigt.

Die konstatierte Abnahme des Dialektgebrauchs bei den Jüngeren wird einerseits bedauert, weil der Dialekt, wie bereits ausgeführt, als ‚reichere' Sprache mit positiven Konnotationen verbunden ist, die dem Standard als Varietät der Administration meist abgesprochen werden. Ein Bürgermeister, der angibt, dass in seiner Gemeinde „[f]amiliäre Strukturen"[83] nach wie vor eine bedeutende Rolle spielten und ein regelmäßiger intergenerationeller Sprachkontakt stattfinde, äußert den Eindruck, dass ein starker familiärer Zusammenhalt auch einen

---

77 Interview Nr. 03_44.
78 Interview Nr. 03_47.
79 Sieben Interviewpartner berichten über die Erfahrung, dass Jüngere einen weniger ausgeprägten Dialekt sprächen (vgl. Interviews Nr. 01_146-167; 02_114-118; 03_105-108; 05_134-150; 06_51-52; 07_ 200f.; 08_36-40), ein Befragter nennt ältere Menschen als Beispiel für selbstverständliches Dialektsprechen (vgl. Interview Nr. 04) und ein weiterer geht nicht auf das Thema eines generationellen Wandels ein (vgl. Interview Nr. 09).
80 Interview Nr. 08_15, 18.
81 Interview Nr. 02_113.
82 Interview Nr. 02_115.
83 Interview Nr. 06_170.

positiven Einfluss auf die Verwendung des Dialekts habe. Das Zusammenleben mit den Großeltern etwa habe ein höheres Prestige der Varietät der älteren Generation bei den Jüngeren zur Folge. Dieser Zustand wird von dem Befragten als „heile Welt"[84] charakterisiert, in der sozialer Kontakt untereinander und die Loyalität zum Geburtsort besonders stark seien, was sich auch im Sprachgebrauch niederschlage. Um dem drohenden Verlust des Dialekts bei den Kindern entgegenzuwirken, entwickeln die Eltern bisweilen sogar eigene Strategien, mit denen diese Loyalität gestärkt werden soll. So erzählt ein Interviewpartner, er habe mit seinen Kindern, die keinen ausgeprägten Dialekt sprächen, „stundenlang Häberle und Pfleiderer gehört."[85] Für den Befragten stellt Sprache eine Form der Begegnung zwischen Menschen dar. Die Beschäftigung mit dem Dialekt dient hier dazu, ein intergenerationelles Miteinander zu schaffen.

Während also einerseits der Bezug auf den Dialekt durchaus positiv ist und dessen Verlust beklagt wird, betrachten es andererseits die meisten unserer Interviewpartner als notwendig, die eigenen Kinder zum Gebrauch des Standards zu erziehen, damit diese in der Schule nicht benachteiligt seien. Außerdem müssten die Kinder in der Lage sein, sich ihrem sprachlichen Umfeld anzupassen, um zum Beispiel während des Studiums mit Kommiliton_innen Standarddeutsch sprechen zu können. Daher werde auch mit den Kindern nicht oder nicht ‚breit' Dialekt gesprochen. Der Dialekt wird zwar im Umgang mit den eigenen Kindern nicht vollständig vermieden, jedoch ist oder war in der Vergangenheit der Standard erklärtes Erziehungsziel der meisten Befragten.[86] Einige der Bürgermeister geben aber an, ihre Haltung habe sich mittlerweile verändert. Einer etwa bedauert, dass man den Kindern „vermittelt [habe], dass Schwäbisch ein bisschen, äh, dümmlich wirken kann"[87], ein anderer sagt, er glaube inzwischen, dass durch den Dialekt keine Nachteile gegeben seien und die Haltung gegenüber dem Dialekt dabei sei, sich zu verändern.[88]

Der Wunsch, den Dialekt zu erhalten, führt demnach nicht, wie dies eigentlich als Konsequenz erwartet werden könnte, zu einem stärkeren Dialektgebrauch im Umgang mit der jüngeren Generation. Die Überzeugung eines ‚Aussterbens' des Dialekts scheint demnach nicht ganz so tief zu sitzen: Die postulierte Überzeu-

---

84  Interview Nr. 06_173.
85  Interview Nr. 07_266. „Häberle und Pfleiderer" bezieht sich auf die Figuren des Komikerduos Willy Reichert und Charly Wimmer.
86  Drei Befragte versuchten, nach eigener Aussage, ihre Kinder zum Standardsprechen zu erziehen (vgl. Interviews Nr. 07_200-207; 09_158f.; 04_208f.), ein weiterer gibt an, die Erziehung zum Standard habe sich auf das Schreiben beschränkt (vgl. Interviews Nr. 03_67-80). Ein Interviewpartner sagt, seine Kinder seien, bedingt durch die unterschiedliche Herkunft der Elternteile „zweisprachig", mit Dialekt und Standard aufgewachsen (vgl. 08_37), zwei Befragte sprachen von Beginn an mit ihren Kindern Dialekt (vgl. Interviews Nr. 02_125-127, 113-121; 05_149), zwei Befragte haben keine Kinder (vgl. Interviews Nr. 01 und 06).
87  Interview Nr. 07_201.
88  Vgl. Interview Nr. 04_208-212.

gung wird nicht zur Grundlage der eigenen Praktiken gemacht. Mit den eigenen Kindern etwa wird nicht bewusst Dialekt gesprochen, um ein Verschwinden des Dialekts zu verhindern.

Ein detaillierterer Blick auf die in den Interviews geschilderten Praktiken zeigt also ein Bild, das den so häufig dramatisierten Dialektverlust in den Hintergrund rücken lässt. Während oft pauschal behauptet wird, man könne sich mit Schwäbisch schlechter verständigen als mit Standarddeutsch, gilt dies wie gezeigt nur für bestimmte Bereiche. Innerhalb des eigenen Dialektraums bietet Schwäbisch erweiterte Möglichkeiten der Verständigung. Darüber hinaus entspricht der inkonsequente Gebrauch der Varietäten bei der Kindererziehung einem eher unverkrampft-pragmatischen Umgang mit Fragen des Dialekts und fügt sich somit nicht in das gängige alarmisierende Narrativ des ‚Aussterbens' ein.

## 4. Subjektive Dialektverständnisse

Die Aussagen über ein Verschwinden des Dialekts müssen zudem eingeschränkt werden, insofern nicht immer über denselben Gegenstand gesprochen wird: Was als Dialekt betrachtet wird, unterscheidet sich innerhalb unseres Samples stark. In der vorangegangenen Darstellung des Gebrauchs der Varietäten Dialekt und Standard folgten wir den Aussagen unserer Interviewpartner und gaben deren subjektive Einschätzungen wieder, die in vielen Fällen einer objektiven, sprachwissenschaftlichen Beurteilung entgegenlaufen. Es ist deshalb sinnvoll, näher zu betrachten, welche Dialektverständnisse sich bei den Befragten zeigen.

Es lässt sich feststellen, dass der Dialekt anfangs nicht als Teil eines diastratischen Kontinuums verstanden wird, wie er etwa aus dem sprachlichen Stufenmodell von Bausinger hervorgehen würde (siehe Kap. 3.1.1).[89] Als Dialekt wird in diesem Modell nur die Grundmundart begriffen, die in einem Ort oder der nächsten Umgebung gesprochen wird. Viele unserer Interviewpartner hingegen fassen alle Sprachstufen unterhalb des Standards als „Dialekt" zusammen. Der Terminus „Dialekt", wie ihn die Befragten verwenden, ist also nicht im Sinne einer feinen Differenzierung zu verstehen. Vielmehr deckt er zunächst alle Niveaus unterhalb der Standardsprache ab, von der Regionalsprache bis zur Grundmundart. Erst bei der weitergehenden Reflexion erscheinen qualitative Unterscheidungen zwischen den einzelnen Sprachstufen, wie sie zum Beispiel Arno Ruoff beschrieben hat (siehe Abb. 2).[90]

Das Verständnis von Dialekt und Standard als jeweils einheitlichen und nicht weiter zu differenzierenden Entitäten zeigt sich auch, wenn die Interviewpartner

---

89  Vgl. Bausinger 1972, S. 35; vgl. hierzu auch Löffler 1974, S. 8; König 1978, S. 132; König 2010, S. 2.
90  Vgl. Arno Ruoff: Mundarten in Baden-Württemberg. Stuttgart 1983, S. 6f.

die Variationsbreite ihres eigenen Sprechens zwischen Dialekt und Standard ein-
schätzen. Hierbei lassen sich zwei Gruppen unterscheiden. Zwei der Interviewpartner geben an, sich sprachlich meist auf *einer* Ebene zwischen Dialekt und
Standard zu bewegen, wobei es sich um eine Dialektebene handele, die nicht
‚ganz breites' Schwäbisch sei. Sieben Interviewpartner variieren ihren Aussagen
zufolge situationsabhängig zwischen Dialekt und Standard. Dabei sind die Be-

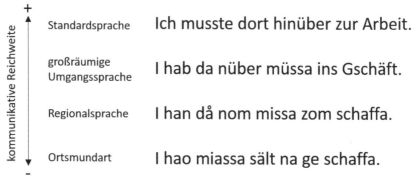

nach Ruoff 1983

Abbildung 2: Das sprachliche Stufenmodell nach Ruoff.

fragten durchaus in der Lage, Nuancen innerhalb des Dialekts wahrzunehmen.
So können sie ausnahmslos regionale Besonderheiten benennen und zwischen
unterschiedlichen Regionen differenzieren. Dies gilt sowohl für Unterschiede innerhalb des schwäbischen Sprachraums[91] als auch für Unterschiede zwischen
dem Schwäbischen und anderen Dialektregionen[92]. Innerhalb des Schwäbischen
beschränken sich die wahrgenommenen sprachlichen Unterschiede allerdings
auf ganz bestimmte Einzelwörter: Die Verschiedenheit betreffe vor allem „speziell[e] Begriffe"[93] und mache nur „Nuancen"[94] aus.

In der Wahrnehmung bestimmter Alltagssituationen, die von verschiedenen
Interviewpartnern unterschiedlich gedeutet werden, zeigt sich, dass die Einschätzung, was überhaupt als Dialekt und was als Standard einzustufen sei,
individuell stark variiert. So sagt ein Interviewpartner, der für sich selbst prokla-

91  Interview Nr. 02_3, 44, 201, 255; 03_5-11, 41; 04_85, 121-142; 05_102, 170; 07_73-82;
    08_285, 292.
92  Interview Nr. 01_37-72, 55-58; 08_285.
93  Interview Nr. 05_228; vgl. auch Interview Nr. 05_169, 190, 203-220, 244.
94  Interview Nr. 06_149; 03_28, 06; 02_113.

miert, stets Schwäbisch und überall gleich zu sprechen, über die Sprachpraxis bei Sitzungen mit Bürgermeistern anderer Orte in Baden-Württemberg:

> „Ha, es gibt den einen oder anderen, der dann versucht: so dieses ‚Honoratiorenschwäbisch‘, sage ich immer, so dieses Stuttgarter Schwäbisch – Aber ist eher selten. Weil, wir sind ja unter uns. Das ist ja […] eine geschlossene Gruppe, die Bürgermeister in Baden-Württemberg. Es sind ja in der Regel alles Schwaben oder Badener. Man versteht sich ja untereinander. [Da waren] jetzt letzte Woche in Isny 100 Bürgermeister beieinander. Ich wüsste nicht einen, der Hochdeutsch spricht. Es haben alle – Die haben alle Dialekt gesprochen."[95]

Während also dieser Befragte das Sprachverhalten der Bürgermeisterkolleg_innen sowohl im örtlichen Kontext als auch außerhalb des Ortes als stark dialektgeprägt beurteilt, beschreibt ein anderer Interviewpartner dies gänzlich anders. Über seinen eigenen Umgang mit den Varietäten sagt er etwa: „Wenn ich im Amt bin […], dann versuche ich […] schon ins Schwabenhochdeutsch reinzukommen."[96] Dies gelte für ihn schon bei Gemeinderatssitzungen, Veranstaltungen, in denen den Äußerungen der meisten Interviewpartner zufolge üblicherweise dialektnäher gesprochen wird als bei ortsexternen bzw. überregionalen Zusammenkünften:

> „Ich spreche im Gemeinderat kein breites Schwäbisch, vor allem nicht in der öffentlichen Sitzung, da sitzen hinten Journalisten drin, die wissen gar nicht, was Schwäbisch ist, also von daher musst du natürlich auch aufpassen. Äh, sondern das wird dann halt dieses, dieses eingebügelte Hochdeutsch-Schwäbisch-Gemisch, wo, äh, an dem man uns immer erkennt."[97]

Im Gegensatz zu diesen beiden Befragten, die jeweils entweder die generelle Dialektnähe oder die generelle Standardorientierung hervorheben, betont ein anderer Bürgermeister die situativen Unterschiede:

> „Also im Kreistag merkt man echt deutlich: Da ist der schwäbische Einschlag nicht so groß wie jetzt zum Beispiel in einer Gemeinderatssitzung. Das muss man einfach von der Zusammensetzung her – Es gibt einfach regionale Unterschiede. Stadt Tübingen wird nicht so Schwäbisch gesprochen wie jetzt hier auf dem Land dann. Und da sind natürlich auch viele

---

95   Interview Nr. 05_77.
96   Interview Nr. 08_27.
97   Interview Nr. 08_99.

Vertreter vom Bereich Tübingen dann zugegen. Und das merkt man dann ganz deutlich. Wir haben ja auch Kollegen, die aus dem Badischen kommen. Also die können mit Schwäbisch relativ wenig anfangen."[98]

Hier werden also sehr verschiedene Einschätzungen derselben sprachlichen Situationen sichtbar: Die drei Interviewpartner nehmen den Gebrauch der Varietäten bei denselben von ihnen besuchten Veranstaltungstypen sehr unterschiedlich wahr. Eine weitere Diskrepanz ergibt sich, wenn man neben der Selbsteinschätzung der Befragten auch unsere empirische Beobachtung ihres Sprachgebrauchs miteinbezieht. Im Laufe der Interviews nämlich sagten die zwei zuerst zitierten Interviewpartner sinngemäß: ,So, wie ich jetzt mit Ihnen spreche, spreche ich mit allen' bzw. ,so spreche ich immer, wenn ich im Amt bin.' Der eine interpretierte diese Sprachebene als Dialekt, der andere als „Schwabenhochdeutsch"[99], während sich beide unserer Einschätzung nach auf derselben Dialektebene bewegten. Die Subjektivität der Wahrnehmung betrifft also nicht nur die Einschätzung des Sprachgebrauchs anderer Sprecher_innen in bestimmten Situationen, sondern auch die Einordnung des eigenen Sprechens zwischen Dialekt und Standard.

Die dargestellten Beispiele zeigen, wie individuell verschieden die Wahrnehmung von Dialekt offenbar ist. Wenn also davon gesprochen wird, es werde „breites Schwäbisch" gesprochen, kann dies im jeweiligen Fall ganz Unterschiedliches bedeuten – vom Ortsdialekt über Regionalsprache bis hin zum dialektal gefärbten Standarddeutsch. Die Aussagen der Interviewpartner über ihren eigenen Dialektgebrauch werden dabei angesichts der unterschiedlichen subjektiven Dialektbegriffe nicht grundsätzlich in Frage gestellt. Wenn aber von einem Verschwinden des Dialekts die Rede ist, ergibt sich damit eine gewisse Variationsbreite dessen, was ihrer Ansicht nach zu verschwinden droht.

Wenn die Interviewpartner über ihren Dialekt sprechen, ist zudem auffällig, dass sie diesen häufig in Gegenüberstellung zum ,Hochdeutsch' bzw. Standarddeutsch charakterisieren. Die jeweiligen Zuschreibungen, die die Varietäten dabei erfahren, wurden bereits dargestellt. Während das eigene Sprechen von den Interviewpartnern meist als mehr oder weniger stark dialektgeprägt wahrgenommen wird, wird norddeutschen Sprecher_innen zugeschrieben, diese sprächen dialektfrei. Dies entspricht der wirkmächtigen sprachlichen Ideologie des „Hannoverismus"[100], der zufolge das Standarddeutsch, das in Norddeutschland gesprochen werde, besser sei als süddeutsche Varianten.[101] Als Beispiele

---

98   Interview Nr. 03_18.
99   Interview Nr. 08_27.
100  Maitz/Foldenauer 2015, S. 221.
101  Vgl. ebd.

für dialektfreie Räume werden in unserem Sample Niedersachsen, aber überraschenderweise auch Nordrhein-Westfalen genannt.

In dieser Zuordnung des gesamten norddeutschen Raums und selbst von Teilen Mitteldeutschlands zum Standard sowie der damit verbundenen Tendenz, das eigene Sprachverhalten anzugleichen (siehe Kap. 3.1.1), scheint einer der wesentlichen Hintergründe für die Wahrnehmung eines Dialektverlusts zu liegen. Bei der Kommunikation mit norddeutschen Sprecher_innen wird von den Interviewpartnern ein ,Anpassungszwang' empfunden, der darauf beruht, dass erstere – in manchen Fällen sicherlich unzutreffenderweise – als Standardsprecher_innen wahrgenommen werden, deren sprachliche Ausdrucksform die korrekte sei. Der empfundene Druck wird dabei als allgemeine Forderung seitens einer standardorientierten Öffentlichkeit betrachtet. Damit werden Erfahrungen in konkreten Einzelsituationen als Teil einer allgemeinen Entwicklung zu immer weniger Dialekt (um)gedeutet.

Allerdings stehen diese Wahrnehmung und die damit verbundenen negativen Zuschreibungen des Dialekts quer zu anderen Äußerungen der Interviewpartner. So bleibt trotz der von den Befragten geschilderten Stigmatisierung ein positives Selbstverständnis als Dialektsprecher bestehen. Die Interviewpartner wissen um die Vorurteile gegenüber dem schwäbischen Dialekt, bewahren jedoch ein positives Bild von diesem. Analog dazu wird die wahrgenommene Dialektlosigkeit anderer Regionen ambivalent beurteilt, und nicht immer wird der Gebrauch des Standarddeutschen in der gesprochenen Sprache positiv eingeschätzt. So sagt ein Interviewpartner: „NRW, Niedersachsen, […] das ist das sauberste Deutsch. Ja, (da)nach sage ich immer: ,Was ist das Reindeutsche?' Ja, also Schriftdeutsch. Aber ob das deswegen das Richtige ist, wage ich zu bezweifeln."[102] Zudem wird der eigene Umgang mit dem Dialekt als positiv herausgestellt. So wird Sprecher_innen aus anderen Dialektregionen, vor allem aus Bayern, das als Region mit starkem Dialekt empfunden wird, oftmals ein übersteigertes „Selbstbewusstsein oder Selbstverständnis"[103] attestiert; „die bemühen sich auch gar nicht"[104], ihrem Gegenüber sprachlich entgegenzukommen. Die Verwendung des eigenen Dialekts in seinen Abstufungen gilt hingegen als „höflich"[105], die Schwaben zeigten sich hier als „offener"[106] gegenüber Außenstehenden. Deutlich wird in den Interviews das Selbstverständnis sichtbar, man brauche sich mit seinem Dialekt ,nicht zu verstecken'[107]. Als Reaktion auf die wahrgenommene Stigmatisierung und diesbezüglich erfahrene Sanktionen zeigt sich damit zwar kein unbeeindruckter Sprachgebrauch, aber offenbar ein davon weitgehend un-

---

102  Interview Nr. 01_261.
103  Interview Nr. 03_36.
104  Interview Nr. 03_34.
105  Interview Nr. 03_34; vgl. auch 08_68.
106  Interview Nr. 03_40.
107  Vgl. Interview Nr. 04_236.

berührtes Selbstwertgefühl im Hinblick auf den Dialekt. Zudem geben einige Interviewpartner an, eine Entwicklung in der Außenwahrnehmung des Dialekts zu bemerken. Sie vertreten die Ansicht, dass sich die Situation hin zu einer positiveren Sichtweise von Dialekt verändert habe, dass Stigmatisierungen abnähmen und es heute in zahlreichen Gesprächssituationen viel weniger problematisch sei, Dialekt zu sprechen.

Die eigene Sprachpraxis ist also offensichtlich stark davon abhängig, wie der eigene Dialekt im Vergleich zu dem anderer Sprecher_innen wahrgenommen wird. Das jeweilige subjektive Dialektverständnis beeinflusst den Gebrauch der Varietäten. Dabei spielen auch die Zuschreibungen von Dialekt und Standard eine wichtige Rolle, denn die Wertigkeiten zeigen wiederum einen Einfluss auf den Gebrauch, der sich, nach den Aussagen unserer Interviewpartner, zugunsten des Schwäbischen verschiebt.

# 5. Warum der Dialekt (jetzt) doch nicht stirbt: Zum Einfluss von Dialektzuschreibungen auf den Sprachalltag

Wie sich gezeigt hat, ist der Diskurs um ein ‚Aussterben des Dialekts' im sprachlichen Alltag keineswegs so einflussreich wie angesichts seiner Präsenz in Medien und Öffentlichkeit angenommen werden könnte. Die mit dem Postulat des Dialektverschwindens verbundenen Vorstellungen, der Standard sei dem Dialekt als Ausdrucks- und Kommunikationsmittel überlegen und die ‚jüngere Generation' spreche immer weniger Dialekt, zeigen nur begrenzt Einfluss auf den Sprachgebrauch in unserem Sample. Zwar bestimmen sie die Nutzung der Varietäten Dialekt und Standard und auch deren Wahrnehmung im Alltag mit und strukturieren bestimmte Erfahrungen vor. Sehr greifbar wird dies etwa, wenn die Befragten, im Sinne einer *self-fulfilling prophecy*, die Beurteilung ihres Dialekts durch andere antizipieren und mit ihrem eigenen Verhalten einen befürchteten Dialektrückgang möglicherweise bestärken. So, wenn in der Annahme, in Norddeutschland werde kein Schwäbisch verstanden, quasi in ‚vorauseilendem Gehorsam' standardnah gesprochen wird, was zu einer Erhöhung des Bekanntheitsgrades des schwäbischen Dialekts kaum beitragen dürfte.

Die Vorstellungen der Unterlegenheit des Dialekts sowie seines Verdrängtwerdens im Alltag konkurrieren jedoch mit weiteren Zuschreibungen des Dialekts, die das alltägliche Sprechen ebenfalls deutlich prägen. Die Annahme eines engen Bezugs von Dialekt und Raum/Region etwa beeinflusst dessen Nutzung ebenso wie das Empfinden seines Verbundenseins mit der eigenen Identität und seiner Nähe zur Emotionalität. Entgegen der Auffassung, der Dialekt gehe verloren, zeigt sich hier sowohl räumlich als auch auf die inhaltlichen Bereiche der Kommunikation bezogen ein weiterhin großer Verwendungsbereich des Dialekts. In der Zuordnung des Dialekts zum Raum bzw. der Region sowie in seiner Bindung an das Subjekt wird dabei eine Naturalisierung von Dialekt und Dialektsprechen sichtbar. Der Dialekt transportiert Ideen einer ‚natürlichen' Sprache, die zur eigenen Identität untrennbar gehöre, und die eng auf die geographische Herkunft und kulturelle Zugehörigkeit bezogen ist. Sein Gebrauch ist in vielen Situationen auch als symbolisch einzustufen, wobei seine Konnotationen gezielt eingesetzt werden, um eine bestimmte Außenwirkung zu erzeugen.

Während im Sprechen über den Dialekt häufig eine idealistische Haltung zu beobachten ist, nimmt dies oft nur wenig Einfluss auf dessen alltäglichen Gebrauch. So wird etwa im Umgang mit den eigenen Kindern eine pragmatische Haltung in Bezug auf die unterschiedlichen Varietäten sichtbar. Der Wunsch, den Dialekt zu erhalten, der auf einem eher allgemeinen, häufig nicht an Beispielen festgemachten Empfinden basiert, dass der Dialekt ‚verschwinde', führt in den meisten Fällen nicht dazu, dass mit den eigenen Kindern Dialekt gesprochen wird; Erziehungsziel ist vielmehr, wie betrachtet, häufig die Vermittlung des Standards. Der Sichtweise eines Verschwindens des Dialekts wird so letztlich im Sprachgebrauch oft nicht entsprochen.

Mit der Betrachtung der subjektiven Dialektverständnisse konnte zudem gezeigt werden, dass unter „Dialekt" individuell je ganz Verschiedenes begriffen wird, womit sich Aussagen über ein ‚Aussterben' des Dialekts relativieren. So bleibt stets unklar, welche Sprachstufen jeweils als ‚aussterbend' betrachtet werden und wie weit der antizipierte Verlust eigentlich gehe. Darüber hinaus ist zu berücksichtigen, dass viele Befragte eine Entwicklung zu einer zunehmenden Akzeptanz des Dialekts wahrnehmen. Die Einschätzungen der Interviewpartner zur zukünftigen Entwicklung des Dialekts entsprechen hier also nicht den Erfahrungen im eigenen Alltag.

Während die befragten Bürgermeister somit häufig den in Medien und Öffentlichkeit geprägten Diskurs um die prekäre Situation des Dialekts repetieren, zeigen die Erzählungen über ihre Alltagserfahrungen einen anderen Stellenwert des Dialekts. Es ließe sich also sagen, dass der Dialekt, während er im öffentlichen Diskurs häufig als ‚Sterbekandidat' gehandelt wird, im Alltag der Sprecher offenbar keineswegs zu sterben bereit ist. Wie deutlich wurde, bestimmen verschiedene, dem Diskurs zum Teil völlig entgegenlaufende Zuschreibungen des Dialekts dessen alltäglichen Gebrauch mit. Jenseits der öffentlichen Debatten gibt es also offensichtlich einen Sprachalltag, der eigenen Regeln folgt, in die hier ein kurzer Einblick gegeben werden konnte.

## Literatur

Badische Neueste Nachrichten (Rubrik: Südwestecho), Nr. 282, 06.12.2018.

Bühler, Rudolf: Sprachwandeltendenzen in Baden-Württemberg. Eine diachrone Untersuchung am Beispiel der schwäbisch-fränkischen Dialektgrenze. Teil I: Textband. Tübingen 2016.

Bausinger, Hermann: Deutsch für Deutsche. Dialekte, Sprachbarrieren, Sondersprachen. Frankfurt a. M. 1972.

Halm, H.: Skizzen aus dem Frankenland. Nach Vorträgen im fränkischen histor. Verein. Hall 1884.

Hundt, Markus: Einstellungen gegenüber dialektal gefärbter Standardsprache. Eine empirische Untersuchung zum Bairischen, Hamburgischen, Pfälzischen und Schwäbischen (ZDL Beihefte; 78). Stuttgart 1992.

Koch, Peter/Oesterreicher, Wulf: Sprache der Nähe – Sprache der Distanz. Mündlichkeit und Schriftlichkeit im Spannungsfeld von Sprachtheorie und Sprachgeschichte. In: Romanistisches Jahrbuch 36 (1985), S. 15-43.

König, Werner: dtv-Atlas Deutsche Sprache. Tafeln und Texte. Mit 138 farbigen Abbildungsseiten. München 1978.

König Werner: Kommunikative Reichweiten. Ein Beitrag zur perzeptiven Dialektologie am Beispiel des Films „Wer früher stirbt, ist länger tot". In: ZDL 77 (2010), S. 1-18.

Maitz, Péter/Foldenauer, Monika: Sprachliche Ideologien im Schulbuch. In: Jana Kiesendahl/Christine Ott (Hg.): Linguistik und Schulbuchforschung. Gegenstände – Methoden – Perspektiven (Eckert; 137). Göttingen 2015, S. 217-234.

Löffler, Heinrich: Probleme der Dialektologie. Eine Einführung. Darmstadt 1974.

Löffler, Heinrich: Dialektologie. Eine Einführung. Tübingen 2003.

Ruoff, Arno: Mundarten in Baden-Württemberg. Stuttgart 1983.

### Internetquellen

APA: Dialekte sind nicht vom Aussterben bedroht, aber.... In: Die Presse, 21.02.2019. URL: https://diepresse.com/home/kultur/feuilleton/ 5583158/ Dialekte-sind-nicht-vom-Aussterben-bedroht-aber (06.06.2019).

Bayrischer Rundfunk, 10.11.2016. URL: https://www.br.de/mediathek/video/ dialekte-das-verschwinden-der-dialekte-av:584f900b3b46790011a4f46c (06.06.2019).

dpa: Spitze Steine. Norddeutscher Dialekt verschwindet aus dem Sprachgebrauch. In: Hannoversche Allgemeine, 15.11.2010. URL: https://www.haz. de/Nachrichten/Wissen/Uebersicht/Norddeutscher-Dialekt-verschwindet-aus-dem-Sprachgebrauch (06.06.2019).

dpa: Sprachforschung. Dialekte brauchen Artenschutz. In: ZEIT ONLINE, 25.09.2016. URL: https://www.zeit.de/wissen/2016-09/sprachforschung-lokale-dialekte-gleichen-sich-an (06.06.2019).

Centner, Sabine: Die Dialekte verschwinden zusehends. In: Schwäbische Zeitung, 21.02.2015. URL: https://www.schwaebische.de/landkreis/landkreis-ravensburg/wangen_artikel,-die-dialekte-verschwinden-zusehends-_arid,10179644.html (06.06.2019).

Krenn, Katharina: Dialekte in Deutschland: 7 Fakten zur Mundart. In: agrarheute, 20.03.2018. URL: https://www.agrarheute.com/land-leben/dialekte-deutschland-7-fakten-mundart-543297 (06.06.2019).

Kürschner, Sebastian/Billerbeck, Liane von: Mundarten in Deutschland. Sterben unsere Dialekte aus? In: Deutschlandfunk Kultur, 28.09.2016. URL: https://www.deutschlandfunkkultur.de/mundarten-in-deutschland-sterben-unsere-dialekte-aus.1008.de.html?dram:article_id=367052 (06.06.2019).

Landtag von Baden-Württemberg: Drucksache 16/6102. URL: https://www.landtag-bw.de/files/live/sites/LTBW/files/dokumente/WP16/Drucksachen/6000/16_6102_D.pdf (08.08.2019).

Reinhard, Doreen: Dialekt. Das Sächsisch verschwindet! In: ZEIT ONLINE, 29.05.2017. URL: https://www.zeit.de/gesellschaft/2017-05/sachsen-dialekt-saecheln-mundart-ueberland-d17 (06.06.2019).

Sellner, Jan/Klausmann, Hubert: Was wird aus dem Dialekt? „Die Schwaben sprechen richtig". In: Stuttgarter Nachrichten, 23.07.2018. URL: https://www.stuttgarter-nachrichten.de/inhalt.was-wird-aus-dem-dialekt-die-schwaben-sprechen-richtig.f3d734dc-6a20-419b-b9e3-3823b50e0e6d.html (06.06.2019). (Derselbe Artikel erschien auch in der Stuttgarter Zeitung Nr. 189 vom 17.08.2018.)

Smiljanic, Mirko: Zur Lage der deutschen Sprache. Dialekte, Jugendsprache, Hochdeutsch. In: Deutschlandfunk, 23.11.2017. URL: https://www.deutschlandfunk.de/zur-lage-der-deutschen-sprache-dialekte-jugendsprache.1148.de.html?dram:article_id=401491 (06.06.2019).

Staatsministerium Baden-Württemberg: Tagungsprogramm „Daheim schwätzen die Leut'", 7.12.2018. URL: https://stm.baden-wuerttemberg.de/fileadmin/redaktion/dateien/PDF/181207_Dialektkongress_Programm.pdf (11.06.2019).

Walter, Dirk: Am Sonntag ist Tag der Muttersprache. „Der Dialekt verschwindet rasant". In: Münchner Merkur, 19.02.2016. URL: https://www.merkur.de/bayern/interview-muttersprache-der-dialekt-verschwindet-rasant-6140737.html (06.06.2019).

## Abstract

„Will dialect die?" - This question is asked over and over again when it comes to the dialects in Baden-Württemberg. Doubting the future viability of dialect seems to be a popular topic. It is associated with the ideas that German high standard language was superior to dialect as a means of expression and communication and that the ‚younger generation' spoke less and less dialect. This popular argument is put forward with different connotations by diverse groups. As we will show, the discourse about the ‚extinction of dialect' is by no means as influential in determining everyday language as it could be assumed given its presence in the media and the public. For our study we interviewed 9 mayors of communities in the district of Tübingen, Baden-Württemberg. Even though all of them frequently repeat the discourse on the precarious situation of dialect, their narrations show that dialect is still relevant in their everyday experiences. By looking at the subjective understanding of dialect, we are also going to show that the term „dialect" has a wide range of different meanings. Thus it is always unclear which language levels are considered to be ‚dying out' and how far the anticipated loss actually is regarded to go. Hence statements about an ‚extinction' of dialect are clearly relativized. It could therefore be said that dialect, while it is often treated as a ‚death candidate' in public discourse, is apparently in no way ready to die in the speakers' everyday lives. Various attributions of dialect, some of which run completely counter to the discourse, determine its everyday use. This article provides a brief insight into an everyday language which, beyond the above-described debates, evidently follows its own rules.

# Mündliches Erzählen im Deutschunterricht

## Anmerkungen zu einer unterschätzten Sprachhandlung

Frank Janle

In Lessings Drama „Nathan der Weise" stellt der Sultan Saladin dem Kaufmann Nathan an entscheidender Stelle die folgende Frage: „Was für ein Glaube, was für ein Gesetz hat dir am meisten eingeleuchtet?" (V. 1840f.).[1] Das Ziel ist klar: Er will Nathan, den sein Volk den „Weisen" nennt, in ernsthafte Verlegenheit bringen, um den reichen Juden dazu zu bewegen, ihm – dem ewig klammen Sultan – großzügig Geld zu leihen. Wie reagiert Nathan darauf? Bereits die erste Szene des Stückes lässt erwarten, dass er, der aufgeklärte Jude, dies in jedem Fall mit *Argumenten* tut. Man denke etwa an Nathans Reaktion, als er von seiner Haushälterin Daja erfährt, dass seine Tochter Recha von einem Tempelherrn aus dem Feuer gerettet worden ist. Während Daja den Engelsglauben Rechas bestärkt (V. 151f.), hält Nathan argumentativ dagegen: „Denn, Daja, glaube mir; dem Menschen ist ein Mensch noch immer lieber, als ein Engel" (V. 165). *Deshalb* erscheint es zunächst einmal erstaunlich, dass der weise Nathan dem Sultan auf die Religionsfrage ein „Geschichtchen" (V. 1906) präsentiert: „Nicht die Kinder bloß, speist man mit Märchen ab" (V. 1889), sagt Nathan wörtlich, bevor er Saladin die berühmte „Ringparabel" erzählt, der sie kaum erwarten kann: „Mach! Erzähl, erzähle!" (V. 1910), fordert Saladin Nathan begierig auf.

Damit stellt sich die Frage nach dem „Warum". *Warum* argumentiert Nathan an entscheidender Stelle nicht in bewährter aufklärerischer Manier mit These, Begründung und Beleg, sondern indem er etwas erzählt? Sicher ist: Die Ringparabel dient im Drama nicht nur der Ausschmückung, vielmehr soll hier im Kleide einer Erzählung die Botschaft der religiösen Toleranz vermittelt werden, die Ringparabel hat also eine *kommunikative Funktion*.[2] Des Weiteren ist es nicht sinnvoll, das Erzählen gegen das Argumentieren auszuspielen und anzunehmen, das Überzeugen mit sprachlichen Mitteln sei in erster Linie eine Frage geschickter

---

1 Gotthold Ephraim Lessing: Nathan der Weise. Ein dramatisches Gedicht in fünf Aufzügen. Stuttgart 2015, S. 76ff.
2 Zur Mimesis-Problematik in Lessings Drama „Nathan der Weise" vgl. Peter Pütz: Die Leistung der Form. Lessings Dramen. Frankfurt am Main 1986, S. 246f.

Argumentation. Es kann, so lernen wir von Nathan, auch – und manchmal vielleicht sogar noch besser – mithilfe einer Geschichte funktionieren. Warum also, so lässt sich im Anschluss an diese Eingangsüberlegungen zusammenfassend fragen, ist das *mündliche Erzählen* so interessant und relevant für den Deutschunterricht?

Aus dieser Leitfrage ergeben sich die weiteren Schwerpunkte meines Vortrags:

(1) Was heißt „mündliches Erzählen" und weshalb fördern wir es im Deutschunterricht?

(2) Das mündliche Erzählen im Deutschunterricht – eine kurze Bestandsaufnahme

(3) Folgerungen für eine zukünftige Didaktik des mündlichen Erzählens

(4) Schlussbemerkungen: Bilanz und Ausblick

# 1. Was heißt „mündliches Erzählen" und weshalb fördern wir es im Deutschunterricht

Ich hebe hier lediglich kurz und prägnant ein paar Aspekte hervor, die mir persönlich mit Blick auf die *Didaktik des mündlichen Erzählens* besonders bedeutsam erscheinen – und zwar gerade deshalb, weil diese Aspekte bisher noch kaum Eingang in die Didaktik und vor allem in die Praxis des mündlichen Erzählens im Deutschunterricht gefunden haben.

Zunächst einmal ist festzuhalten, dass das mündliche Erzählen längst Gegenstand einer breit angelegten, häufig interdisziplinären *Erzählforschung* ist. Neben der Germanistik haben unter anderem die Empirische Kulturwissenschaft, die Psychologie, die Geschichtswissenschaften und die Wirtschaftswissenschaften das Erzählen als in hohem Maße aufschlussreichen Forschungsgegenstand entdeckt. In der Publikation „Soldaten" (2011) setzen sich zum Beispiel der Sozialpsychologe Harald Welzer und der Historiker Sönke Neitzel mit – heimlich abgehörten – Erzählungen von gefangenen deutschen Soldaten auseinander, durch die sich tiefe Einblicke in die Mentalität der an der Ostfront kämpfenden Truppen gewinnen lassen.[3] Die Wirtschaftswissenschaften interessieren sich unter anderem für die Möglichkeiten, die das „Storytelling" als effiziente Ma-

---

3  Vgl. Sönke Neitzel/Harald Welzer: Soldaten. Protokolle vom Kämpfen, Töten und Sterben. Frankfurt am Main 2011, sowie z. B. auch Welzers grundsätzliche Überlegungen zur Weitergabe von Geschichte mithilfe von – unbewusst umgeschriebenen und zugunsten der Eltern und Großeltern geschönten – privaten Erzählungen in: Harald Welzer: Stille Post oder die alltägliche Weitergabe von Geschichte. In: Psychologie heute 28, 2001, S. 38–43, hier S. 38ff.

nagement- und Marketing-Strategie bietet.[4] In der Verlagsinformation zu einer einschlägigen Publikation, in der es um narratives Wissensmanagement geht, hört sich das folgendermaßen an:

> „Warum war das neu eingeführte Projekt ein Erfolg, ein anderes dagegen ein Fehlschlag? Was kann man aus erfolgreichen und weniger erfolgreichen Projekten und Abläufen lernen? Wie kann ich das im Unternehmen vorhandene Wissen nutzen, um zukünftig Zeit, Mühen und Kosten zu sparen? [...] Mittels Erzählungen von Beteiligten über besonders gut und besonders schlecht verlaufene Projekte wird eine Antwort auf diese Fragen gegeben. Das Unternehmen geht nicht zur Tagesordnung über, sondern lernt aus den Erfahrungen der Mitarbeiter. Die Antworten werden in leicht verständliche, nachvollziehbare, spannende Geschichten verpackt – nüchterne Inhalte werden so mit Leben gefüllt und eignen sich hervorragend, um Botschaften verständlich zu übermitteln."[5]

Was also lässt das mündliche Erzählen für Sozialpsychologen, Mentalitätshistoriker und Wirtschaftswissenschaftler gleichermaßen zum Forschungsgegenstand werden? Das mündliche Erzählen ist, so ist zunächst einmal festzustellen, ein zentraler alltagssprachlicher Modus individueller und kollektiver Verarbeitung von – temporal strukturierten – Ereignissen mit mehr oder weniger ausgeprägter kommunikativer Funktion.[6] Die Tatsache, dass sich gerade durch mündliche Erzählungen „Botschaften verständlich" verpacken und vermitteln lassen, hängt eng mit den Strukturmerkmalen von Erzählungen zusammen. Werner Früh fasst in seinem Beitrag „Narration und Storytelling", der 2014 in dem gleichnamigen Sammelband erschienen ist, die „Kernbedeutung des Narrativen" denn auch mit diesen Worten zusammen:

> „Zusammenfassend kann also festgehalten werden: Sowohl die reduktive Bestimmung der ‚Kernbedeutung' des Narrativen als auch eine anthropologische Ableitung aus den sprachlichen Funktionen kommen zu dem Ergebnis, dass Narration in ihrer ‚Kernbedeutung' durch folgende Merkmale definiert ist: Erzähler, Adressat, menschlicher bzw. anthropomorpher Handlungsträger [...], Kohärenz und Intentionalität. Der Erzähler kann direkt oder indirekt in Erscheinung treten und in bestimmten Fällen auch

---

4  Vgl. z. B. Karin Thier: Storytelling. Eine Methode für das Change-, Marken-, Projekt- und Wissensmanagement. Heidelberg 2016.
5  Zit. nach: http://www.springer.com/de/book/9783540300328 (15.02.2018).
6  Vgl. z. B. auch Ossners Überlegungen zum narrativen Feld in Jakob Ossner: Das deskriptive Feld. In: Peter Klotz/Christine Lubkoll (Hg.): Beschreibend wahrnehmen – wahrnehmend beschreiben. Sprachliche und ästhetische Aspekte kognitiver Prozesse. Freiburg i. Br./Berlin 2005, S. 61-76.

mit dem Protagonisten identisch sein. Der Protagonist ist die zentrale Figur, die sich handelnd mit anderen oder anderem auseinandersetzen muss."[7]

Damit sind Erzählungen ihrem Wesen nach *ambivalent*: Einerseits leisten sie aufgrund ebendieser Strukturmerkmale – man denke etwa an das erwähnte Merkmal der „Kohärenz" – eine erwünschte Komplexitätsreduktion. Erzählungen sorgen dafür, dass die „Wirklichkeit" überhaupt erst sinnvoll verarbeitet und strukturiert werden kann, da zum Beispiel ein konkreter Protagonist mit seinen konkreten Handlungen den Dreh- und Angelpunkt der dargestellten Ereignisse bildet.[8] Andererseits sind es gerade die Erzählungen, nicht zuletzt die mündlichen Erzählungen, die die Komplexität und Vielgestaltigkeit des Wirklichen wie kaum ein anderer Modus der Kommunikation einfangen und damit sichtbar und für uns selbst und andere begreifbar machen können. Dabei sprechen wir mit Blick auf die Schule von einem *Textsortenspektrum*, das von der spontanen Erlebniserzählung einer Grundschülerin, etwa nach dem Motto „Mein schönstes Ferienerlebnis", bis hin zu jener eingangs zitierten Ringparabel-Erzählung Nathans des Weisen reicht, die Teil eines fiktiven literarischen Gesprächskontextes ist. Das aber bedeutet, dass eine mündliche Erzählung zunächst einmal von einer lediglich mündlich vorgetragenen schriftlichen Erzählung zu unterscheiden ist. Denn während die Erlebniserzählung der Schülerin eindeutig in den Bereich der *konzeptionellen* Mündlichkeit gehört, ist die Ringparabel-Erzählung in Lessings Drama – nach der bekannten Klassifikation von Koch und Oesterreicher – dem Bereich *konzeptioneller Schriftlichkeit* zuzuordnen, auch wenn sie für den mündlichen Vortrag vor Publikum bestimmt ist.[9]

Gemeinsam ist allen mündlichen Erzähltexten jenes von Erzähltheoretikern wie Labov, Waletzky und Van Dijk bereits in den 1960er und 1970er Jahren beschriebene basale „Strukturschema" des Erzählens, das im Wesentlichen aus den Elementen Orientierungsphase, Handlungskomplikation, Evaluation und finaler Auflösung besteht.[10] Dennoch (oder vielleicht gerade deshalb) ist hier der Kritik der Linguistin Uta Quasthoff an einem einseitig kognitiv ausgerichteten Konzept des mündlichen Erzählens zuzustimmen. Denn nach Quasthoff reicht ein

---

7    Werner Früh/Felix Frey: Narration und Storytelling. Theorie und empirische Befunde. Köln 2014, S. 73.

8    Vgl. Heiko Ernst: Sinn: Suchet und ihr werdet finden! In: Psychologie heute 37 (2010), S. 20-25.

9    Vgl. dazu z. B. Magdalena Michalak/Valerie Lemke/Marius Goeke: Sprache im Fachunterricht. Eine Einführung in Deutsch als Zweitsprache und sprachbewussten Unterricht. Tübingen 2015, S. 75.

10   Zit. nach Klaus-Peter Klein: Erzählen im Unterricht. Erzähltheoretische Aspekte einer Erzähldidaktik. In: Konrad Ehlich (Hg.): Erzählen im Alltag. Frankfurt am Main 2015, S. 263–295, hier S. 265f.; vgl. dazu z. B. auch Elisabeth Gülich/Heiko Hausendorf: Vertextungsmuster Narration. In: Klaus Brinker u. a. (Hg.): Text- und Gesprächslinguistik 1. Handbücher zur Sprach- und Kommunikationswissenschaft. Berlin 2000, S. 369–385, hier S. 369ff. und Klaus Brinker: Linguistische Textanalyse. Eine Einführung in Grundbegriffe und Methoden. Berlin 2005, S. 69ff.

„Erzählkonzept [...] des reinen Wahrnehmens, Speicherns, Wiederauffindens und Verbalisierens eines Wirklichkeitsausschnitts durch ein kognitives System" eben *nicht* aus, um ein interaktives Konzept des Erzählens in Gesprächen zu formulieren, dessen es auch in der Deutschdidaktik und im Deutschunterricht – meines Erachtens – dringend bedarf.[11] Deutlich wird die Notwendigkeit eines solchen *interaktiven Erzählkonzepts* bereits, wenn man sich die Vielfalt der Funktionen anschaut, die mündliche Erzählungen in Kommunikationssituationen übernehmen können, und zwar sowohl in realen als auch in fiktiven literarischen. Quasthoff führt in ihrem wegweisenden Beitrag im „Handbuch zur Text- und Gesprächslinguistik" unter anderem die folgenden *Funktionen* auf: „eine Behauptung [...] in einer Argumentation belegen", „etwas illustrieren", „sich rechtfertigen", „über jemanden klatschen", „ein Stück Biographie von sich preisgeben", „einen Traum bearbeiten", „ein Selbstbild präsentieren", „Status und Rolle festlegen", „sich einer gemeinsamen sozialen Identität vergewissern"[12] und so weiter. Mündliche Erzählungen werden also in der Regel mit einer bestimmten Absicht vortragen. Allerdings liegt die Entscheidung darüber, ob ein entsprechender Kommunikationsakt gelingt, bekanntlich nicht nur beim Produzenten der Botschaft; der Rezipient entscheidet maßgeblich mit darüber, welche Botschaft tatsächlich bei ihm ankommt. Auch hier gibt es, wie so oft, treffende Beispiele in der Literatur, zum Beispiel in Goethes Roman „Die Leiden des jungen Werther": Während Albert, Lottes Verlobter, Werther in ein paar Sätzen die Geschichte eines Unfalls erzählt, der sich beim Reinigen seiner Pistolen ereignet hat, um Werther vor dem leichtfertigen Umgang mit seiner Pistole zu warnen – Werther möchte sie gerne von ihm borgen – animiert die Geschichte Werther selbst zu einer provokanten Geste, also im Grunde genau zum Gegenteil: Er hebt sich die (ungeladene) Pistole vor Alberts Augen an die Stirn, worauf sich zwischen den beiden Männern jener für das Verständnis von Goethes Roman zentrale Disput über den Selbstmord entspinnt, der Werthers eigenes Ende andeutungsvoll vorwegnimmt.[13] Und noch etwas wird durch Alberts Geschichte deutlich: Die *Intention* gibt nicht nur das Thema vor, sie steuert auch die Art und Weise, wie das Thema erzählerisch entfaltet wird. Albert schließt seine Geschichte beispielsweise mit dem Kommentar ab: „Da hatte ich das Lamentieren, und die Kur zu bezahlen obendrein, und seit der Zeit lass' ich alles Gewehr ungeladen."[14] Mündliche Erzählungen haben also eine diffizile pragmatische Seite und können im Anschluss an Peter Klotz aus diesem Grund pointiert als *Makrosprachhandlungen* bezeichnet werden,

---

11  Vgl. Uta Quasthoff: Erzählen als interaktive Gesprächsstruktur. In: Klaus Brinker u. a. (Hg.): Text- und Gesprächslinguistik – Linguistics of Text and Conversation. Berlin/New York 2001, S. 1293–1309, hier S. 1294f.
12  Sämtliche Funktionen zitiert nach Quasthoff u. a. 2001, S. 1294f.
13  Johann Wolfgang Goethe: Die Leiden des jungen Werther. Stuttgart 1996, S. 52ff.
14  Ebd., S. 53.

in denen die temporale Anordnung von Ereignissen und Handlungen dominiert.[15] Teil dieser *Makrosprachhandlungen* können neben dem „Berichten" – man denke etwa an den bekannten „Erzählerbericht" – unter anderem das „Schildern" das „Beschreiben" und das „Charakterisieren" sein; ebenso sind das „Erklären", das „Zitieren", das „Fragen" und das „Kommentieren" häufig innerhalb von mündlichen wie schriftlichen Erzählungen anzutreffen, wie Alberts Fazit am Ende seiner Geschichte verdeutlicht.[16] Albert sagt mit seiner Erzählung jedoch nicht nur etwas über die Gefahren aus, die der leichtfertige Umgang mit Pistolen mit sich bringt; er sagt damit auch etwas über sich selbst aus, beispielsweise, dass er ein vernünftiger Mensch ist, der seine Affekte unter Kontrolle hat und aus Erfahrungen lernt. Damit jedoch folgt Alberts Denken einem zur Zeit der Aufklärung besonders populären Gemeinplatz beziehungsweise *Topos*, der ihn – besonders natürlich in den Augen Werthers – als „gewöhnlichen" Menschen entlarvt.[17]

Mündliche Erzählungen, so lässt sich zusammenfassen, haben also nicht nur eine *Oberflächenpragmatik*, sondern auch eine *Tiefenpragmatik*, die für ihr Verständnis zumeist von maßgeblicher Bedeutung ist.[18] Dies gilt nicht nur für mündliche Erzählungen in Gesprächen innerhalb literarischer Texte, sondern für mündliche Erzählungen im Allgemeinen. Nicht nur die charakteristischen Strukturmerkmale und die Intentionalität spielen somit eine gewichtige Rolle, wenn man sich mündlichen Erzählungen in kommunikativen Kontexten verstehend annähern will; mündliche Erzählungen werden auch durch Topoi und kulturelle Kontexte geformt, die uns in der Regel nicht oder nur ansatzweise bewusst sind, unser *Erzählverhalten* aber dennoch maßgeblich beeinflussen. Insofern ist die spannende Frage, inwieweit tatsächlich wir unsere Geschichten formen und inwieweit – überzeitlich wirksame oder kulturell bedingte – narrative Denkmuster vorgeben, was und wie wir unsere Geschichten erzählen. Damit komme ich zu meinem zweiten Punkt.

---

15  Zum Begriff der Makrosprachhandlung vgl. Peter Klotz: Syntaktische und textuelle Perspektiven zu Stil und zu Textsorte. In: Eva Neuland/Helga Bleckwenn (Hg.): Stil, Stilistik, Stilisierung. Linguistische, literaturwissenschaftliche und didaktische Beiträge zur Stilforschung. Frankfurt a. M. u.a. 1991, S. 39-54, hier S. 40ff.

16  Diese Überlegungen erfolgen einerseits im Anschluss an Klotz 1991, S. 40ff., andererseits im Anschluss an Peter von Polenz: Deutsche Satzsemantik. Grundbegriffe des Zwischen-den-Zeilen-Lesens. Berlin 2008, insb. Kap. 2.2 „Pragmatischer Gehalt/Handlungsgehalt", S. 194ff.

17  Vgl. z. B. Christian Begemann: Furcht und Angst im Prozess der Aufklärung. Zur Literatur- und Bewusstseinsgeschichte des 18. Jahrhunderts. Frankfurt a. M. 1987, S. 29ff.

18  Die Unterscheidung in Oberflächenpragmatik und Tiefenpragmatik erfolgt ebenfalls im Anschluss an Überlegungen von Klotz 1991, S. 40ff.

## 2. Das mündliche Erzählen im Deutschunterricht – eine kurze Bestandsaufnahme

Ich beginne mit einem Blick in die baden-württembergischen Bildungspläne für das Gymnasium von 2004 und 2016. Im baden-württembergischen Bildungsplan von 2004, der ja bekanntlich erstmals unter dem Paradigma der Kompetenzorientierung stand, wird das mündliche Erzählen explizit in den Standards für die Klassen 5 und 6 erwähnt. Dort heißt es wörtlich:

<u>Die Schülerinnen und Schüler können</u>

- anschaulich und lebendig erzählen, sich dabei auf ihre Zuhörer einstellen und auch auf nichtverbale Ausdrucksmittel achten;

- bewusst den Aufbau ihrer Erzählung gestalten;

- einen Text oder die Handlung eines Films beziehungsweise eines Hörtextes nacherzählen.[19]

Die Standards für das schriftliche Erzählen sind weitgehend deckungsgleich, allerdings angereichert um einzelne erzählstrukturelle Aspekte, die für die Verschriftlichung von Erzählungen von zentraler Bedeutung sind (insbesondere Erzähllogik, Erzählperspektive, äußere und innere Handlung).[20] In den Standards für die Klassen 8 und 10 sowie für die Kursstufe sind keine weiteren Hinweise auf das mündliche Erzählen zu finden. Ab Klasse 8 treten an die Stelle des mündlichen Erzählens das Diskutieren und das Argumentieren. Nahezu identisch ist die Situation im neuen baden-württembergischen Bildungsplan 2016, der erstmals zwischen prozessbezogenen und inhaltsbezogenen Kompetenzen unterscheidet; zudem berücksichtigt der neue Bildungsplan die von der Kultusministerkonferenz verbindlich vorgegebenen länderübergreifenden Bildungsstandards, weshalb er für das mündliche Erzählen in hohem Maße bundesweit *exemplarisch* ist:[21] Im Bildungsplan 2016 also wird das mündliche Erzählen explizit lediglich in den inhaltsbezogenen Standards für die Klassen 5 und 6 erwähnt. Innerhalb der prozessbezogenen Kompetenzen zum „Sprechen und Zuhören" sind ausschließlich allgemeine Hinweise auf die Wichtigkeit der Entfaltung praktisch-rhetorischer

---

19    Ministerium für Kultus, Jugend und Sport Baden-Württemberg: Bildungsplan Baden-Württemberg. Allgemeinbildendes Gymnasium. Stuttgart 2004, S. 79.

20    Ministerium für Kultus, Jugend und Sport Baden-Württemberg 2004, S. 80.

21    Vgl. Hans Anand Pant: Einführung in den Bildungsplan 2016. Warum ein „neuer" Bildungsplan? Anlässe und Absichten der Bildungsplanreform. In: Ministerium für Kultus, Jugend und Sport Baden-Württemberg. Bildungspläne Baden-Württemberg (o.J.). URL: http://www.bildungsplaene-bw.de/,Lde/BP2016BW_ALLG_EINFUEHRUNG (11.07.2019).

Fähigkeiten zu finden.[22] Noch etwas ist interessant: Der neue Bildungsplan enthält eine Liste mit *Operatoren*, also handlungsleitenden Verben, die bestimmte mehr oder weniger anspruchsvolle kognitive Tätigkeiten innerhalb der einzelnen Bildungsstandards bezeichnen. Dazu gehören zum Beispiel „beschreiben", „charakterisieren", „diskutieren" und „präsentieren", jedoch nicht „erzählen".[23] Die (mündliche wie schriftliche) Tätigkeit des Erzählens wird im neuen Bildungsplan also offensichtlich nicht als ein Operator gewertet, der Bildungsprozesse anstoßen kann.[24]

Der Blick in zwei in Baden-Württemberg zugelassene Sprachbücher aus der jüngeren Vergangenheit ergibt ein ähnliches Bild. Ich nehme zu diesem Zweck das „Deutschbuch" für Klasse 5 (2012) und „deutsch.kompetent" für die Klasse 6 des Gymnasiums in Baden-Württemberg (2016) etwas genauer unter die Lupe. Im „Deutschbuch" für Klasse 5 spielt das mündliche Erzählen insgesamt eine untergeordnete Rolle. Lediglich in einem Kapitel werden die Schülerinnen und Schüler dazu angehalten, mündlich einen Schwank nachzuerzählen. Dabei sollen sie sich an folgenden Vorgaben orientieren:

„Checkliste Nacherzählen

- Wichtigste Erzählschritte vorhanden?

- Richtige Reihenfolge eingehalten?

- Anschaulich und lebendig erzählt?

- Eigene Worte verwendet?

- Im Präteritum erzählt?"[25]

Die Vorgaben der „Checkliste" werden jedoch nicht etwa induktiv erarbeitet, sondern normativ gesetzt. Darüber hinaus liegt der Fokus – wie beim schriftlichen Erzählen – eindeutig auf erzählstrukturellen Elementen, also dem Aufbau und der sprachlichen Ausgestaltung von Erzählungen, insbesondere mit treffenden

---

22   Ministerium für Kultus, Jugend und Sport Baden-Württemberg: Bildungsplan 2016. Allgemeinbildendes Gymnasium. Stuttgart 2016, S. 7.

23   Ebd., S. 72ff.

24   Konkret heißt es dazu im Bildungsplan 2016, S. 11: „Operatoren als handlungsleitende Verben werden im Bildungsplan verwendet, um die Standards nach ihrem jeweiligen Anforderungsprofil zu konkretisieren und überprüfbar zu machen."

25   Markus Beck / Christoph Fischer u. a.: Deutschbuch 1. Sprach- und Lesebuch. Berlin 2012, S. 108f.

Adjektiven, ausdrucksstarken Verben und interessanten Vergleichen.[26] Ähnlich verhält sich die Situation im Sprachbuch „deutsch.kompetent" für die Klasse 6, in dem bereits die Vorgaben des neuen Bildungsplans berücksichtigt sind: Auch hier liegt der Fokus klar auf dem schriftlichen Erzählen, auf das eine Vorübung zum mündlichen Erzählen lediglich vorbereiten soll; auch hier werden besonders die erzählstrukturellen Elemente betont, die für das mündliche und schriftliche Erzählen gleichermaßen bedeutsam sind, also zum Beispiel die „richtige Reihenfolge" der Handlung und die verschiedenen Möglichkeiten, wie man mit Sprache Spannung erzeugen kann.[27]

Das heißt: Im Deutschunterricht fristet das mündliche Erzählen – soweit sich das aus dem baden-württembergischen Bildungsplan und einschlägigen Sprachbüchern ableiten lässt – bereits in den Klassen 5 und 6 ein Schattendasein und zielt letztlich auf den Aufbau von Kompetenzen, die vor allem bei der Interpretation literarischer Texte ab der Mittelstufe von zentraler Bedeutung sind. Ein interaktives Konzept des Erzählens in Gesprächen, wie es die Linguistin Uta Quasthoff beschreibt, sucht man dagegen vergeblich. Damit stellt sich die interessante Frage: Warum ist die Situation eigentlich so, wie sie sich darstellt?

Die Ursachen für die erläuterte Situation liegen in der Geschichte der Didaktik des mündlichen Erzählens begründet. Diese Geschichte (auch nur von der Zeit nach 1945) bis in die Gegenwart verfolgen zu wollen, würde den Rahmen dieses Vortrags zweifellos sprengen. Deshalb stelle ich lediglich ein paar wesentliche, von damals bis heute wirksame Zusammenhänge heraus.

Blickt man zurück in die Geschichte der Didaktik des mündlichen Erzählens, so führt kein Weg vorbei an Robert Ulshöfer. Ulshöfer, einer der wichtigsten „Gründerväter" des modernen Deutschunterrichts nach 1945, fundiert seine *Didaktik des mündlichen Erzählens* anthropologisch-entwicklungspsychologisch. Seiner Ansicht nach entspricht das „Hineinwachsen in die einzelnen Lebensgebiete" dem „Vorgang der Objektivierung des subjektiven Geistes".[28] Entsprechend unterscheidet er den „subjektbefangenen Arbeitstrieb des 10-12jährigen" vom objektiv gerichteten „Arbeitstrieb des 13-16jährigen".[29] Mit anderen Worten: Während bei den Schülerinnen und Schülern der Klassen 5 und 6 noch das Subjektive, die Fantasie sowie Empfindungen und Meinungen die Sicht auf die Welt prägen, lernen die Jugendlichen – laut Ulshöfer – zunehmend zwischen ihren eigenen subjektiven Bedürfnissen und den objektiven Erfordernissen der Wirklichkeit zu unterscheiden.[30]

---

26  Vgl. ebd., S. 44ff.
27  Vgl. Martina Blatt u. a.: deutsch.kompetent 6. Stuttgart/Leipzig 2016, S. 40ff.
28  Robert Ulshöfer: Methodik des Deutschunterrichts Bd. 3. Mittelstufe II. Stuttgart 1968b.
29  Ebd., S. 102.
30  Ebd., S. 102f.

Robert Ulshöfer entfaltet das mündliche Erzählen folglich im Wesentlichen in der Unterstufe, also in den Klassen 5–7, wobei er für seine Didaktik der „Erzählstunde" folgende Empfehlungen bzw. Vorgaben formuliert:

„Dabei lassen wir größere Freiheit der Wahl. Rahmenthema: ‚Märchen' oder ‚Lustige Geschichten' oder ‚Sagen'. Wiederum stellen wir fest, dass das Erzählen geübt werden muss.

Regeln:

1. Der Erzähler schickt eine Vorbemerkung voraus: In einem oder zwei Sätzen wird den Zuhörern mitgeteilt, was erzählt wird, ob eine selbsterlebte oder eine gelesene Geschichte, wann und wo sich die Geschichte ereignet hat, wer der Verfasser ist.

2. Die Erzählung soll ausführlich und lebendig vorgetragen werden. Jede gute Erzählung hat eine Einleitung, einen Höhepunkt und einen Abschluss.

3. Die Zuhörer erhalten eine Aufgabe: Sie stellen Fragen an den Erzähler.

4. Wir wiederholen die Übung und kündigen Bandaufnahmen an.

5. Was ist der Sinn der Erzählstunde? Die Kinder lernen sich vor der Klasse frei bewegen und zusammenhängend äußern; sie üben sich in der geordneten, gegliederten Darstellung eines Vorgangs. Das mündliche Erzählen ist eine wertvolle Aufsatzvorübung. Die Kinder werden zur häuslichen Arbeit, zum Lesen und Beobachten und zum lautreinen Sprechen erzogen."[31]

In der Mittelstufe dominieren bei Ulshöfer die argumentativen rhetorischen Formen der Diskussion, der Debatte und der sachorientierte Vortrag.[32] Zusätzlich sollen einzelne „Erzählstunden" dabei helfen, das mündliche Ausdrucksvermögen der Heranwachsenden in „natürlichen" Redesituationen, das heißt Redesituationen mit ausgeprägtem Lebensweltbezug, auszubilden. So heißt es in der Methodik der Mittelstufe:

---

31  Robert Ulshöfer: Methodik des Deutschunterrichts Bd. 1. Unterstufe. Stuttgart 1971, S. 53.
32  Vgl. Ulshöfer 1968b, S. 84.

*„Die Erzählstunde*: Themen: ‚Eine Tat‘, ‚Eine lustige Geschichte‘, ‚Eine Überraschung‘, ‚Scherz und Ernst‘, ‚Selbstbeherrschung‘, ‚Hunger der Welt‘. Jeder Schüler darf (muss) eine Geschichte erzählen. Ein großer Teil der Schüler wird zunächst hilflos vor der Klasse stehen, denn das Erzählen muss geübt werden. Wir geben Hilfestellung: In welcher Folge entwickelt sich das Geschehen, das du erzählen willst? Halten wir es in Stichworten fest. Der Stichwortzettel ist ein unentbehrliches Hilfsmittel zum Gliedern eines Textes und zum Sprechenlernen.“[33]

Mit seiner didaktischen Schwerpunktsetzung orientiert sich Ulshöfer damit letztlich an der Tradition und den Prinzipien der antiken Rhetorik. Diese weist der *narratio*, sprich der mündlichen Erzählung, lediglich eine dienende Funktion innerhalb der Gerichtsrede zu und ist theoretisch deshalb zum Beispiel auch deutlich weniger differenziert entfaltet als die Argumentationslehre selbst. Clemens Ottmers, übrigens ein ehemaliger Mitarbeiter des Seminars für Allgemeine Rhetorik der Universität Tübingen, stellt in diesem Sinne fest:

„Alle Stufen der rhetorischen Wirktrias – *docere, delectare, movere* – sind erlaubt, für die Gerichtsrede allerdings, da sind sich die Lehrbücher einig, ist nur der nüchterne, knappe Stil empfehlenswert: Die narratio [...] ‚soll kurz, sie soll deutlich, sie soll wahrscheinlich sein‘. Trotzdem hat die Rhetorik von der *narratio* – im Gegensatz zum *exordium* [also dem Redeanfang] – kein festumrissenes Bild geliefert. In den nichtjudizialen Redegattungen ist damit oft nur ein bestimmtes narratives oder deskriptives Darstellungsverfahren gemeint, das sich kaum als eigenständiger Redeteil definieren lässt.“[34]

In seiner – 2010 erschienenen – Einführung in die Rhetorik nennt Stephan Gora in einem didaktischen Längsschnitt, der von der Unterstufe bis zur Oberstufe reicht, das gegenseitige Sich-Erzählen als zu fördernde rhetorische Fähigkeit dementsprechend ausschließlich in dem der Unterstufe zugeordneten ersten Übungsmodul. In der Mittel- und Oberstufe wird das mündliche Erzählen durch das vermeintlich anspruchsvollere Argumentieren, Referatehalten und Präsentieren abgelöst.[35] Goras praktische Rhetorik folgt somit der soeben erläuterten, von der antiken Rhetorik bis in die frühe Deutschdidaktik der Nachkriegszeit hineinreichenden Tradition, dem mündlichen Erzählen lediglich den Status einer kognitiv wenig anspruchsvollen geistigen Tätigkeit für Schülerinnen und Schü-

---

33  Robert Ulshöfer: Methodik des Deutschunterrichts Bd. 2. Mittelstufe I. Stuttgart 1968a, S. 50ff.
34  Clemens Ottmers: Rhetorik. Stuttgart 2007, S. 56f.
35  Stephan Gora: Praktische Rhetorik. Rede- und Gesprächstechniken in der Schule. Seelze-Velber 2010, S. 54f.

ler der 5. und 6. Klasse einzuräumen. Dies hat, so lässt sich zusammenfassend feststellen, zum einen mit der von der frühen Deutschdidaktik postulierten entwicklungspsychologischen Sicht auf die Altersgruppen beziehungsweise Entwicklungsphasen von Heranwachsenden zu tun, zum anderen mit dem geringen Stellenwert des Erzählens innerhalb der rhetorischen Theoriebildung und der damit einhergehenden Höherbewertung des Argumentierens, das erfahrungsgemäß ab der Mittelstufe die Didaktik des Mündlichen dominiert.

## 3. Folgerungen für eine zukünftige Didaktik des mündlichen Erzählens

Natürlich sind die methodischen Anregungen zum mündlichen Erzählen – sowohl in den aktuellen Sprachbüchern als auch in modernen Unterrichtshilfen zum mündlichen Erzählen[36] – inzwischen weit vielfältiger und differenzierter als Robert Ulshöfers didaktische Überlegungen. Am Gesamtbefund ändert dies jedoch nichts: Das mündliche Erzählen ist traditionell in ein enges Korsett curricularer Vorgaben eingezwängt, die seine unterrichtliche Entfaltung im Wesentlichen in zweierlei Hinsicht hemmen:

(1) Es ist auf die *Unterstufe* beschränkt, ab der Mittelstufe wird das mündliche Erzählen durch weitere, vermeintlich anspruchsvollere und vor allem gesellschaftlich relevantere kommunikative Aktivitäten wie das Argumentieren und Präsentieren abgelöst.

(2) Es gibt erhebliche Defizite in der *didaktischen Theoriebildung*, das heißt Erkenntnisse aus der Germanistik, der Linguistik und anderer wissenschaftlicher Disziplinen werden nicht ausreichend in die Didaktik des mündlichen Erzählens integriert.

Dabei besteht ein kausaler Zusammenhang zwischen dem ersten Kritikpunkt und dem zweiten: *Weil* das mündliche Erzählen traditionell in erster Linie als eine geistige Aktivität für Kinder betrachtet und als Voraussetzung für die spätere Auseinandersetzung mit anspruchsvollen literarischen Erzähltexten begriffen wird, ist es im Deutschunterricht in der Unterstufe angesiedelt.

Ich fasse kurz zusammen, was mir daher persönlich mit Blick auf eine *zukünftige* Didaktik des mündlichen Erzählens besonders wichtig ist: Zunächst einmal lassen sich dem mündlichen Erzählen – neben der basalen Ausdrucksfunktion

---

36  Siehe z. B. Kurt Wasserfall: Erzählen lernen. Ein Workshop zur Entwicklung der Sprachkompetenz. Mühlheim a. d. Ruhr 2004 und Stephanie Jentgens/Gerhard Knecht: Erzählspiele von A bis Z. Sprache fördern – Zuhören lernen – Fantasie entwickeln. Braunschweig 2009.

im Sinne von Bühlers Organonmodell – zahlreiche weitere *kommunikative Funktionen* zuordnen.[37] Einige Beispiele dafür wurden eingangs im Anschluss an die Linguistin Uta Quasthoff genannt.[38] Eine zukünftige Didaktik des mündlichen Erzählens muss also in erster Linie eine kommunikative Didaktik sein, die die vielfältigen situativen, kontextuellen, funktionalen und pragmatischen Aspekte des Erzählens mitreflektiert. Denn es gibt eben nicht nur das eine „Patentrezept" für den ‚gelungenen' Aufbau und die ‚gelungene' sprachliche Gestaltung einer mündlichen Erzählung, wie es die Sprachbücher in der Regel bis heute suggerieren: Sinnvoller und gerade auch für Schülerinnen und Schüler der Mittelstufe und Oberstufe zweifellos interessanter wäre es, stattdessen zum Beispiel danach zu fragen, was mit einer Erzählung bezweckt werden soll und was davon beim Zuhörer tatsächlich ankommt. Das setzt natürlich eine wesentlich differenzierter entfaltete Erzähldidaktik voraus, als dies bisher der Fall ist. Eine differenziert entfaltete Erzähldidaktik müsste nicht zuletzt über entsprechend *komplexe Modelle* verfügen, an denen die beschriebenen Zusammenhänge auch in Aktion beobachtet und analysiert werden können. Zu diesem Zweck halte ich es für sinnvoll und mit Blick auf die schulische Praxis pragmatisch geboten, prinzipiell zwischen den folgenden beiden *Grundformen* des mündlichen Erzählens zu unterscheiden:

(A) dem alltäglichen mündlichen Erzählen,

(B) dem in literarische Kontexte eingebetteten mündlichen Erzählen, das – im Unterschied zum alltäglichen Erzählen – zusätzlich spezifischen literarischen Gegebenheiten und Bedingungen unterliegt (siehe zum Beispiel Nathans „Geschichtchen" oder Alberts Erzählung in Goethes „Werther").

Die *Unterrichtsbeispiele* müssten konsequenterweise aus beiden Gruppen gewonnen werden, wobei sich mündliche literarische Erzählungen meines Erachtens schon deshalb besonders gut als Modelle für die Analyse von interaktivem Erzählhandeln eignen, weil sie in spezifische fiktive Kommunikationssituationen eingebettet sind. Darüber hinaus ist aufgrund meiner bisherigen Überlegungen in hohem Maße evident, dass eine kommunikative Didaktik des mündlichen Erzählens einer differenziert entfalteten Didaktik des *Zuhörens* bedarf, also einer

---

37  Vgl. hierzu z. B. Helmuth Feilke: Beschreiben, erklären, argumentieren – Überlegungen zu einem pragmatischen Kontinuum. In: Peter Klotz/Christine Lubkoll (Hg.): Beschreibend wahrnehmen – wahrnehmend beschreiben. Sprachliche und ästhetische Aspekte kognitiver Prozesse. Freiburg i. Br./Berlin 2005, S. 45–49, hier S. 52f.; Feilke bringt das Beschreiben „als Grundfunktion des sprachlichen Handelns" mit Bühlers Darstellungsfunktion der Sprache in Verbindung; im Anschluss daran lassen sich das Argumentieren, der Appell- und das Erzählen der Ausdrucksfunktion der Sprache im Sinne Bühlers zuordnen.

38  Vgl. Quasthoff 2001, S. 1294f.

Didaktik, die nicht nur die Frage des Aufbaus von Hörkompetenz, sondern das Phänomen des Zuhörens insgesamt thematisiert und problematisiert – nicht zuletzt das Phänomen des Missverstehens. Wenn wir anderen eine Geschichte oder gar eine Episode aus unserem eigenen Leben erzählen, machen diese Geschichten etwas mit uns; aber sie machen auch etwas mit unseren Zuhörern. Und das bedeutet: Geschichten entwickeln ein Eigenleben. Damit aber gehört zu einer differenziert entfalteten Didaktik des mündlichen Erzählens schließlich auch eine *ethische Dimension*. Um zu veranschaulichen, was dies beispielsweise bedeuten kann, möchte ich abschließend eine Aussage des bereits eingangs erwähnten Sozialpsychologen Harald Welzer zitieren. Welzer stellt – ganz im Sinne meiner eigenen Überzeugungen – fest:

> „Ich halte das Geschichtenerzählen für ein radikal unterschätztes Mittel: in der Politik, in der Wissenschaft, in der Vermittlung von Erkenntnis. Auch Freud hat ja mehr als alles andere Geschichten erzählt. Die Öko- und Nachhaltigkeitsbewegung aber tut das nicht, sondern argumentiert immer nur reaktiv – und kommt immer zu den gleichen Schlüssen: Es ist fünf vor zwölf. Wir haben keine Zeit. Man muss den Untergang verhindern... Das beleidigt jede Psychologie! Aus so einer Negativkommunikation kann ich keine Motivation, keinen Antrieb, keine dem Problem zugewandte Haltung hervorbringen. [...] Ich kann Gesellschaft nur verändern, indem ich eine andere Geschichte erzähle. Keine soziale Bewegung ist je ausgekommen, ohne eine Geschichte zu erzählen über sich und über einen zukünftigen Zustand."[39]

Als Beispiel für eine solche machtvolle Erzählung führt Welzer Martin Luther Kings berühmte Rede „I have a dream..." aus dem Jahr 1963 an,[40] aber auch die am Anfang meines Vortrags zitierte Ringparabel Nathans des Weisen gehört in diesen Bereich erzählender Vorwegnahmen einer besseren Zukunft.

## 4. Schlussbemerkungen: Bilanz und Ausblick

Diese knappen Überlegungen sollten zeigen, weshalb das mündliche Erzählen im Deutschunterricht eine bis heute weithin unterschätzte Sprachhandlung ist. Dabei habe ich mich zwar auf die Situation in Baden-Württemberg beschränkt, der Blick in die Geschichte der Didaktik des mündlichen Erzählens – die Schwerpunkte waren hier Robert Ulshöfer und die Tradition der antiken Rhetorik

---

39  Harald Welzer: Erst im Erzählen wird das Leben begreifbar. In: Psychologie heute 40 (2013), S. 42–49, hier S. 45.
40  Ebd.

– macht jedoch deutlich, dass der Befund über das Bundesland Baden-Württemberg hinaus verallgemeinerbar ist. Dies bestätigt nicht zuletzt ein Blick in die 2015 von namhaften Deutschdidaktikern wie Michael Becker-Mrotzek und Michael Kämper-van den Boogaart im Auftrag der Kultusministerkonferenz herausgebrachte Publikation zu den Bildungsstandards im Fach Deutsch für die Sekundarstufe II: Bei den Überlegungen zur Entfaltung der „Gesprächskompetenz" wird das mündliche Erzählen nur am Rande erwähnt, der Fokus liegt eindeutig auf den kommunikativ vermeintlich wichtigeren Sprachhandlungen des Diskutierens und Präsentierens.[41] Dabei könnte gerade eine kommunikative Neuausrichtung die bisherige Didaktik aus ihrer zu engen Verhaftung an erzählstrukturelle Maximen führen und die sprachliche, funktionale und pragmatische Vielfalt des mündlichen Erzählens wesentlich differenzierter zur Entfaltung bringen als dies bisher der Fall ist. Dazu bedarf es, wie gesagt, zunächst einmal anschaulicher Beispiele, die geeignet sind, sowohl im Rahmen der didaktischen Theoriebildung als auch später im Unterricht selbst als „Augenöffner" zu dienen.[42] Ich habe ein paar erste Beispiele ins Spiel gebracht: Nathans Ringparabel und Alberts Pistolenunfall-Erzählung als Varianten des fiktiven mündlichen Erzählens in literarischen Kontexten, die erwähnten Fronterzählungen deutscher Soldaten unter Bezugnahme auf den Sozialpsychologen Harald Welzer und den Historiker Sönke Neitzel sowie das Storytelling aus dem Management- und Marketing-Bereich als Formen und Varianten mündlicher Alltagserzählungen, wie sie beispielsweise auch die Tübinger Erzählsammlung des Instituts für Empirische Kulturwissenschaft liefern könnte.

---

41  Michael Becker-Mrotzek u. a.: Bildungsstandards aktuell: Deutsch in der Sekundarstufe II. Braunschweig 2015, S. 33ff.

42  Vgl. Barbara Sandig: Erzählen – Vorschläge für eine Lehreinheit in Klasse 6 auf erzähltheoretischer Grundlage. In: Linguistik und Didaktik 10 (1979), S. 171-190; die Linguistin Barbara Sandig hat interessanterweise bereits 1979 den Versuch unternommen, die Didaktik des mündlichen Erzählens auf ein linguistisches Fundament zu stellen und in diesem Zusammenhang unter anderem zwischen schriftlichen und mündlichen Kommunikationssituationen unterschieden sowie dezidiert auf die Zweckhaftigkeit „von Erzählungen in Kommunikationssituationen" abgehoben.

# Literatur

Beck, Markus/Fischer, Christoph u. a.: Deutschbuch 1. Sprach- und Lesebuch. Berlin 2012.

Becker-Mrotzek, Michael u. a.: Bildungsstandards aktuell: Deutsch in der Sekundarstufe II. Braunschweig 2015.

Begemann, Christian: Furcht und Angst im Prozess der Aufklärung. Zur Literatur- und Bewusstseinsgeschichte des 18. Jahrhunderts. Frankfurt a. Main 1987.

Blatt, Martina u. a.: deutsch.kompetent 6. Stuttgart/Leipzig 2016.

Brinker, Klaus: Linguistische Textanalyse. Eine Einführung in Grundbegriffe und Methoden. Berlin 2005.

Ernst, Heiko: Sinn: Suchet und ihr werdet finden! In: Psychologie heute 37 (2010), S. 20–25.

Feilke, Helmuth: Beschreiben, erklären, argumentieren – Überlegungen zu einem pragmatischen Kontinuum. In: Peter Klotz/Christine Lubkoll (Hg.): Beschreibend wahrnehmen – wahrnehmend beschreiben. Sprachliche und ästhetische Aspekte kognitiver Prozesse. Freiburg i. Br./Berlin 2005, S. 45–59.

Früh, Werner/Frey, Felix: Narration und Storytelling. Theorie und empirische Befunde. Köln 2014.

Goethe, Johann Wolfgang: Die Leiden des jungen Werther. Stuttgart 1996.

Gora, Stephan: Praktische Rhetorik. Rede- und Gesprächstechniken in der Schule. Seelze-Velber 2010.

Gülich, Elisabeth/Hausendorf, Heiko: Vertextungsmuster Narration. In: Klaus Brinker u. a. (Hg.): Text- und Gesprächslinguistik 1. Handbücher zur Sprach- und Kommunikationswissenschaft, Berlin 2000, S. 369–385.

Jentgens, Stephanie/Knecht, Gerhard: Erzählspiele von A bis Z. Sprache fördern – Zuhören lernen – Fantasie entwickeln. Braunschweig 2009.

Klein, Klaus-Peter: Erzählen im Unterricht. Erzähltheoretische Aspekte einer Erzähldidaktik. In: Konrad Ehlich (Hg.): Erzählen im Alltag. Frankfurt a. M. 2015, S. 263-295.

Klotz, Peter: Syntaktische und textuelle Perspektiven zu Stil und zu Textsorte. In: Eva Neuland/Helga Bleckwenn (Hg.): Stil, Stilistik, Stilisierung. Linguistische, literaturwissenschaftliche und didaktische Beiträge zur Stilforschung. Frankfurt a. M. u.a. 1991, S. 39–54.

Lessing, Gotthold Ephraim: Nathan der Weise. Ein dramatisches Gedicht in fünf Aufzügen. Stuttgart 2015.

Michalak, Magdalena/Lemke, Valerie/Goeke, Marius: Sprache im Fachunterricht. Eine Einführung in Deutsch als Zweitsprache und sprachbewussten Unterricht. Tübingen 2015.

Ministerium für Kultus, Jugend und Sport Baden-Württemberg: Bildungsplan 2004. Allgemeinbildendes Gymnasium. Stuttgart 2004/2016

Ministerium für Kultus, Jugend und Sport Baden-Württemberg: Bildungsplan 2016. Allgemeinbildendes Gymnasium. Stuttgart 2016.

Neitzel, Sönke/Welzer, Harald: Soldaten. Protokolle vom Kämpfen, Töten und Sterben. Frankfurt a. M. 2011.

Ossner, Jakob: Das deskriptive Feld. In: Peter Klotz/Christine Lubkoll (Hg.): Beschreibend wahrnehmen – wahrnehmend beschreiben. Sprachliche und ästhetische Aspekte kognitiver Prozesse. Freiburg i. Br./Berlin 2005, S. 61–76.

Ottmers, Clemens: Rhetorik. Stuttgart 2007.

Pant, Hans Anand: Einführung in den Bildungsplan 2016. Warum ein „neuer" Bildungsplan? Anlässe und Absichten der Bildungsplanreform. In: Ministerium für Kultus, Jugend und Sport Baden-Württemberg. Bildungspläne Baden-Württemberg (o.J.). URL: http://www.bildungsplaene-bw.de/,Lde/BP2016BW_ALLG_EINFUEHRUNG (11.07.2019).

Polenz, Peter von: Deutsche Satzsemantik. Grundbegriffe des Zwischen-den-Zeilen-Lesens. Berlin 2008.

Pütz, Peter: Die Leistung der Form. Lessings Dramen. Frankfurt am Main 1986.

Quasthoff, Uta: Erzählen als interaktive Gesprächsstruktur. In: Klaus Brinker u. a. (Hg.): Text- und Gesprächslinguistik – Linguistics of Text and Conversation. Berlin/New York 2001, S. 1293–1309.

Sandig, Barbara: Erzählen – Vorschläge für eine Lehreinheit in Klasse 6 auf erzähltheoretische Grundlage. In: Linguistik und Didaktik 10 (1979), S. 171–190.

Thier, Karin: Storytelling. Eine Methode für das Change-, Marken-, Projekt- und Wissensmanagement. Heidelberg 2016.

Ulshöfer, Robert: Methodik des Deutschunterrichts Bd. 2. Mittelstufe I. Stuttgart 1968a.

Ulshöfer, Robert: Methodik des Deutschunterrichts Bd. 3. Mittelstufe II. Stuttgart 1968b.

Ulshöfer, Robert: Methodik des Deutschunterrichts Bd. 1. Unterstufe. Stuttgart 1971.

Wasserfall, Kurt: Erzählen lernen. Ein Workshop zur Entwicklung der Sprachkompetenz. Mühlheim a. d. Ruhr 2004.

Welzer, Harald: Stille Post oder die alltägliche Weitergabe von Geschichte. In: Psychologie heute 28, 2001, S. 38–43.

Welzer, Harald: Erst im Erzählen wird das Leben begreifbar, In: Psychologie heute 40 (2013), S. 42–49.

# Abstract

This article deals with the question of why oral narrative in German lessons still develops in a less didactically differentiated manner and is (essentially) restricted to the younger students up to grade 8, although various scientific disciplines, such as empirical cultural studies, psychology and history, have long since discovered it as an interesting and highly significant research subject for everyday language teaching. Starting from a brief clarification of what is meant by „oral narration" from a linguistic point of view, the author provides an insight into the current teaching of oral narrative in German lessons, followed by questions about the causes and roots of the deficits observed. Finally, perspectives for a didactic reorientation of oral narrative will be examined.

# Erzählen im Alltag – Alltägliches Erzählen

Ingo Schneider

Wenn auf einem Symposion über *Sprachalltag* das Forschungsfeld „Erzählen im Alltag" *zur Sprache kommt*, läge es nahe, über die Rolle der *Sprache* im alltäglichen Erzählen zu *sprechen*. Denn zweifellos sind die Art und Weise des Sprechens, sind regionale Besonderheiten der Sprache im täglichen, informellen Erzählen von großer Bedeutung. *Sprache* bildet Wirklichkeit und Alltag nicht nur ab; sie schafft, formt und prägt diese und damit auch unseren Alltag und bildet sich daher auch im alltäglichen Erzählen ab. Von dieser, den Alltag formenden und prägenden Macht der Sprache wird in den folgenden Ausführungen aus zwei Gründen nicht die Rede sein. Zum einen habe ich mich selbst bisher nicht mit der Bedeutung der Sprache in alltäglichen Erzählsituationen befasst, sondern mich auf Fragen der sozialen Relevanz der Inhalte konzentriert. Zum anderen befinde ich mich damit als Erzählforscher leider in guter Gesellschaft. Das Verhältnis von Sprache und alltäglichem Erzählen fand – soweit ich das überblicke – in der internationalen Erzählforschung bis heute nicht die ihm zustehende Beachtung. Ein Blick in die *Enzyklopädie des Märchens* bestätigt diese Einschätzung. Da gibt es lediglich Artikel zu Einzelaspekten der Sprache, konkret sind dies die Lemmata *Sprachbarriere, Sprachenwunder, Sprachgebärde und Sprachmissverständnisse* – allesamt interessante Phänomene, bzw. einzelne Erzählmotive, aber die Bedeutung der Sprache im Erzählen ist damit keinesfalls abgedeckt. Ich halte also fest, dass in der Analyse der Interdependenzen zwischen Sprache und alltäglichem Erzählen eine Forschungslücke vorliegt, die dringend geschlossen werden sollte. Was ich im Folgenden bieten kann und möchte, ist erstens: einen kurzen Einblick in das Phänomen des alltäglichen Erzählens aus der Perspektive der internationalen Erzählforschung; und zweitens: ein Beispielsfeld für ein gegenwärtig wieder einmal hochaktuelles Feld alltäglichen Erzählens: Erzählungen bzw. meist Gerüchte über Flucht und Migration.

Geht man davon aus, dass Erzählen eine der grundlegenden Kulturtechniken schlechthin darstellt, ist damit bereits alles über seine Rolle im Alltag gesagt. Dieser wohl unbestreitbaren Einsicht steht allerdings die Tatsache gegenüber, dass dem alltäglichen Erzählen in den einschlägig damit befassten Disziplinen erst spät Aufmerksamkeit zuteil wurde, anders gesagt: dass das Hauptaugenmerk bis in die Mitte des 20. Jahrhunderts dem aus dem Alltag herausgehobenen, literarischen auf der einen und dem ‚volkstümlichen' Erzählen auf der anderen Seite galt. Hermann Bausinger war der erste, der dieses Versäumnis erkannte. Er bezeichnete alltägliches Erzählen als einen „Kontrast- und Komplementärbegriff", der „einen Bereich des Erzählens erschließt, der nicht abgedeckt ist durch den Terminus Volkserzählung".[1] Von dieser noch etwas einschränkenden Begriffsbestimmung hat sich der Terminus mittlerweile weiterentwickelt.

## 1. Begriff, Kennzeichen, Themen und Funktionen des Erzählens im Alltag

Alltägliches Erzählen bzw. Erzählen im Alltag[2] umfasst heute ein breites Spektrum von Formen und Praktiken des informellen erzählerischen Austauschs über unterschiedliche Facetten des täglichen Lebens. Obwohl seine Grenzen unscharf sind, lassen sich einige gemeinsame Kennzeichen formulieren. Das Erzählen im Alltag stellt keine literarischen Ansprüche, unterliegt aber – wenn auch in unterschiedlichem Ausmaß – gewissen Grundbedingungen allen Erzählens insofern, als in ihm persönliche Erlebnisse, Gehörtes, Gelesenes oder Kommentare zum Zeitgeschehen zu Erzählungen verdichtet und somit erzählenswert werden. Als solche sind alltägliche Erzählungen bei aller Subjektivität in gewissem Sinne objektivierbar und können dementsprechend in ähnlicher Weise in zahllosen Varianten vorkommen. Die erzählerische Umgestaltung kann – neben Verdichtungen des dargestellten Geschehens, neben Glättungen, Hervorhebungen und Zuspitzungen – inhaltliche Abänderungen, häufig auch emotionale Botschaften oder moralisierende Bewertungen einschließen.

Erzählen im Alltag erfolgt häufig anlassgebunden bzw. situationsbedingt. Als weitere Kennzeichen sind somit Aktualität, Realitätsnähe aber auch Kurzlebigkeit zu nennen. Zudem kursieren alltägliche Erzählungen – das klingt banal, hat aber auch theoretische Konsequenzen – innerhalb von Individuen bzw. Gruppen, die sich von deren Inhalten besonders angesprochen fühlen. Das heißt, alltägliche Erzählungen folgen, wie andere Erzählungen auch, bestimmten Überlieferungsbahnen innerhalb einer Gesellschaft.[3]

1 Vgl. Hermann Bausinger: Alltägliches Erzählen. In: Enzyklopädie des Märchens. Band 1. Berlin/New York 1975, Sp. 323-330, hier Sp. 323. Bausinger war schon wesentlich früher auf diesen blinden Fleck der Erzählforschung aufmerksam geworden. Siehe dazu Hermann Bausinger: Lebendiges Erzählen: Studien über das Leben volkstümlichen Erzählgutes auf Grund von Untersuchungen im nordöstlichen Württemberg. Maschinenschriftl. Manuskript. Tübingen 1952 und ders.: Strukturen des Alltäglichen Erzählens. In: Fabula. Zeitschrift für Erzählforschung 1 (1958), S. 239-254.

2 Die folgenden Ausführungen fußen im Wesentlichen auf einem jüngst erschienenen Handbuchbeitrag von mir. Ingo Schneider: Alltag. In: Mathías Martínez (Hg.): Erzählen. Ein interdisziplinäres Handbuch. Stuttgart 2017, S. 116-122.

3 Vgl. Linda Dégh: Conduit-Theorie. In: Enzyklopädie des Märchens. Band 3. Berlin/New York 1981, Sp. 124-126.

Alltägliches Erzählen kann in mündlicher, schriftlicher und in den letzten Jahrzehnten immer mehr in elektronischer Form[4], vor allem in Internet-Foren, Blogs, via Facebook, aber auch lediglich in E-Mails, in Wort, Schrift, aber ebenso Bild (Video) stattfinden. Es kann sich vorgeformter Strukturen/Formen bedienen (z. B. Erinnerungserzählung, Erlebniserzählung, Reiseerzählung, Rechtfertigungsgeschichte[5], Nacherzählung, Schwank, Witz, Gerücht), muss dies aber nicht. In jedem Fall – und das macht das Phänomen für die Erzählforschung bzw. die Empirische Kulturwissenschaft interessant – ermöglichen alltägliche Erzählungen wertvolle Einblicke in lebensweltliche Probleme, in gesellschaftliche Problemlagen im Allgemeinen, aber auch in Weltsicht, Werte und Normen, Vorurteile und Ängste der Erzähler_innen und des diese umgebenden Milieus.

Dementsprechend breit gelagert sind die Inhalte des alltäglichen Erzählens. Neben lebensgeschichtlichen Erfahrungen im Allgemeinen und traumatischen Erlebnissen im Besonderen seien lediglich einige Themenbereiche angeführt: Beziehungsleben, Sexualität, Geburt, Kinder und Familie, Krankheit, Tod, Katastrophen, Unfälle, Freizeit, Urlaub, Reisen, Erfahrungen in der Fremde, Begegnungen mit fremden Menschen, Berufs- bzw. Geschäftsleben, Technik, Umwelt, Wissenschaft, Verbrechen, Gewalt, Politik, Kriege, schlechte Zeiten, Wetter, aber etwa auch Träume und Vorgesichte, peinliche und komische Vorfälle und Missgeschicke im täglichen Leben, und schließlich Nacherzählungen von Filmen oder TV-Serien.

Der thematischen Breite entspricht eine Vielzahl an Funktionen. Neben dem Bedürfnis nach Unterhaltung und Unterbrechung des Alltagstrotts dient alltägliches Erzählen dem Erfahrungs- und Wissensaustausch, der Artikulation von (unterdrückten) Gefühlen und Vorurteilen, diffusen Ängsten, vermeintlichen und realen Gefahren, der Abschreckung aber auch Abreaktion, der erzählerischen Bewältigung von Lebenskrisen, ganz allgemein der Welterklärung und -deutung und immer wieder auch der Selbstrepräsentation und -vergewisserung.

## 2. Erzählungen über das ‚Fremde' und die ‚Fremden' – Ein Fallbeispiel

Dass es alltägliches Erzählen zu allen Zeiten gab, bräuchte eigentlich nicht gesagt werden. Interessanter ist da schon die Erkenntnis, dass in alltäglichen Erzählungen bestimmte Inhalte, vor allem stereotype Bilder über große Zeiträume

---

4    Siehe dazu Ingo Schneider: Erzählen im Internet. Aspekte des Erzählens im Zeitalter der Massenkommunikation. In: Fabula. Zeitschrift für Erzählforschung 37/1-2 (1996), S. 8-27 und Ingo Schneider: Internet. In: Enzyklopädie des Märchens. Band 14/4. Berlin/Boston 2014, Sp. 1717-1726.

5    Vgl. Albrecht Lehmann: Rechtfertigungsgeschichten. Über eine Funktion des Erzählens eigener Erlebnisse im Alltag. In: Fabula. Zeitschrift für Erzählforschung 21 (1980), S. 56-69.

immer wiederkehren können. Wenn man sich heute mit solchen Erzählungen befasst, geht es aber nicht um Fragen der Kontinuität von Erzählstoffen, sondern
um die Offenlegung bestimmter gesellschaftlicher Problemlagen, die sich teilweise wenig verändert haben, und die erzählerische Auseinandersetzung damit.

Ein Themenfeld, anhand dessen sich diese Erkenntnis paradigmatisch aufzeigen lässt, sind Erzählungen über fremde Welten und Menschen. Solche sind
zumindest seit der Antike belegt, tauchen seitdem immer wieder auf und sind gerade angesichts des medial und politisch so überstrapazierten „langen Sommers
der Migration 2015" wieder einmal besonders aktuell. Für vergangene Zeiten
sind uns entsprechende Erzählungen etwa in den Werken der Historiographie,
Ethnografie, später auch in Chroniken, Exempel- oder Schwanksammlungen erhalten. Es ist jedoch davon auszugehen, dass sie auch im alltäglichen Erzählen
kursierten, da antike Historiographen ebenso wie mittel- oder neuzeitliche Au-
tor_innen vielfach aus dem lebendigen Erzählen schöpften. Schon bei Cicero
steht der häufig zitierte Satz „et apud Herodotum, patrem historiae [...] sunt in-
numerabiles fabulae"[6]. Und diese betrafen nicht selten gängige Vorstellungen
gegenüber fremden Menschen bzw. Völkern. Dem konzentrischen Weltbild der
Griechen gemäß wurden diese an die äußeren Ränder – interessanterweise nicht
ganz an den Horizont, dort wurden die Menschen wieder friedfertig imaginiert
– der zivilisierten Welt gesetzt. Die Bewohner_innen dieser inneren Zone der
Randvölkerwelt aber seien durch besondere Rohheit und Wildheit ihrer Lebens-
gewohnheiten gekennzeichnet und wurden mit den klassischen Fremdstereoty-
pen der sexuellen Libertinage (freilich nur aus der Sicht der Männer), des Essens
von rohem Fleisch bis zu Omophagie und Kannibalismus, und teilweise auch der
Altentötung bedacht.[7] Um die Fremdheit dieser Zone noch zu steigern, sollten
dort auch noch verschiedene Fabelwesen[8], Monster und besondere Tiere leben,
wie sie aus der poetisch-mythischen Tradition längst bekannt waren. Herodot erwähnt solche und andere mythische Vorstellungen in seiner Darstellung fremder
Völker bewusst als Gegenbild, aber auch Zerrbild zur eigenen Welt.

Es geht im Folgenden nicht darum – das würde den Rahmen dieses Textes bei
weitem überspannen –, das hartnäckige Fortbestehen xenophober Vorstellungen
bzw. Erzählungen/Erzählstoffe seit der Antike vorzuführen. Zu denken wäre hier
etwa an die seit dem Mittelalter bis heute in gelehrtem wie populärem Schrift-
tum, aber sicher auch im alltäglichen Erzählen kursierenden Ritualmordlegenden

---

6   Marcus Tullius Cicero: De Legibus. Paradoxa Stoicorum/Über die Gesetze. Stoische Parado-
    xien. Lateinisch und deutsch. Hg., übersetzt und erläutert von Rainer Nickel. München/Zürich
    2004, S. 10.
7   Siehe dazu Ingo Schneider: Über das Verhältnis von Realität und Fiktion in Reisebeschreibun-
    gen und ethnographischen Quellen. In: Thomas Hengartner/Brigitta Schmidt-Lauber (Hg.):
    Leben – Erzählen. Beiträge zur Erzähl- und Biographieforschung. Berlin 2005, S. 209-227.
8   Vgl. Rudolf Schenda: Fabelwesen. In: Enzyklopädie des Märchens. Band 4. Berlin 1984,
    Sp. 766-773.

oder die in der frühen Neuzeit wiederauftauchenden Kannibalismus-Vorwürfe gegenüber fremden, unbekannten Menschen. Auch hier kann davon ausgegangen werden, dass sie nicht nur in Reiseliteratur und ethnographischen Schriften, sondern auch im alltäglichen Erzählen kursierten. Obwohl die Thematik ohne jeden Zweifel wichtig ist, wurde sie erst in Ansätzen erforscht. Bengt Holbek war einer der ersten, der sich mit den Hintergründen solcher Erzählungen in unserer Zeit befasste. Sein Ausgangspunkt waren in den 1990er Jahren häufig in Form von Gerüchten bzw. gegenwärtigen Sagen kursierende Geschichten, die eine breite Skala von Vorurteilen bzw. Unterstellungen gegenüber Zuwander_innen thematisierten, etwa in Hinblick auf Lebens- und Essgewohnheiten, Arbeitsmoral, Frauenbild, Neigung zu Kriminalität, aber auch aus der ‚Fremde‘ kommende Produkte. Holbek versucht, die emotionale bzw. psychische Befindlichkeit, die solchen Geschichten zugrunde liegt, als eine Form von Regression, als Abwehr- und Rückzugsverhalten angesichts eines in Teilen der Gesellschaft empfundenen Übermaßes an neuen und fremden Eindrücken zu erklären.[9] Das ist übrigens eine Interpretation, die auch die Berliner Philosophin Rahel Jaeggi vertritt:[10] Auf die überbordenden und überfordernden neuen Eindrücke unserer Zeit reagieren viele Menschen mit Regression, und das betrifft nicht zuletzt den Umgang mit dem Thema Zuwanderung. In entsprechenden alltäglichen Erzählungen würde der Fremde jedenfalls, so Holbek, zum „inverted image of the familiar, a more or less complete denial of the standards and values we grew up with"[11]. Der Fremde ist nicht nur fremd und anders. Seine Ansichten sind falsch, er riecht und spricht falsch. Alles an ihm ist falsch, und aus der Zuschreibung falsch wird böse, alles an ihm ist böse und gefährlich. Der Grad der ‚Bosheit‘ kann zwar variieren, im schlimmsten Fall isst er verdorbenes und schlechtes Fleisch, hat einen enormen und perversen sexuellen Appetit, er stiehlt, vergewaltigt, entjungfert, behandelt seine und ‚unsere‘ Frauen wie Dreck und ist obendrein noch dumm, faul, ignorant und grausam.[12]

Einen neuerlichen Höhepunkt erreichten entsprechende Erzählungen nach dem bereits erwähnten „langen Sommer der Migration 2015". Damals kamen in Deutschland und Österreich (sicher auch in anderen europäischen Ländern) zahlreiche plumpe Unterstellungen gegenüber Flüchtenden und Asylbewerber_

9  Bengt Holbek: Stories about Strangers. In: Leander Petzoldt (Hg.): Folk Narrative and World View. Vorträge des 10. Kongresses der Internationalen Gesellschaft für Volkserzählungsforschung (ISFNR). Innsbruck 1996. S. 303-311.

10 Vgl. Rahel Jaeggi: Fortschritt und Regression, Frankfurt a. M. 2020.

11 Holbek 1996, S. 304.

12 Vgl. ebd. Zu Vorurteilen gegenüber fremden Menschen siehe auch Ingo Schneider: Von Marocchini und Mafiosi. Zwei Beispiele zum erzählerischen Umgang mit Fremden und Außenseitern in Südtirol. In: Österreichische Zeitschrift für Volkskunde 97 (1994), S. 225-253 und Ingo Schneider: Mafia in Meran? Rumors and Legends Surrounding the „Leather Connection". A Case Study. In: Gary Alan Fine / Véronique Campion-Vincent / Chip Heath (Hg.): Rumor Mills. The Social Impact of Rumor and Legend. New York 2004, S. 61-77.

innen auf, die mitunter nur im kleinen Kreis mündlich, vielfach aber über soziale Medien verbreitet und intensiv diskutiert wurden. Auf das weite Feld dieser Welle alltäglichen Erzählens soll in der Folge exemplarisch eingegangen werden. Nicht selten nehmen entsprechende Erzählungen ihren Ausgangspunkt bei realen Vorkommnissen, deuten diese aber vor dem Hintergrund der steigenden Ablehnung gegenüber Flüchtlingen um. So etwa in einer nur im Familien- und Bekanntenkreis weitererzählten Geschichte:

„In einem kleinen Ingenieurbüro in Chemnitz wurde Ende 2015 die jüngste Mitarbeiterin am Tag ihres Geburtstags entlassen. Der Betrieb habe, so erzählte mir eine aus Chemnitz stammende Kollegin während einer Zugfahrt, überwiegend von öffentlichen Aufträgen gelebt, und der Firmeninhaber nannte als Grund für die Entlassung einen Haushaltsstopp der Stadt. Alle Investitionen seien wegen der Kosten für die Flüchtlinge gestoppt worden."[13]

Im Gegensatz zu dieser singulären Erzählung erlangen andere Gerüchte binnen kurzer Zeit – zumeist mithilfe der Presse und sozialer Medien – weite Verbreitung, um dann ebenso schnell wieder vergessen zu werden. Als ein Beispiel unter vielen sei der Fall eines „arabisch aussehenden" Unbekannten genannt, „der in einem Pulheimer Baumarkt explosive Chemikalien besorgt" haben soll, die angeblich zum Bau von Bomben verwendet werden können. Nach der Information eines Mitarbeiters des Baumarkts löste die Kölner Polizei eine Terrorfahndung aus. Wenige Tage nach der Meldung stellte sich der Verdächtige und gab zu, die Chemikalien zur Herstellung von Drogen gekauft zu haben.[14] Es entbehrt nicht einer gewissen Ironie, dass durch die Falschmeldung bereits von der Absage des Kölner Karnevals die Rede war.[15] Gerade auch deshalb kann man sich jedoch unschwer vorstellen, wie sehr die Angelegenheit für kurze Zeit zum Thema alltäglichen Erzählens in der Region wurde.

Im Gegensatz zu dieser vergleichsweise harmlosen Geschichte, die aber dennoch auf die Funktionsweise derartiger Gerüchte und die gesellschaftliche Stimmungslage verweist, in der diese gedeihen, erreichen andere Falschmeldungen wesentlich größere Brisanz. Als Beispiel dafür sei der „Fall Lisa" genannt: Es ging um ein 13-jähriges russlanddeutsches Mädchen aus Berlin-Marzahn, das am 11. Januar 2016 für ca. 30 Stunden verschwunden war und dann wiederauf-

13  Quelle: mündliche Erzählung und E-Mail an den Verfasser.
14  Daniel Taab/Thorsten Moeck: Polizei sucht „arabisch aussehenden Mann". Großfahndung in Köln nach Kauf explosiver Chemikalien in Pulheim. In: Kölnische Rundschau, 26.01.2016. URL: http://www.rundschau-online.de/koeln/polizei-sucht—arabisch-aussehenden-mann—gross-fahndung-in-koeln-nach-kauf-explosiver-chemikalien-in-pulheim,15185496,33618100.html (14.06.2019).
15  Mündliche Mitteilung von Valeska Flor an den Verfasser.

tauchte. Soweit die Tatsachen.[16] Der Grund für das Verschwinden des Mädchens wurde meines Wissens nicht bekannt gegeben. Es sieht so aus, als wäre die Jugendliche schlicht von zuhause abgehauen. Die russlanddeutsche Familie des Mädchens begann jedenfalls, sie verzweifelt zu suchen. Die Eltern klebten Plakate mit einem Bild ihrer Tochter, nutzten das Internet, riefen die Polizei. Als Lisa unversehrt zurückkehrte, tischte sie ihren aufgebrachten Verwandten – wohl aus Angst vor Bestrafung – eine wilde Geschichte auf: Sie sei verschleppt und vergewaltigt worden, von mehreren jungen Flüchtlingen aus dem Nahen Osten. In einem mehrstündigen polizeilichen Verhör gab das Mädchen schließlich zu, die Geschichte erfunden zu haben. Aber obwohl Polizeistellen klarstellten, dass das Mädchen weder entführt noch vergewaltigt wurde, verbreitete sich in Windeseile das Gerücht, das Mädchen sei von Migranten entführt und in einer Wohnung mehrfach vergewaltigt worden. Entscheidenden Anteil an der Verbreitung der Geschichte hatte ein manipulativer Fernsehbericht des Berliner Büroleiters des russischen Fernsehsenders „Erster Kanal" am 16. Januar 2016, in dem eine angebliche Tante der 13-Jährigen die Vergewaltigung beschrieb und die Täter als fremd aussehende Männer bezeichnete. Der Bericht wurde mit deutschen Untertiteln versehen ins Netz gestellt und häufig angeklickt und geteilt. Nachdem mehrere große russische Sender von der angeblichen Vergewaltigung berichtet hatten, trat gar der russische Außenminister Sergej Lawrow in Moskau vor die Presse, sprach über das angeblich von mehreren Flüchtlingen vergewaltigte russlanddeutsche Mädchen und warf den deutschen Behörden Vertuschung vor. Man kann sich leicht vorstellen, dass daraufhin wiederum neue Gerüchte in Umlauf gerieten: Der russische Geheimdienst, ja Putin selbst würde hinter der ganzen Sache stehen. In Berlin und anderen Städten (Nürnberg, Regensburg, Erlangen, Aachen, in Ostwestfalen, in Rastatt, Offenburg, Villingen-Schwenningen) waren mittlerweile nicht nur NPD- und AfD-Sympathisant_innen, sondern auch Mitglieder der russlanddeutschen Community – diese zählen zu Stammwähler_innen der AfD[17] – zu Demonstrationen zusammengetroffen. Gerade Vertreter_innen der Russlanddeutschen schimpften, obwohl selbst Menschen mit Migrationshintergrund, in Fernsehinterviews besonders heftig über Flüchtlinge und die Polizei. Noch am 23. Januar hielt der „Konvent der Russlanddeutschen" vor dem Bundeskanzleramt in Berlin eine Demonstration ab, auf der der Vorsitzende der Russ-

---

16    Andreas Kopietz: 13-Jährige aus Berlin Mahlsdorf. Gerücht um Vergewaltigung sorgt für Demonstration. In: Berliner Zeitung, 19.01.2016. URL: https://www.berliner-zeitung.de/berlin/polizei/13-jaehrige-aus-berlin-mahlsdorf-geruecht-um-vergewaltigung-sorgt-fuer-demonstration-23461258 (05.07.2019).

17    Dem Rechtsextremismus-Experten Olaf Sundermeyer zufolge bemüht sich die NPD bereits seit Langem um die russlanddeutsche Wählerschaft, die oft besonders fremdenfeindlich, rassistisch und nationalistisch eingestellt sei. Siehe dazu: Protest von Russlanddeutschen spielt AfD in die Hände. URL: http://www.rbb-online.de/politik/beitrag/2016/01/berlin-russlanddeutsche-auf-der-strasse-afd-profitiert.html (10.09.2018). Der Artikel ist mittlerweile nicht mehr online.

landdeutschen die Vergewaltigungsvorwürfe trotz aller Dementis der Polizei in seiner Rede wiederholte.[18]

Zuletzt sei noch ein an Absurdität nicht zu überbietendes Gerücht erwähnt, das paradigmatisch zeigt, wie die Entstehung und Verbreitung von Gerüchten und damit alltägliches Erzählen gerade im Zeitalter des Web 2.0 funktionieren kann. Nach dem „langen Sommer der Migration" kursierte im Dezember 2015 im Netz, zuerst auf dem satirischen Blog „Buntesamt für Nazisatire", ein kurzes Video.[19] Es entstammte einer Dokumentation des Senders *NDR* über die mecklenburgische Stadt Boizenburg in der Uckermark, die bereits mit Übergriffen auf Flüchtlingswohnheime von sich reden gemacht hatte. In der Dokumentation geht es um Ängste und Sorgen der Einwohner_innen. In einer Sequenz werden Jugendliche nach Gerüchten im Ort, die auch über Facebook verbreitet werden, gefragt. Ein Mädchen sagt vor laufender Kamera, „dass die Flüchtlinge ab und zu auch manche Leute vergewaltigen". Daraufhin ergänzt ein zweites Mädchen: „Eine Fünfjährige wurde gegessen. Lebendig. Von'm Flüchtling ... stand auf Facebook." Der letzte Teil des Satzes wurde auf dem geposteten Videoausschnitt, der offensichtlich die gezeigten Jugendlichen lächerlich machen wollte, weggelassen. Das solcherart manipulierte Video fand daraufhin, wie so vieles im Netz, eine gewisse Verbreitung und gelangte so wohl auch ins mündliche alltägliche Erzählen. Ausgangspunkt der Geschichte war eine Meldung des satirischen Online-Magazins „Der Postillon" gewesen. Es ging darin um einen Flüchtling, der ein fünfjähriges Kind bei lebendigem Leib verspeist haben soll.[20] So absurd die Geschichte auch war, eine ganze Reihe von Online-Medien – wie die „Huffington Post"[21] oder „Vice"[22] – fühlten sich gemüßigt, den Inhalt des Gerüchts zu dementieren. Und das hätten sie wohl nicht gemacht, wenn sie nicht der Meinung gewesen wären, dass manche Menschen die Sache ernst genommen hätten. Wie

18   Julian Röpcke/Jan Vollmer: Russen-Medien: 13-Jährige von Migranten entführt. Propaganda mit einer angeblichen Vergewaltigung. In: Bild, 26.01.2016. URL: http://www.bild.de/politik/inland/npd/wie-russland-mit-angeblicher-vergewaltigung-propaganda-macht-44289532.bild.html (14.06.2019); Protest von Russlanddeutschen spielt AfD in die Hände.

19   o.V.: Skandal: Flüchtlinge essen fünfjähriges Kind. In: Buntesamt für Nazi-Satire, 12.12.2015. URL: http://buntesamt.blogspot.com/2015/12/skandal-fluchtlinge-essen-funfjahriges-kind.html (24.06.2019).

20   o.V.: Flüchtling renkt seinen Unterkiefer aus und verspeist blondes deutsches Kind bei lebendigem Leib. In: Der Postillion, 26.08.2015. URL: https://www.der-postillon.com/2015/08/fluchtling-renkt-seinen-unterkiefer-aus.html (14.06.2019).

21   o.V.: „Fünfjährige wurde gegessen – vom Flüchtling": Das ist mit Abstand das absurdeste Gerücht über Flüchtlinge. In: Huffington Post, 14.12.2015. URL: http://www.huffingtonpost.de/2015/12/14/fuenfjahrige-wurde-gegessen—vom-fluchtling—das-ist-mit-abstand-das-absurdeste-gerucht-uber-fluchtlinge_n_8802738.html (10.09.2018); Huffington Post Deutschland hat am 31. März 2019 den Betrag eingestellt. Die Seite ist daher nicht mehr erreichbar.

22   Matern Boeselager: Warum das virale „Flüchtlinge essen Kinder"-Video nicht lustig ist. In: Vice Magazin (o.J.). URL: https://www.vice.com/de/read/warum-das-virale-flchtlinge-essen-kinder-video-nicht-lustig-ist-787 (14.06.2019).

aus der Gerüchteforschung aber bekannt ist, gibt es keinen sichereren Weg zur Verbreitung eines Gerüchts, als es zu dementieren. Und das war wohl auch hier der Fall.

Wie konnte eine derart absurde Geschichte im 21. Jahrhundert überhaupt verbreitet werden? Eine Erzählung, allgemeiner ein Erzählstoff kann nur dann Verbreitung finden, wenn er eine gewisse Aktualität besitzt, wenn es ein soziales Milieu gibt, in dem Interesse an dem Mitgeteilten besteht. Ist das der Fall, dann werden Fragen der Plausibilität und Glaubwürdigkeit zurückgestellt, und die Geschichte wird weitererzählt bzw. in den sozialen Medien geteilt. Linda Dégh und Paul Vaszonj haben für dieses Phänomen eine der wenigen überzeugenden Theorien der Erzählforschung formuliert: die Conduit-Theorie.[23] Ihr zufolge verläuft die Karriere einer Erzählung immer innerhalb gewisser Bahnen, das heißt, eine Erzählung wird nur von Menschen, die damit etwas anfangen können, davon betroffen sind oder zumindest das subjektive Gefühl haben, es zu sein, aufgenommen und weitererzählt; zum Beispiel kursieren Geschichten über Schwangerschaftskomplikationen und schwere Geburten wenig überraschend in Kreisen werdender oder junger Eltern. Ebenso werden Geschichten über Fremde und Flüchtende und von diesen ausgehende vermeintliche Bedrohungen naheliegender Weise in ausländerfeindlichen Kreisen gern geglaubt und weitererzählt.

Dass die wenigen vorgestellten Beispiele keine Einzelfälle waren und sind, zeigt ein Blick auf die Webseite „Neues aus der Gerüchteküche", auf der mittlerweile an die 500 einschlägige Gerüchte über Flüchtende und Asylbewerber_innen versammelt und jeweils widerlegt wurden.[24] Die Seite ermöglicht unter anderem, die Dichte bzw. Verbreitung einzelner Geschichten bzw. Gerüchte zu verfolgen, auch nach Bundesländern. Es überrascht nicht, dass diese Dichte in Bundesländern wie Thüringen und Sachsen besonders hoch ist. Auch aus anderen Kontexten und geografischen Räumen ist bekannt, dass die Ablehnung gegenüber Zuwander_innen dort besonders hoch ist, wo am wenigsten solcher Menschen leben und es so gut wie keine entsprechenden sozialen Kontakte gibt.

## 3. Fazit

Als Empirische Kulturwissenschaft müssen wir uns gewiss mit der Frage auseinandersetzen, ob wir angesichts der politischen Entwicklungen in vielen Staaten Europas und darüber hinaus nichts Wichtigeres zu tun haben, als uns mit Fake News wie den hier vorgestellten zu befassen, mit abstrusen und meist leicht zu entlarvenden Gerüchten im Netz. Ich weise noch einmal auf die Conduit-Theorie von Dégh und Vaszonj hin, der zufolge Erzählungen nur Verbreitung finden, wenn

---

23  Vgl. dazu Dégh 1981, Sp. 124-126.
24  Hoaxmap. Neues aus der Gerüchteküche. URL: https://hoaxmap.org (14.06.2019).

sie für bestimmte Gruppierungen von Menschen relevant und von Bedeutung sind. Dies trifft für die Gerüchte bzw. alltäglichen Erzählungen über Flüchtende und Asylbewerber_innen zweifellos zu. Auch wenn die Geschichten erfunden sind, werden in ihnen reale Probleme, Ängste und Vorurteile artikuliert, die für eine immer größer werdende Anzahl von Menschen Bedeutung haben. Unsere Aufgabe als Erzählforscher_innen besteht in einem ersten Schritt genau darin, diese Bedeutungen offenzulegen. Der zweite und wesentlich schwierigere Schritt ist, für eine möglichst breit gestreute Vermittlung dieser Erkenntnisse über die Wissenschaft hinaus Sorge zu tragen. Alltägliche Erzählungen interessieren so gesehen nicht als Erzählungen selbst, sondern in ihrem Verweischarakter und ihrer sozialen Relevanz. Wir untersuchen sie als Zeichen und Symptome für gesellschaftliche Stimmungen und als Ausdrucksformen von Ängsten und Vorurteilen, die wiederum der weit verbreiteten ablehnenden Haltung gegenüber Schutzsuchenden und Hilfsbedürftigen aus Krisengebieten neue Nahrung geben. Gerade wenn man bedenkt, wie aktuell in vielen europäischen Ländern rechtsextreme und -populistische Parteien in unverantwortlicher Weise diese Vorurteile und Ängste schüren und damit sogar Wahlen gewinnen, wird deutlich, dass die Beschäftigung mit alltäglichen Erzählungen eine wichtige, gesellschaftspolitische Aufgabe darstellt, keine philologische Liebhaberei.

## Literatur

Bausinger, Hermann: Lebendiges Erzählen: Studien über das Leben volkstümlichen Erzählgutes auf Grund von Untersuchungen im nordöstlichen Württemberg. Maschinenschriftl. Manuskript. Tübingen 1952.

Bausinger, Hermann: Strukturen des Alltäglichen Erzählens. In: Fabula. Zeitschrift für Erzählforschung 1 (1958), S. 239-254.

Bausinger, Hermann: Alltägliches Erzählen. In: Enzyklopädie des Märchens. Band 1. Berlin/New York 1975, Sp. 323-330.

Boeselager, Matern: Warum das virale „Flüchtlinge essen Kinder"-Video nicht lustig ist. In: Vice Magazin (o.J.). URL: https://www.vice.com/de/read/warum-das-virale-flchtlinge-essen-kinder-video-nicht-lustig-ist-787 (14.06.2019).

Cicero, Marcus Tullius: De Legibus. Paradoxa Stoicorum/Über die Gesetze. Stoische Paradoxien. Lateinisch und deutsch. Hg., übersetzt und erläutert von Rainer Nickel. München/Zürich 2004.

Dégh, Linda: Conduit-Theorie. In: Enzyklopädie des Märchens. Band 3. Berlin/New York 1981, Sp. 124-126.

Hoaxmap: Neues aus der Gerüchteküche. https://hoaxmap.org, 14.06.2019.

Holbek, Bengt: Stories about Strangers. In: Leander Petzoldt (Hg.): Folk Narrative and World View. Vorträge des 10. Kongresses der Internationalen Gesellschaft für Volkserzählungsforschung (ISFNR). Innsbruck 1996, S. 303-311.

Jaeggi, Rahel: Fortschritt und Regression, Frankfurt a. M. 2020.

Kopietz, Andreas: 13-Jährige aus Berlin Mahlsdorf. Gerücht um Vergewaltigung sorgt für Demonstration. In: Berliner Zeitung, 19.01.2016. URL: https://www.berliner-zeitung.de/berlin/polizei/13-jaehrige-aus-berlin-mahlsdorf-geruecht-um-vergewaltigung-sorgt-fuer-demonstration-23461258 (05.07.2019).

Lehmann, Albrecht: Rechtfertigungsgeschichten. Über eine Funktion des Erzählens eigener Erlebnisse im Alltag. In: Fabula. Zeitschrift für Erzählforschung 21 (1980), S. 56-69.

o.V.: Flüchtling renkt seinen Unterkiefer aus und verspeist blondes deutsches Kind bei lebendigem Leib. In: Der Postillion, 26.08.2015. URL: https://www.der-postillon.com/2015/08/fluchtling-renkt-seinen-unterkiefer-aus.html (14.06.2019).

o.V.: „Fünfjährige wurde gegessen – vom Flüchtling": Das ist mit Abstand das absurdeste Gerücht über Flüchtlinge. In: Huffington Post, 14.12.2015. URL: http://www.huffingtonpost.de/2015/12/14/das-ist-mit-abstand-das-absurdeste-gerucht-uber-fluchtlinge_n_8802738.html (10.09.2018).

o.V.: Protest von Russlanddeutschen spielt AfD in die Hände. URL: http://www.rbb-online.de/politik/beitrag/2016/01/berlin-russlanddeutsche-auf-der-strasse-afd-profitiert.html (10.09.2018).

o.V.: Skandal: Flüchtlinge essen fünfjähriges Kind. In: Buntesamt für Nazi-Satire, 12.12.2015. URL: http://buntesamt.blogspot.com/2015/12/skandal-fluchtlinge-essen-funfjahriges-kind.html (24.06.2019).

Röpcke, Julian/Vollmer, Jan: Russen-Medien: 13-Jährige von Migranten entführt. Propaganda mit einer angeblichen Vergewaltigung. In: Bild, 26.01.2016. URL: http://www.bild.de/politik/inland/npd/wie-russland-mit-angeblicher-vergewaltigung-propaganda-macht-44289532.bild.html (14.06.2019).

Schenda, Rudolf: Fabelwesen. In: Enzyklopädie des Märchens. Band 4. Berlin 1984, Sp. 766-773.

Schneider, Ingo: Von Marocchini und Mafiosi. Zwei Beispiele zum erzählerischen Umgang mit Fremden und Außenseitern in Südtirol. In: Österreichische Zeitschrift für Volkskunde 97 (1994), S. 225-253.

Schneider, Ingo: Erzählen im Internet. Aspekte des Erzählens im Zeitalter der Massenkommunikation. In: Fabula. Zeitschrift für Erzählforschung 37/1-2 (1996), S. 8-27.

Schneider, Ingo: Mafia in Meran? Rumors and Legends Surrounding the „Leather Connection". A Case Study. In: Gary Alan Fine/Véronique Campion-Vincent/

Chip Heath (Hg.): Rumor Mills. The Social Impact of Rumor and Legend. New York 2004, S. 61-77.

Schneider, Ingo: Über das Verhältnis von Realität und Fiktion in Reisebeschreibungen und ethnographischen Quellen. In: Thomas Hengartner/Brigitta Schmidt-Lauber (Hg.): Leben – Erzählen. Beiträge zur Erzähl- und Biographieforschung. Berlin 2005, S. 209-227.

Schneider, Ingo: Internet. In: Enzyklopädie des Märchens. Band 14/4. Berlin/Boston 2014, Sp. 1717-1726.

Schneider, Ingo: Alltag. In: Mathías Martínez (Hg.): Erzählen. Ein interdisziplinäres Handbuch. Stuttgart 2017, S. 116-122.

Taab, Daniel/Moeck, Thorsten: Polizei sucht „arabisch aussehenden Mann". Großfahndung in Köln nach Kauf explosiver Chemikalien in Pulheim. In: Kölnische Rundschau, 26.01.2016. URL: http://www.rundschau-online.de/koeln/polizei-sucht–arabisch-aussehenden-mann–grossfahndung-in-koeln-nach-kauf-explosiver-chemikalien-in-pulheim,15185496,33618100.html (14.06.2019).

## Abstract

The article starts by giving an overview of the phenomenon of storytelling in everday life. It describes the characteristics as well as the topics and motifs, the functions as well as the different occasions of telling stories on- and offline. After this theoretical approach the second part of the paper introduces the reader to a complex and recently widespread example of storytelling in everyday life: the legends and rumours about strangers. Although they seem very up-to-date, contemporary stories about strangers have been told again and again since at least the times of the old Greeks. Throughout the long history of these stories the same prejudices have always been and still are expressed: strangers are imagined not only as strange and different. What's even more: their ideas and opinions are rendered as wrong, they smell wrongly and speak wrongly. Finally, the attribution of wrong turns into the attribution of bad and even dangerous. The paper discusses the widespread prejudices using examples told orally and on the internet during and after „long summer of migration" in 2015.

# Tote Kühe und Rettung aus dem Schnee

## Perspektiven und Zugänge zum alltäglichen Erzählen

Simone Stiefbold

Wer im Bereich der Sagenforschung bereits mit altem und älterem Quellenmaterial gearbeitet hat, weiß, wie schwierig die Forderung der neueren Erzählforschung ‚vom Text zum Kontext'[1] – und ergänzend: zum Menschen – umzusetzen ist, wenn dieser Text bearbeitet, ohne Angaben zu Erzählerinnen und Erzählern, zum Teil nur mit Zeit- und Ortsangaben versehen ist.[2] Neben ihrer Eignung für germanistisch geprägte Zugänge sind solche Erzählungen wie Märchen und Sagen aber nicht nur als Zeugnis und Konstrukt der fachgeschichtlichen Auseinandersetzung interessant, sondern sie werden auch als Quellen, als Zugang zu Lebenswelten und Vorstellungen genutzt.[3] Dem Vorwurf, dass die verschriftlichten Texte nicht mehr das ‚lebendige Erzählen' widerspiegeln, kann mit Zugängen begegnet werden, in denen man eben doch noch Resten von Mündlichkeit nachspüren kann, in denen Positionierungen und Vorstellungen der Erzählerinnen und Erzähler oder wenigstens der bearbeitenden Sammler_innen und Forschenden sichtbar werden können. Es ist eine Textarbeit hin zum Menschen und seiner Lebenswelt.[4]

Forschen zu gegenwärtigen Themen hat wiederum den Vorteil, dass den Erzählerinnen und Erzählern begegnet, der Kontext hergestellt und die Performanz miteinbezogen werden kann. Interviews und Einzelerzählungen werden in Filmen, in Audiodateien festgehalten – fixiert – und in Teilen doch wieder verschriftlicht, als Grundlage einer feinteiligen Analyse, die dennoch Kontext und die Perfor-

---

1 Vgl. dazu z. B. Linda Dégh: Biologie des Erzählguts. In: Kurt Ranke u. a. (Hg.): Enzyklopädie des Märchens. Bd. 2. Berlin/New York 1979, Sp. 386–406.

2 Kritik an dieser Art des Sammelns formulierte z. B. Linda Dégh bereits 1965 und plädierte für eine ‚moderne' Form der Arbeitsweise. Vgl. Linda Dégh: Prozesse der Sagenbildung. In: Leander Petzoldt (Hg.): Vergleichende Sagenforschung (Wege der Forschung; 152). Darmstadt 1969, S. 374–389, hier S. 376–377.

3 Vgl. z. B. Lutz Röhrich: Märchen und Wirklichkeit. Wiesbaden 1964.

4 Vgl. z. B. Simone Stiefbold: Mit dem Wechselbalg denken. Menschen und Nicht-Menschen in lebensweltlichen Narrativen. Marburg 2015.

manz einbeziehen kann.[5] Das ist aber vor allem dort umsetzbar, wo man sich nicht mit medialen Erzeugnissen befasst, wie etwa Radio- und Fernsehbeiträgen sowie Internetbeiträgen, bei denen man keinen Zugang zu den Erzähler_innen hat – oder die Fragestellung auch keinen erfordert. Aber auch hier sind Zugänge zu Erzähler_innen und Zuhörenden sowie zu den Kontexten möglich, wie unter anderem gezeigt werden soll.[6]

Ich möchte im Folgenden am Beispiel von Wettererzählungen aufzeigen, wie Zugänge und Perspektiven aus der Erzählforschung alltägliches Erzählen[7] erschließen können.[8] Hier soll auch gezeigt werden, wie die schriftliche Form wiederum auf die Mündlichkeit verweisen kann. Es kann nur ein kleiner Ausschnitt gezeigt werden, der ausgewählten Schwerpunktsetzungen folgt. Erzählforscherische Zugänge und Perspektiven sind von Fragestellung und Quellenmaterial bzw. Erhebungsmethoden abhängig und deswegen vielfältig und zahlreich.

Ich habe mich für Wetterzählungen aus den Bereichen ‚Gewitter/Blitzschlag' und ‚Schnee' entschieden, die jeweils verschiedene Zugänge ansprechbar werden lassen. Beginnen möchte ich aber mit einem kurzen Einstieg zum ‚Wetter'. Zur Kontextualisierung gehört es auch, die Themen der zu betrachtenden Erzählungen in ihren Begriffen, ihren Erscheinungen etc. näher zu definieren bzw. – mit den Erzählungen – auch gegebenenfalls zu dekonstruieren. Was ist das eigentlich, das Wetter? Und in welcher Relation steht Wetter zum alltäglichen Erzählen und zum Alltag des Erzählenden?

## 1. Wetter

Das Wetter selbst ist erst einmal alltäglich – und Teil des alltäglichen Erzählens – und kann doch als schweres Wetterereignis den Menschen im Alltag ‚ergreifen', also alltagsüberschreitend wahrgenommen werden. Auch hier begegnet es uns im alltäglichen Erzählen, beispielsweise im Nachbarschaftsgespräch nach einem Unwetter, indem man sich nochmals gegenseitig des eigenen Erlebens

5 Vgl. z. B. Brigitta Schmidt-Lauber/Gudrun Schwibbe (Hg.): Alterität. Erzählen vom Anderssein (Göttinger kulturwissenschaftliche Studien; 4). Göttingen 2010; zur Narrationsanalyse vgl. z. B. Silke Meyer: Was heißt Erzählen? Die Narrationsanalyse als hermeneutische Methode in der Europäischen Ethnologie. In: Zeitschrift für Volkskunde 110 (2014) S. 243–267.
6 Zur Interaktion und Dynamik des Erzählens in Internetforen vgl. z. B. Stiefbold 2015, S. 68–74.
7 Zum alltäglichen Erzählen vgl. z. B. Hermann Bausinger: Alltägliches Erzählen. In: Kurt Ranke u. a. (Hg.): Enzyklopädie des Märchens. Bd. 1. Berlin/New York 1977, Sp. 323–330.
8 Der Vortrag basierte auf der Bitte, mögliche Vorgehensweisen der Erzählforschung im Umgang mit alltäglichem Erzählen vorzustellen und im Hinblick auf das Quellenmaterial exemplarisch aufzuzeigen. Aus diesem Grund folgt der Beitrag nicht dem üblichen Aufbau mit klarer Fragestellung und Fazit, sondern ist eher als Sammelsurium eigener Präferenzen zu verstehen, die als Input gedacht sind.

versichert und über Schäden oder Widrigkeiten berichten kann.[9] Gunther Hirschfelder weist etwa auf solch extreme Wetterphänomene bzw. Extremwetterereignisse hin, die neben Naturkatastrophen wie Bergsturz, Sturmfluten etc. vermehrt in den Blick der kulturwissenschaftlichen Forschung rücken sollten.[10]

Das Unwetter selbst ist der Atmosphärenzustand, der beispielsweise in Sagen, lebensgeschichtlichem Erzählen, in Katastrophenfilmen und Dokumentationen zuerst einmal am erzählenswertesten scheint. Es ist im Alltag verankert, jederzeit möglich und denkbar und zugleich alltagsüberschreitend – nicht jeden Tag muss man die Dachziegel vom Boden sammeln, vielleicht sogar nie – und wird dadurch erzählenswert, garantiert Spannung, Verwunderung und Unterhaltung. Das Andere – der Sturm, der Blitz, das Hochwasser nach Starkregen, der Hagelschlag – trifft den Menschen in seinem Alltag. Gutes Wetter wiederum wäre hier eher dasjenige, das den alltäglichen Lebensablauf nicht nur nicht stört, sondern ihn auch ermöglicht. Utz Jeggle definiert 1981 gutes Wetter als etwas, das als Einigkeit der Gesprächspartner_innen verstanden wird, was „[...] an diesem Tag für beide nützlich ist. Aber diese zeitliche Angemessenheit ist keine generelle, sie ist sozial noch einmal zerstückelt."[11] Die Wahrnehmung des Wetters als gutes oder schlechtes Wetter hängt von der jeweiligen Position der Wahrnehmenden ab. Wenn im Radio im Hochsommer die Moderatorin verkündet, dass heute wieder tolles Schwimmbadwetter sei, so nimmt das der Weinbauer nach einer mehrwöchigen Trockenperiode anders auf als der Bürokaufmann, der in der Innenstadt ohne Garten lebt und sich auf den Freibadbesuch nach Feierabend freut.

Unwetter wird nun in Erzählungen als Anderes erfahren, als etwas, das die Held_innen, die eigene Person, nicht nur betrifft, sondern auch im negativen Sinne ergreifen kann. Nehmen wir aber das Wetter, das uns umgibt, als Teil unserer Lebenswelt in den Fokus, so ist es Teil des Alltags. Wetter ist Alltag, jedoch nicht ein einfach vorhersehbarer. Es ist nicht kontrollierbar, entzieht sich so immer wieder den Erwartungshaltungen, überrascht (‚plötzlich vom Regenguss getroffen') und lässt – wenn diese nicht eingehalten werden – vielfältige Erzählungen zum alltagsübersteigenden zu. Wetterbeobachtungen und -aufzeichnun-

9    Vgl. z. B. Simone Stiefbold: Erfahrung und Erzählung. Wetterkatastrophen, Sagen und die Bedeutung der Form. In: Bernd Rieken (Hg.): Erzählen über Katastrophen. Beiträge aus Deutscher Philologie, Erzählforschung und Psychotherapiewissenschaft (Psychotherapiewissenschaft in Forschung, Profession und Kultur; 16). Münster/New York 2016, S. 101–114.

10   Vgl. Gunther Hirschfelder: Extreme Wetterereignisse und Klimawandel als Perspektive kulturwissenschaftlicher Forschung. In: Österreichische Zeitschrift für Volkskunde 112, Heft 2 (2009), S. 5–25, hier S. 14. In neueren kulturwissenschaftlichen Beiträgen ist so eine Hinwendung zu extremen Wetterereignissen zu finden, z. B. bei Hannelore Jeske: Die „Schneekatastrophe" 1978/79 in Schleswig-Holstein. Das Ereignis und seine Spiegelung in Erzählungen. In: Rieken 2016, S. 251–263; zum Klimawandel z. B. bei Ina Dietzsch: Klimawandel. Kulturanthropologische Perspektiven darauf, wie ein abstrakter Begriff erfahrbar gemacht wird. In: Schweizerisches Archiv für Volkskunde 113, Heft 1 (2017), S. 21–39.

11   Utz Jeggle: Vom richtigen Wetter. Regeln aus der kleinbäuerlichen Welt. In: Kursbuch 64. Das Wetter. Berlin/West 1981, S. 115–130, hier S. 116.

gen sowie die meteorologischen Anstrengungen zu Vorhersagen verweisen auf diese Problematik, der so auf vielfältige Art begegnet wurde und wird.

Wetter ist also alltäglich, wenn es den ihm angelegten Normen und Erwartungen entspricht, uns also in unserem alltäglichen Lebenszyklus nicht stört und erwartbar ist, auch wenn das natürlich nicht bedeutet, dass man nicht darüber jammern und davon erzählen darf: Es ist zu heiß, es ist zu kalt, und der ICE hat wieder die Klimaanlage zu niedrig eingestellt, nur weil es mal wieder über 20 Grad warm ist. Wetter kann also im Spannungsfeld von Alltag und Alltagsübersteigendem wahrgenommen werden, und so wird es gleichzeitig als Teil des Eigenen, als Teil der alltäglichen Lebenswelt und als das Andere, das einem gegenübersteht, wahrgenommen.

Wenn es um Wetter, Wahrnehmung und Erfahrung geht – und dann auch um das Erzählen dieser Erfahrungen –, bringt Gernot Böhme einen weiteren interessanten Aspekt in seinem Band *Aisthetik. Vorlesungen über Ästhetik als allgemeine Wahrnehmungslehre* ein. Er unterscheidet in seiner allgemeinen Wahrnehmungslehre zwischen Atmosphären und Atmosphärischem. In die Atmosphäre tritt man ein, man ist Teil dieser oder erfährt sie über eine Differenzerfahrung. Die Wahrnehmung als Atmosphäre ist Wahrnehmung in affektiver Betroffenheit. Das Atmosphärische wird bei ihm dagegen als „Halbding" – er bezieht sich hier auf Hermann Schmitz – verstanden, zu der auch „das Wetter" gehört, und ist stärker vom Ich geschieden:

> „Mit Phänomenen des *Atmosphärischen* werden also solche Wahrnehmungsphänomene angesprochen, die gegenüber Atmosphären deutlicher vom wahrnehmenden Ich unterschieden sind und bereits eine Tendenz zeigen, Dingcharakter anzunehmen. Wir werden diesen Zug herausheben, indem wir sie mit Hermann Schmitz als *Halbdinge* ansprechen. Vorweg seien ein paar Beispiele genannt, damit klar ist, woran zu denken ist: der Herbst, die Dämmerung, die Nacht, der Wind, das Wetter, die Beleuchtung, eine Stimme, die Kälte."[12]

Halbdinge können etwas tun „(der Wind weht)"[13] und können Eigenschaften haben „(der Wind ist lau)"[14]. Durch Attribuierungen können sie wiederum zu „[...] subjektiven Tatsachen, d.h. Atmosphären werden: schneidende Kälte, heiterer Morgen, lauer Wind."[15] Zudem können sie Individualität besitzen, es wird von ,dem' Föhn gesprochen. Und dennoch sind sie „[...] nur in der Erscheinung. Der Wind beispielsweise kann in Sturm übergehen, dann ist er aber nicht mehr Wind,

---

12 Gernot Böhme: Aisthetik. Vorlesungen über Ästhetik als allgemeine Wahrnehmungslehre. München 2001, S. 59.
13 Ebd., S. 61.
14 Ebd.
15 Ebd.

sondern eben Sturm."[16] Wetterphänomene können als Kräfte wahrgenommen werden, und das als Erfahrung im leiblich-emotionalen Sinn.

Die phänomenologische Betrachtung bietet bei Wettererzählungen einen reichen Zugang, der Erfahrung und Erzählung, aber auch das ‚Sprechen von' in den Blick nimmt.[17] Erzählen aus Erfahrung nimmt so nicht nur die Erzählung und den Erzählvorgang in den Blick, sondern fragt auch nach der Erfahrung, die erzählend in eine sprachliche Form – und das im Nachhinein – gebracht wird.

Kommen wir zur ersten Erzählung, die auch gerade das Erleben, das Erfahren erzählerisch und in der Rückschau aufbereitet.

## 2. Erstes Beispiel: Ordnend in sinnhaften Zusammenhang bringen – Erfahrung und Erzählung

In einer eineinhalbstündigen Dokumentation, ausgestrahlt am 19. Mai 2018 im SWR mit dem Titel *Wetterkatastrophen - Stürme und Fluten im Südwesten*, wird der Frage nachgegangen, wie die Menschen diese schweren Wetterereignisse erlebt haben.[18] Den Erzählenden wird Raum gegeben, verschiedene Perspektiven wie Experten- und Erfahrungswissen zusammengestellt und dem Ganzen ein großer Rahmen als Dokumentation gegeben. Aus Sicht der Kontext- und Performanzstudien sind Inszenierungen des Fernsehteams und das Erzählen der Menschen selbst visualisiert. Der Erzählanreiz wird durch die Moderation gegeben. Ich habe einen kurzen Beitrag über das Hitzegewitter 2009 in Hinterzarten im Schwarzwald herausgesucht und transkribiert.[19] Neben der audiovisuellen Darstellung ist es in vielen Fällen sinnvoll, das Gesprochene in schriftlicher Form vor sich zu haben, um neben den inhaltlichen Fragen Ordnungen und Kategorienbildungen für die Analyse, beispielsweise den Erzählfluss (‚Ähs' und Dialekt, Wiederholungen, Steigerungen etc.) direkt vor Augen zu haben. In schriftlicher Form kann auch die Mündlichkeit offensichtlich werden, wenn sie nicht überarbeitet und in Form gebracht wurde, wie beispielsweise bei vielen Märchen- und Sagensammlungen.

Hier erzählen nun Johannes und Hannelore Ganter, die einen Biobauernhof besitzen, wie sie den Blitzeinschlag erlebt haben, bei dem die Hälfte ihres Kuhbestandes auf der Weide gestorben ist:[20]

16  Ebd.
17  Vgl. dazu auch Gernot Böhme: Das Wetter und die Gefühle. Für eine Phänomenologie des Wetters. In: Bernd Busch (Red.): Luft. Bonn 2003, S. 148–161.
18  Winfried Lachauer/Bernd Schmitt: Wetterkatastrophen – Stürme und Fluten im Südwesten. In: SWR, 2015. URL: https://www.youtube.com/watch?v=dqtg6YuwMM0 (10.03.2018).
19  Es wurde versucht, die dialektale Färbung kenntlich zu machen.
20  JG: Johannes Ganter, HG: Hannelore Ganter. Die beiden sprechen abwechselnd. Meine Einfügungen sind in eckige Klammer gesetzt.

„JG: Es war der Mondag Middag, so um zwei rum, wir hatte noch ne Besprechung und, äh, in dem Moment isch ebbe en schweres Gewidder über de Hof hinweggezoge.

HG: Es war so dämpfig, es war schwül ...

JG: Es war schwül, ja.

HG: ... und es war so richtig wie wenn man die Luft schneide wollte, ne, des isch, äh, auf einmal gab's en, ein Knall, des war ein Blitz, ein Knall und no glei mein Mann: ‚Jetzt hat's irgendwo eingeschlagen'.

JG: Blitz und Donner in einem. [Dialekt wird stärker]

HG: Und dann, zweieihalb Stund später, kam die Erkenntnis, aber ganz bidder. Naja, als der Nachbarjunge kommt und sagt ‚Da obe lieget tote Tiere'. Mir konntet es erscht gar et begreife, erschtens Mol, du hesch, warsch no de Dag vorher bei de Tiere, alles war friedlich, alles war okay, [schweres Luftholen], und dann kommscht du daher und musch des zuschaue wie alle auf der Platte liege.

JG: Auf der Stelle, wo sie standet im Moment in sich zusammengebroche und sofort tot.

HG: Des kann net sein, des kann net, die müsstet doch wiederkomme, und, also, es hätt au en ganz großes Stück gfehlt, im Bestand, es war nix mehr homogenes, es war so [Pause] wie...

JG: Zerstört.

HG: Ja. Wenn's donnert und die starke Blitze – oh. Es...

JG: Desch heut ganz anderscht.

HG: Ja.

JG: Ich bin, was en Blitz und Gewitter anbelangt, eigentlich relativ cool gewesen, wenn ma sage soll, aber nicht mehr, seither nicht mehr.

HG: Ja.

JG: Und ich krieg schon a bissle Angst, wo sind jetzt die Tiere und wo befindet sie sich jetzt grad, ja, wenn en Gewitter aufzieht, oder?"[21]

Die Göttinger Kulturwissenschaftlerin Regina Bendix hat in einem Beitrag am Beispiel eines Erdbebens darauf hingewiesen, dass wir erzählend die Welt wieder in Ordnung bringen.[22] Menschen werden durch ‚äußere Gewalt' – sei es z. B. ‚die Natur' oder eine strafende oder warnende Gottheit – in einen affektiven Erfahrungsraum jenseits der kulturellen Ordnungen versetzt. Diese kulturellen Ordnungen werden erst im Nachhinein des Erfahrens narrativ wiederhergestellt. Die Ereignisse und Erfahrungen ergeben wieder Sinn. Die Ganters können im Nachhinein den Blitzeinschlag, den sie gehört haben, mit dem Tod der Kühe in eine zeitliche Übereinstimmung bringen. Der Nachbarsjunge weiß erst einmal nur von ‚toten Tieren' zu berichten, der Weg zur Weide – zweieinhalb Stunden nach dem Blitzeinschlag – zeigt erst einmal nur die toten Kühe auf der Weide. Heute wissen sie, und können das auch erzählen, dass der Blitz, den sie gehört haben, die Tiere getötet hat. Nun ist es aber Erzählerinnen und Erzählern eigen, dass sie auch dieses Aus-der-Ordnung-gesetzt-Sein erzählen können, weil sie darum wissen: „Mir konntet es erscht gar et begreife, [...] dann kommscht du daher und musch des zuschaue wie alle auf der Platte liege [...]. Des kann net sein, des kann net, die müsstet doch wiederkomme."[23] Johannes Ganter formuliert dies später nochmals, wenn er darauf hinweist, dass er so erstarrt, so betroffen war, dass ihm Andere dabei helfen mussten, die Tiere wegzubringen. Neben anderen Aspekten, wie etwa, dass mit größerer Aufregung bei Frau Ganter der Dialekt stärker wird, kann auch die Frage gestellt werden, wie die Betroffenheit über eine Distanzierung zum Anderen, zum Atmosphärischen – dem Blitz, dem Gewitter – über die Ich-Positionierungen getroffen wird.

## 3. Positionierungen – Ich, wir, die anderen

Im vorliegenden Beispiel handelt es sich um eine Erzählung, die gerichtet ist. Sie hat ein Publikum, Zuhörerinnen und Zuhörer und wendet sich an diese, wobei auch der gleiche Inhalt in verschiedenen Erzählmodi erzählt werden kann. Gerade bei Erzählungen, bei denen man wenig über die Erzählenden weiß, ist dies ein interessanter Aspekt, wenn man wissen will, wie sich diese zu ihren Inhalten

---

21  Wetterkatastrophen – Stürme und Fluten im Südwesten 2015, 23:32–25:48 min.
22  Regina Bendix: Zwischen Chaos und Kultur. Zur Ethnographie des Erzählens im ausgehenden 20. Jahrhundert. In: Zeitschrift für Volkskunde 92, 1996, S. 169–184, hier S. 169f.
23  Wetterkatastrophen – Stürme und Fluten im Südwesten 2015, 24:29–25:02 min.

positionieren und wer die Ansprechpartner_innen sind. Die Erzählung kann also Auskunft über das Verhältnis von Erzählenden und Zuhörenden geben und auch über die Inhalte, zu denen Position eingenommen wird. Die erzählenden, zuhörenden, leidenden, erinnernden, wahrnehmenden und unterhaltenen Menschen stehen in der Erzählforschung, wie bereits einleitend angesprochen, immer mehr im Vordergrund; es ist eine Forschung zum Menschen hin. Und weil ich oben bereits den Dialekt angesprochen habe: Auch er verweist auf das Verhältnis von Erzähler_innen und Publikum und auf die Positionierung zum Inhalt: Da bei Frau Ganter der Dialekt mit dem Grad der Aufregung zunimmt, fällt überhaupt erst auf, dass sie zuvor versucht hat, für das Fernsehpublikum (und vielleicht auch für den Interviewer, von dem wir nicht wissen, ob er oder sie Dialekt spricht) ‚hochdeutscher' bzw. standardnäher zu sprechen. Solche Brüche und Irritationen in Erzählungen sind immer gute Hinweise auf verschiedene Bedeutungsebenen. ‚Glatte' Erzählungen können beispielsweise auf ein stärker in Form gebrachtes Wissen, eine schon häufiger erzählte Geschichte, die weniger emotional ist und/oder ihre verstetigte Form schon gefunden hat, hinweisen: eine Erzählung, die zum ständigen Erzählrepertoire gehört und distanzierter erzählbar ist. Das kann auch auf eine erprobte lebensgeschichtliche Erzählung hinweisen, die sinnhaft in die Erzählung vom Eigenen eingepasst ist. Hannelore Ganters Aufregung, ihre noch immer vorhandene Betroffenheit, drückt sich so also auch sprachlich aus, wenn die Erzählung voranschreitet. Ihr sprachliches Ich wirkt weniger distanziert, ist weniger vom Erlebnis geschieden. Neben dem Dialektzuwachs ist es auch der zunehmend brechende Erzählfluss, der zuvor eher einem sinnhaften Nacheinander der Ereignisse entsprach.

Diese Betroffenheit in der Erfahrung und Wahrnehmung des Unwetters wird aber über ein sprachliches Zwischen auch in eine Distanz zum Ich gebracht. Dieses sprachliche Zwischen, das über die Erzählung hergestellt wird, kann wie der Tisch in der dinglichen Welt Hannah Arendts die nötige Distanz herstellen, sodass das Erlebnis, die erlebte Erfahrung und das Ich nicht ineinander fallen.[24] Der Umgang mit den gewaltigen Kräften der Natur wird in eine sinnhafte Ordnung geführt, die das Ich von der erfahrenen Wahrnehmung scheidet und somit auf der Erzählebene, wenn man sich wiederum auf Böhmes Betrachtungen bezieht, die Atmosphäre zum Atmosphärischen werden lässt, um dann dieses Atmosphärische als unbestimmte Kraft zu benennen. ‚Der Blitz/das Gewitter', die als aktuelles Phänomen auftreten, werden zum festgeschriebenen Part einer Naturgewalt. Die schwüle Atmosphäre wird punktuell über den Blitzeinschlag zu etwas, was einem entgegensteht, was wie die Strafe Gottes in Sagen von außen kommt und einen dann doch betrifft und auch Angst machen kann: „Und ich

---

24  Vgl. Hannah Arendt: Vita activa oder Vom tätigen Leben. München/Zürich 1999 [1958], S. 66. Vgl. Stiefbold 2016, S. 111.

krieg schon a bissle Angst, wo sind jetzt die Tiere und wo befindet sie sich jetzt grad, ja, wenn en Gewitter aufzieht, oder."[25]

Es lässt sich so auch ein empathischer Bereich feststellen, der auf geteilter Erfahrung und Wahrnehmung beruht: Menschen empfinden Angst und können Ängste nachvollziehen – wenn vielleicht auch die Qualität der Erfahrung eine andere ist bzw. sein kann. Das Ich kann in Distanz zur erzählten (Un-)Wettererfahrung gesetzt werden und doch zugleich in Nähe zu anderen Menschen. Das ist ein weiterer Aspekt, der nur kurz angesprochen werden soll: Erzählungen, die an Emotionen rühren, Empathie kennen und herstellen, sind gerade in der Weitererzählung besonders fruchtbar. Sie können bedeutsam genug werden, um sie weiterzuerzählen. Und gerade dieses Weitererzählen lässt sie nicht vergessen gehen: Weder die Erfahrungen noch die Erzählungen davon. Vergessen geht das, was nicht weitererzählt wird.[26] Neben dem geteilten Erfahrungshorizont ermöglichen sie so auch weiterhin geteiltes Wissen: Blitze können auch eine halbe Kuhherde töten. Und auch wenn mir das nicht passiert ist, so liegt es im potenziellen Bereich und man sollte sich und andere schützen. Unter Bäumen zu stehen ist hierfür weder für Kühe noch für Mensch förderlich. Die Dokumentation und die Einzelerzählung haben so auch Warncharakter.

Die bereits erwähnte Tendenz zur Forschung zum Menschen hin möchte ich noch an einer weiteren Erzählung verdeutlichen.

## 4. Zweites Beispiel: Bewusstseinsanalyse – Individuelle Zugänge und Gegenwartspositionen

Es ist die Erzählung von einem Schneesturm auf der Schwäbischen Alb im Winter 1967. Hier prägt das Wetter das gesamte Geschehen in der Erzählung, welches einen glücklichen Ausgang findet. Erzählt wurde diese Geschichte im Winter auf einem Treffen von Freunden, Bekannten und Verwandten. Ich habe mir Notizen gemacht und gebe diese Erzählung als Gedächtnisprotokoll auf Grundlage der Mitschrift wieder. Hier können also nicht die gleichen Fragen gestellt und beantwortet werden, wie in einer transkribierten Version und doch kann damit gearbeitet werden. Erzählt wurde die Geschichte, nachdem eine andere Erzählung über das Fahren im Winter beendet worden war. Der Erzähler ist Anfang 70 und war mit Anfang 20 bei der Bundeswehr und auf dem Rückweg zur Kaserne; die dialektale Färbung ist nicht mit übernommen worden:

---

25  Wetterkatastrophen – Stürme und Fluten im Südwesten 2015, 25:40–25:48 min.
26  Vgl. Simone Stiefbold: Grimms Märchen erinnern. Die narrativen Strukturen (post)moderner Erinnerungsräume am Beispiel von Märchenparks. In: Zimmermann, Harm-Peer (Hg.): Zwischen Identität und Image. Die Popularität der Brüder Grimm und ihrer Märchen in Hessen (Hessische Blätter für Volks- und Kulturforschung NF 44/45). Marburg 2009, S. 530–541.

„Ich bin Sonntagabend gegen zehn Uhr Richtung Ulm gefahren, also von Reutlingen aus. Es gab einen schweren Schneesturm, ich war ja auf der Alb unterwegs. Dann bin ich mit dem Auto in einer Schneewehe stecken-geblieben. Da ging nichts mehr. Ich mein, da ist man noch mit Sommer-reifen gefahren, damals gab's das ja nicht so. Ich war da völlig allein. Totenstille. Da oben, um die Zeit, da gab's ja niemand. Ich saß so im Auto. Dann fiel mir ein, dass das ja einen Choke hat. Das gibt's ja heute auch nicht mehr. Ich hab dann den Choke auf voll gezogen, also ganz raus. Und habe das Auto geschoben. Durch das offene Fenster gelenkt. Das war auch Muskelkraft. In zehn Metern, da sah man, da war der Schnee nicht mehr ganz so hoch. Ich war schweißgebadet, vor Anstrengung, oder Angst [er lacht]. Ich mein, da gab es ja auch keine Handys, was soll man machen. Da kam auch niemand vorbei. Und dann auf die Autobahn. [...] Man sah auch nichts im Schneesturm. Die Heizung ging, aber das waren damals die alten Autos, da kam vor allem Kohlendioxid mit rein. Ein VW-Käfer. Die Fenster waren offen, die Scheibenwischer waren auch nicht gut, da musste man beim Schneesturm, also das hat so stark geschneit, da musste man durch die Seitenfenster rausschauen. Das Auto musste immer in Geschwindigkeit gehalten werden. Ich bin dann aber zum Glück heil angekommen. Bei der Ankunft sind dann die ersten losgefahren [Rück-frage meinerseits: Schneeräumer?]. Ja, aber auf der Alb, da wär niemand gewesen. Was Menschen passieren kann. Meine Frau, also heute, konnte gar nicht fassen, was passieren kann. Handys hatte aber noch keine Sau. Da gab es ja auch noch viel Schnee. Das war bei Laichingen. Im Ort oder Ortseingang. Da hätte Dir aber niemand geholfen. Alles dicht. Da macht auch niemand auf. Das war da so oben. Das Hirn wird dann aber frei, ganz klar. Ich hab einfach gemacht. Und sonst hätte ich alle durchgeklingelt und notfalls die Tür eingetreten."[27]

Albrecht Lehmann, der in der Erzählforschung das methodische Vorgehen der Bewusstseinsanalyse entwickelt hat, geht vom Subjekt, vom individuellen Be-wusstsein aus.[28] Auch im lebensgeschichtlichen Erinnern und Erzählen werden Gegenwartspositionen sichtbar. In der Erzählung der beiden Biobauern sehen wir eine Verschiebung dieser Gegenwartsposition, wenn es um die Beurteilung der Gefahren, um das Wissen um ein Gewitter geht. Herr Ganter wird mit dieser neuen, eigenen Erfahrung, ein Gewitter kann sehr tödlich sein, Gewitter neu be-urteilen und erfährt sie neu. Das Einzelereignis, er betont später, wie lange der

27 Gedächtnisprotokoll vom 4.12.2017.
28 Vgl. Albrecht Lehmann: Reden über Erfahrung. Kulturwissenschaftliche Bewusstseinsanalyse des Erzählens. Berlin 2007.

Hof schon in der Familie ist, und dass bis dahin noch nie so etwas passiert sei, wird in die Familiengeschichte aufgenommen und diese neu erzählt.[29]

In der Schneegeschichte deutet das erinnerte und erzählte Erlebnis auf eine Vergangenheit, die aus einer Gegenwartsposition erinnert und erzählt wird. Starker Schneefall auf der Schwäbischen Alb, Sommerreifen und kein Handy, wenig Verkehr. Das alles gibt es dieser Erzählung zufolge heute nicht mehr. Das Vergangene wird aus der Gegenwart erinnert und erzählt.[30] In der Erzählung eines Erlebnisses von 1967 werden Themen verhandelt, die im gegenwärtigen Bewusstsein liegen. Hätten wir die Erzählung von 1967 vor uns liegen, wären weder der Klimawandel, der angedeutet wird und auch nicht ausgeführt werden muss, da hier in der Erzählsituation von einem Konsenswissen ausgegangen wird, vielleicht auch nicht das spezielle am VW-Käfer, z. B. der Choke, den es noch gab, und vor allem nicht das Handy thematisiert worden. Die Erzählung hätte andere Schwerpunkte, evtl. andere Intentionen gehabt. So ist es eine Erzählung über früher, die uns Auskunft über die Zeit gibt: Sommerreifen im Winter, Bewältigung eines Schneesturms mit schlechten Scheibenwischern, die Menschenleere der Alb. Die Stereotypisierung der abweisenden Albbewohner aus der Sicht eines Städters, der sich davon abgrenzt, wäre jedoch vielleicht in beiden Versionen vorhanden gewesen. Zugleich ist die Erzählung Quelle für heutige subjektive Positionen, die auch in kollektiven Themenwelten verhaftet ist: Technik und Fortschritt (alte Technik kann gut sein, weil der Choke die Möglichkeit des Fortkommens war; neue Technik kann gut sein, da man mit dem Handy Hilfe rufen kann) und Klimawandel (normales gegen nicht mehr normales), um nur zwei zu nennen.

Erzählungen sind Quellen zu alltäglichem Leben, zu Lebenswelten, Weltsichten und Stereotypisierungen, zu Themensetzungen, Meinungen u. a. Sie sind aber eben immer auch Geschichten, die aus der jeweiligen Gegenwart erzählt werden, in den 1960er Jahren anders als beispielsweise in den 1980er und 2010er Jahren. Außer sie werden fixiert, schriftlich, auf Tonband oder audiovisuell und dann nicht mehr in anderer Form weitererzählt. Dann bleiben sie dort stehen, wo und wann sie fixiert, vergegenständlicht wurden. Ich möchte hier zum letzten Punkt kommen, dem in der Erzählforschung berühmt-berüchtigten Hang zur Ordnung.

## 5. Gattungen

Ich habe es bereits oben angedeutet: In dieser Erzählung wird auch der Kampf eines Mannes gegen die Widrigkeiten der Natur und der Umgang mit der Technik, die ihn erst einmal im Stich lässt, erzählt. Wir finden hier lebensgeschichtliches Erzählen, eine Anekdote, eine Warnerzählung (Gefahr des Schneesturms bei

---

29  Vgl. Wetterkatastrophen – Stürme und Fluten im Südwesten 2015, 27:14–27:37 min.
30  Vgl. Lehmann 2007, S. 11f.

nicht ausreichender Ausrüstung), einen Erlebnisbericht im Sinne exemplarischen Erzählens, der den Klimawandel untermauert (früher war es anders) und eine Heldengeschichte mit glücklichem Ausgang: Der Mann widersetzt sich allen Wirrungen und kommt aus eigener Kraft ans Ziel. Das Angstvolle wird thematisiert, aber durch das Wissen um dieses glückliche Ende kann es mit einem Lachen kommentiert werden. Der Erzähler hat zum Ende der Geschichte mehrfach betont, dass sie wirklich wahr ist. Er erzählt also keine Märchen. Er ermächtigt sich seiner eigenen, bedrohlichen Erfahrung, die im Nachhinein, mit dem Wissen über den glücklichen Ausgang, zu seiner eigenen Heldenerzählung werden kann.

Gattungszuordnungen werden und wurden immer wieder kritisiert. Helge Gerndt merkte sogar an, dass gerade in der Sagenforschung die Wissenschaftler_innen erst selbst das Material, das Feld schufen, das sie eigentlich bearbeiten wollten und warnte vor einer unreflektierten Sammlungswut.[31] Auch der Erzählforscher Leander Petzoldt hat in seiner Einführung zur Sagenforschung die Gattungszuteilung kritisiert und zugleich aber auch darauf hingewiesen, dass sie uns einen schnellen, methodischen Zugang leistet, also von heuristischem Wert ist.[32] Wir wissen, womit wir es zu tun haben und können so in die Analyse gehen. Das Problem ergibt sich meines Erachtens vor allem dort, wo sich Gattungszuordnung aus wissenschaftlicher Perspektive nicht mit dem ebenfalls vorhandenen lebensweltlichen Wissen um Erzählformen deckt. Wenn jemand eine eigene Erfahrung als Erlebnisbericht weitergibt, und dort eben nun einmal ein Geist im Wald eine Rolle spielt, so wird er nicht angetan sein, wenn der bürgerliche Sagenforscher diesen Bericht als Sage in seine Sammlung aufnimmt, in der bereits das Unwahre des Erlebnisses über Gattung und Kontext festgeschrieben wird.

Auch in der bereits aufgeführten Erzählung vom Bezwingen des Schnees spielt es eine Rolle, wie die Geschichte erzählt und weitererzählt wird. Es liegt dabei nicht in der Hand des Erzählers, wie dies geschieht. So kann auch in Weitererzählungen bei VW-Käfer-Liebhaber_innen das spezielle Element des Chokes hervorgehoben werden, die Erzählung auch ins Schwankhafte (fauler Städter kommt zu spät los und kann mit dem Wetter auf der Alb nicht umgehen) gedreht werden. Weitererzählt wird das, was jedem jeweils bedeutsam erscheint. Es sollte aber in unserem Interesse sein, der jeweils vorhandenen Intention und Form, aber auch dem Mix der Formen, nahe zu kommen. Die jeweilige Interpretation hängt nicht nur mit der Fragestellung, sondern auch mit unserem Ordnungssinn zusammen. Als Heldengeschichte ist es nicht nur der starke Mann, der gewinnt. Es ist auch die Erzählung vom eigenen Verschulden (zu spät weggefahren), dem Sich-Wie-

---

31    Helge Gerndt: Volkssagen. Über den Wandel ihrer zeichenhaften Bedeutung vom 18. Jahrhundert bis heute. In: Utz Jeggle u. a. (Hg.): Volkskultur in der Moderne. Probleme und Perspektiven empirischer Kulturforschung. Reinbek bei Hamburg 1986, S. 397–409.
32    Leander Petzoldt: Einführung in die Sagenforschung. Konstanz 2002, S. 43.

derfinden in einer Naturgewalt, gegen die man nicht kämpft, sondern in der man mit viel Glück, etwas Verstand und Kraft nicht umkommt. Die vorliegende Erzählung wird also doch zu einem glücklichen Ende geführt und dient gleichzeitig als Erinnerung und Warnung für den Erzählenden und andere: Schlechtes Wetter ist nicht zu unterschätzen. Die Erzählung selbst ist aber eben auch an die jeweilige Erzählpersönlichkeit gebunden: In der Ich-Erzählung dürfen der Erzähler und die Erzählerin ihre eigenen Schwerpunkte setzen, die als diese auch Teil der Interpretation werden. Aber auch wir als Interpretator_innen stricken wie die Zuhörenden und andere Weitererzählende am jeweils eigenen Sinn und fügen diesen den Erzählungen hinzu, indem wir sie etwa in eine wissenschaftliche Erzählung einbetten und so aktualisiert neu weitererzählen.

## 6. Fazit

Methodisches Vorgehen sowie Zugänge und Perspektiven hängen stark von Material und Fragestellung ab. Beim empirischen Arbeiten, nah am Material, müssen diese eben dann notfalls auch immer wieder verschoben, erweitert oder verworfen werden. Auch wenn hier keine Erzählung vom ‚guten Wetter' besprochen wurde, so darf nicht vergessen werden, dass gerade auch dieses im alltäglichen Erzählen eine große Rolle spielt, wenn auch nicht mit der Schlagkraft, die starke Wetterphänomene mit sich bringen: ‚Normales', erwartetes Wetter wird als nicht alltagsübersteigend weniger erzählenswert. Nieselregen wird eher als Herbstphänomen betrachtet, das im Erzählen über die eigenen Befindlichkeiten thematisiert werden kann, das schöne Wetter bei der Hochzeit wird immer wieder thematisiert (so schön war es, wir konnten immer draußen sitzen), wird aber seltener zu einer geschlossenen, in sich sinnhaften Erzählung zum Hauptthema werden – außer vielleicht in einer Glückserzählung, in der alles nur gut lief.

Es ist festzuhalten, dass, auch wenn Erzählerinnen und Erzähler nicht mehr befragt werden können – oder das von den Forschenden auch nicht gewollt wird – man dennoch mit dem Material arbeiten kann, ohne die Menschen und ihre Lebenswelt aus den Augen zu verlieren. Sei es mit verschriftlichten Texten, Audioaufzeichnungen oder anderem. Kennen wir den Kontext nicht, so erlauben uns die Texte eine Spurensuche nach diesem. Vom (verschriftlichten) Text zum Kontext zum Menschen.

## Literatur

Arendt, Hannah: Vita activa oder Vom tätigen Leben. München/Zürich 1999 [1958].

Bausinger, Hermann: Alltägliches Erzählen. In: Kurt Ranke u. a. (Hg.): Enzyklopädie des Märchens. Bd. 1. Berlin/New York 1977, Sp. 323–330.

Bendix, Regina: Zwischen Chaos und Kultur. Zur Ethnographie des Erzählens im ausgehenden 20. Jahrhundert. In: Zeitschrift für Volkskunde 92, 1996, S. 169–184.

Böhme, Gernot: Aisthetik. Vorlesungen über Ästhetik als allgemeine Wahrnehmungslehre. München 2001.

Böhme, Gernot: Das Wetter und die Gefühle. Für eine Phänomenologie des Wetters. In: Bernd Busch (Red.): Luft. Bonn 2003, S. 148–161.

Dégh, Linda: Prozesse der Sagenbildung. In: Leander Petzoldt (Hg.): Vergleichende Sagenforschung (Wege der Forschung; 152). Darmstadt 1969, S. 374–389, hier S. 376–377.

Dégh, Linda: Biologie des Erzählguts. In: Kurt Ranke u. a. (Hg.): Enzyklopädie des Märchens. Bd. 2. Berlin/New York 1979, Sp. 386–406.

Dietzsch, Ina: Klimawandel. Kulturanthropologische Perspektiven darauf, wie ein abstrakter Begriff erfahrbar gemacht wird. In: Schweizerisches Archiv für Volkskunde 113, Heft 1 (2017), S. 21–39.

Gerndt, Helge: Volkssagen. Über den Wandel ihrer zeichenhaften Bedeutung vom 18. Jahrhundert bis heute. In: Utz Jeggle u. a. (Hg.): Volkskultur in der Moderne. Probleme und Perspektiven empirischer Kulturforschung. Reinbek bei Hamburg 1986, S. 397–409.

Hirschfelder, Gunther: Extreme Wetterereignisse und Klimawandel als Perspektive kulturwissenschaftlicher Forschung. In: Österreichische Zeitschrift für Volkskunde 112, Heft 2 (2009), S. 5–25.

Jeggle, Utz: Vom richtigen Wetter. Regeln aus der kleinbäuerlichen Welt. In: Kursbuch 64. Das Wetter. Berlin/West 1981, S. 115–130.

Jeske, Hannelore: Die „Schneekatastrophe" 1978/79 in Schleswig-Holstein. Das Ereignis und seine Spiegelung in Erzählungen. In: Bernd Rieken (Hg.): Erzählen über Katastrophen. Beiträge aus Deutscher Philologie, Erzählforschung und Psychotherapiewissenschaft (Psychotherapiewissenschaft in Forschung, Profession und Kultur; 16). Münster/New York 2016, S. 251–263.

Lachauer, Winfried/Schmitt, Bernd: Wetterkatastrophen – Stürme und Fluten im Südwesten. In: SWR, 2015. URL: https://www.youtube.com/watch?v=dqtg6YuwMM0 (10.03.2018).

Lehmann, Albrecht: Reden über Erfahrung. Kulturwissenschaftliche Bewusstseinsanalyse des Erzählens. Berlin 2007.

Meyer, Silke: Was heißt Erzählen? Die Narrationsanalyse als hermeneutische Methode in der Europäischen Ethnologie. In: Zeitschrift für Volkskunde 110 (2014), S. 243–267.

Petzoldt, Leander: Einführung in die Sagenforschung. Konstanz 2002.

Röhrich, Lutz: Märchen und Wirklichkeit. Wiesbaden 1964.

Schmidt-Lauber, Brigitta/Schwibbe, Gudrun (Hg.): Alterität. Erzählen vom Anderssein (Göttinger kulturwissenschaftliche Studien; 4). Göttingen 2010.

Stiefbold, Simone: Grimms Märchen erinnern. Die narrativen Strukturen (post)-moderner Erinnerungsräume am Beispiel von Märchenparks. In: Zimmermann, Harm-Peer (Hg.): Zwischen Identität und Image. Die Popularität der Brüder Grimm und ihrer Märchen in Hessen (Hessische Blätter für Volks- und Kulturforschung NF; 44/45). Marburg 2009, S. 530–541.

Stiefbold, Simone: Mit dem Wechselbalg denken. Menschen und Nicht-Menschen in lebensweltlichen Narrativen. Marburg 2015.

Stiefbold, Simone: Erfahrung und Erzählung. Wetterkatastrophen, Sagen und die Bedeutung der Form. In: Bernd Rieken (Hg.): Erzählen über Katastrophen. Beiträge aus Deutscher Philologie, Erzählforschung und Psychotherapiewissenschaft (Psychotherapiewissenschaft in Forschung, Profession und Kultur; 16). Münster/New York 2016, S. 101–114.

## Abstract

There are many types of genres beside fairy tales and legends that are interesting for narrative research: jokes, proverbs or for example everyday narratives. The analysis of everyday narratives allows various methodical approaches and perspectives. In the current narrative research, classical approaches, for example historical or philological, are as well represented as perspectives, which focus more on the social situations and the actors. Texts could also be analysed with this last-mentioned focus.

In this article, the author shows different possibilities to research everyday narratives about the weather in the perspective of current narrative research. In a first step, the relation between weather as a phenomenon and the narrations about this phenomenon is thematised and approaches of the New Phenomenology are shown. Afterwards, the author discusses two narratives about weather experiences. How do experience and narration relate and what could the positioning of the narrator within the narration and during narrating mean? The analysis of consciousness, the discussion of genre and the meaning of order or emotionality are also central in this paper.

Questions about the context and the role of the actors are important perspectives. They focus on the narrators, the audience and their cultural and social positions. To research texts with this focus means: Analyse the texts with the perspective on the contexts and on the person who created the text.

# Autor_innenverzeichnis

**Dr. Rudolf Bühler** ist seit 2009 wissenschaftlicher Mitarbeiter der „Arbeitsstelle Sprache in Südwestdeutschland / Arno-Ruoff-Archiv" des Ludwig-Uhland-Instituts für Empirische Kulturwissenschaft der Universität Tübingen. Er studierte Germanistik – Sprachwissenschaft des Deutschen, neuere/neueste Geschichte und ostslavische Philologie in Freiburg i.Br. 2016 promovierte er mit der Dissertation „Sprachwandeltendenzen in Baden-Württemberg. Eine diachrone Untersuchung am Beispiel der schwäbisch-fränkischen Dialektgrenze."

**Prof. Dr. Helen Christen** ist seit 2002 Professorin für Germanistische Linguistik an der Universität Freiburg/Fribourg (Schweiz). Zu ihren vielen Forschungsschwerpunkten gehören Dialektologie, Soziolinguistik, Gender-Linguistik, Sprachkultur, Sprachkritik, Sprachpolitik, Gesprochene Sprache, Geschriebene Sprache, Sprachgeschichte, Sprachwandel, Schweizer Sprachsituation sowie Folk linguistics. Promotion und Habilitation im Bereich Dialektologie/Variationslinguistik. Sie ist Erste Vorsitzende der Internationalen Gesellschaft für Dialektologie des Deutschen.

**Monika Foldenauer** ist seit 2017 wissenschaftliche Mitarbeiterin an der Friedrich-Alexander-Universität Erlangen-Nürnberg und Mitglied der Nachwuchsforschergruppe „Flexible Schreiber in der Sprachgeschichte". Schwerpunktmäßig befasst sie sich mit Syntax, Variationslinguistik und Statistik. Sie studierte Deutsch und Mathematik für das Lehramt an Gymnasien in Augsburg. In ihrer Zulassungsarbeit analysierte sie das Auftreten sprachlicher Ideologien in Schulbüchern.

**Prof. Dr. Rupert Hochholzer** ist seit 2008 Professor für Deutsch als Zweitsprache an der Universität Regensburg. Zu seinen Forschungsschwerpunkten gehören die Mehrsprachigkeitsforschung, die Innere Mehrsprachigkeit, Konzepte sprachlicher Förderung in DaZ, die Migrationslinguistik und die Sprachpolitik. 1994: Promotion, 2003: Habilitation („Konfliktfeld Dialekt. Das Verhältnis von Deutschlehrerinnen und Deutschlehrern zu Sprache und ihren regionalen Varietäten").

**PD Dr. Frank Janle** ist Deutschlehrer und Fachleiter für das Fach Deutsch am Seminar für Ausbildung und Fortbildung der Lehrkräfte Stuttgart. Darüber hinaus unterrichtet er Sprach- und Literaturdidaktik an der Universität Stuttgart und an der Universität Erlangen-Nürnberg. 2009: Promotion („Beschreiben entdecken. Theoretische und empirische Grundlagen linguistischer und schreibdidaktischer Aspekte einer zentralen Sprachhandlung in Alltag"), 2015: Habilitation („Proto-

typikalität als Weg in die Literaturgeschichte. Entwurf einer didaktischen Phänomenologie").

**Prof. Dr. Hubert Klausmann** ist seit 2010 Leiter des Projekts „Sprachalltag",
seit 2015 auch Leiter der „Arbeitsstelle Sprache in Südwestdeutschland" am Ludwig-Uhland-Institut für Empirische Kulturwissenschaft der Universität Tübingen.
Zu seinen Forschungsschwerpunkten gehören Dialektologie, Familiennamengeo-
grafie und Sprachkritik. Er war viele Jahre Lehrer an einem baden-württembergischen Gymnasium und Mitarbeiter am „Vorarlberger Sprachatlas".

**Dr. Mirjam Nast** ist seit 2015 wissenschaftliche Mitarbeiterin der „Arbeitsstelle
Sprache in Südwestdeutschland / Arno-Ruoff-Archiv" des Ludwig-Uhland-Insti-
tuts für Empirische Kulturwissenschaft der Universität Tübingen. Sie studierte
Empirische Kulturwissenschaft und Neuere deutsche Literatur in Tübingen und
Zürich. 2016 promovierte sie im Bereich der kulturwissenschaftlichen Medien-
forschung („Lesen in Serie. Praktiken der Nutzung der Heftromanserie *Perry
Rhodan*").

**Dr. Monika Fritz-Scheuplein** ist seit 2003 wissenschaftliche Mitarbeiterin am
Unterfränkischen Dialektinstitut. Zuvor war sie wissenschaftliche Mitarbeiterin
am Sprachatlas von Unterfranken am Institut für deutsche Philologie der Universität Würzburg. 2000 promovierte sie zum Thema „Geteilter Dialekt? Untersuchungen zur gegenwärtigen Dialektsituation im ehemaligen deutsch-deutschen
Grenzgebiet."

**Prof. Dr. Ingo Schneider** ist seit 2011 Universitätsprofessor für Europäische
Ethnologie am Institut für Geschichtswissenschaft und Europäische Ethnologie
der Universität Innsbruck. Seine Arbeitsschwerpunkte sind Internationale Erzählforschung, Popkultur, Kulturtheorie, Theorie des Kulturellen Erbes, Regionale
Ethnographie und Grenzräume. 1985 promovierte er mit dem Thema „Lebensweise im Montafon. Untersuchungen zum soziokulturellen Wandel". 2001 habi-
litierte er sich mit der Schrift „Contemporary Legends – Sagen der Gegenwart.
Studien zur Motivgeschichte, gesellschaftlichen Relevanz und genretheoreti-
schen Einordnung".

**Dr. Simone Stiefbold** ist seit 2013 Oberassistentin der Abteilung Populäre Li-
teraturen und Medien am ISEK - Populäre Kulturen der Universität Zürich. 2013
promovierte sie an der Philipps-Universität Marburg im Bereich der Sagenforschung („Mit dem Wechselbalg denken. Menschen und Nicht-Menschen in lebensweltlichen Narrativen"). 2006-2013 war sie wissenschaftliche Mitarbeiterin
am Institut für Europäische Ethnologie/Kulturwissenschaft der Philipps-Universität Marburg.

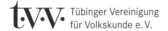

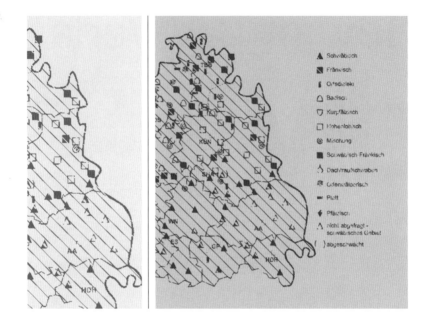

Rudolf Bühler/Rebekka Bürkle/Nina Kim Leonhardt (Hg.)

# Sprachkultur – Regionalkultur
## Neue Felder kulturwissenschaftlicher Dialektforschung

Sprache und Kultur – ihr Zusammenspiel ist seit jeher Forschungsgegenstand der Wissenschaften. Dennoch wurden die Wechselwirkungen zwischen ihnen bisher stets nur aus jeweils einer Perspektive beleuchtet. Dieser Band vereint nun erstmals Beiträge aus Sprach- und Kulturwissenschaft, die sich mit Sprachwahrnehmungen von Dialektsprechern und ihren Auswirkungen auf regionale Kulturen und regionale Sprachformen gleichermaßen beschäftigen. Insbesondere in Bezug auf regionale Grenzen lassen sich so Überschneidungen von kulturellen und sprachlichen Charakteristika verdeutlichen. Daneben werden laufende Projekte vorgestellt, wie zum Beispiel der Atlas zur Deutschen Alltagssprache, die – jenseits von sprachgeographischer Mundartforschung – den sprachlichen Lebensalltag im deutschsprachigen Raum abbilden. Damit gewährt dieser Band einen anregenden Einstieg in die moderne Dialektforschung.

TVV Verlag

Tübingen 2014 – 304 Seiten – 22 € – ISBN 978-3-932512-83-4
Erhältlich über den Buchhandel oder direkt beim Verlag:
www.tvv-verlag.de oder Tel. 07071/2972374